L'ALUMINIUM

ALLIAGES — EMPLOIS RÉCENTS

L'ALUMINIUM

DEUXIÈME PARTIE

ALLIAGES — EMPLOIS RÉCENTS

PRÉCÉDÉ D'UNE ÉTUDE
SUR L'ÉTAT ACTUEL DE L'ÉLECTROCHIMIE
ET DES FORCES NATURELLES

PAR

M. Adolphe MINET

PARIS

BERNARD TIGNOL, ÉDITEUR

LIBRAIRIE SCIENTIFIQUE, INDUSTRIELLE & AGRICOLE

53 BIS, QUAI DES GRANDS AUGUSTINS, 53 BIS

AVANT-PROPOS

L'Electrochimie

Les applications de l'électrochimie qui avaient été si longtemps limitées aux revêtements métalliques, à l'affinage des métaux et aux traitements de quelques minerais, ont pris, pendant ces dernières années, une grande extension et l'on peut dire aujourd'hui qu'il existe peu de réactions chimiques où l'électricité ne puisse être utilisée avec avantage.

Parmi les progrès les plus récents, il faut citer *dans la voie humide* : l'électrolyse des chlorures alcalins, pour la séparation du chlore et de la soude ; la production des chlorates et des chlorites décolorants ; la purification des jus sucrés, le tannage, la préparation de la céruse ; le traitement des minerais d'or, l'analyse électrolytique.

Dans la voie sèche : la métallurgie de l'aluminium, du silicium, du sodium et du lithium par l'électrolyse de bains fondus et anhydres ; et plus récemment, les applications du four électrique, à la production des carbures métalliques.

Classification des phénomènes électro-chimiques. — Pour un grand nombre de ces phénomènes, l'action directe de l'agent électrique se traduit par une segrégation moléculaire, et la quantité des éléments mis en liberté est proportionnelle à la *quantité du courant* employé (intensité en ampères, par le temps en secondes) ; on fait alors de l'*électrolyse*.

Pour d'autres, l'électricité agit surtout comme agent calorique, c'est-à-dire que les réactions y sont obtenues grâce aux températures élevées qu'on peut atteindre avec l'arc ; on donne à ces réactions le nom de phénomènes *électro-thermiques*, et les quantités de matières qui entrent en réaction, sont sensiblement proportionnelles à la quantité de chaleur apportée par le courant.

Je dis sensiblement, les phénomènes électro-thermiques étant toujours accompagnés de réactions électrolytiques ; ces dernières en faibles proportions, il est vrai, car leur importance ne dépasse guère la dixième partie de l'énergie totale apportée par le courant.

Je ne citerai que pour mémoire les réactions dues aux étincelles et aux effluves électriques, parmi lesquelles il en est où l'électricité ne remplit qu'un rôle initial ; comme, par exemple, dans la combinaison instantanée de deux gaz, sous l'influence d'une étincelle.

Revêtements métalliques. — Comme nouveaux procédés, nous signalerons ceux de M.

Margot et de M. Neesen, appliqués au revêtement de l'aluminium par le cuivre.

L'objet à cuivrer en aluminium pur, dit M.
Margot, est préalablement décapé dans une
solution chaude de carbonate alcalin, soude ou
potasse, de façon à rendre la surface striée et
poreuse.

Cet état de porosité est nécessaire pour faciliter l'adhérence du métal déposé.

L'objet est ensuite lavé à grande eau, soigneusement nettoyé et brossé ; puis on l'immerge
pendant quelques instants dans une solution
chaude et diluée d'acide chlorhydrique ; ensuite
l'objet est immergé un temps très court dans un
baquet d'eau.

Il est trempé finalement dans une solution
peu concentrée et légèrement acide de sulfate
de cuivre ; il se produit alors un beau dépôt
adhérent de cuivre sur l'aluminium, qui peut
être continué par le courant électrique.

Le procédé de M. Neesen, analogue à celui
de M. Margot, est basé sur la prévision que
l'aluminium à l'état naissant ou dans un état
semblable, serait susceptible de provoquer
l'adhérence des autres métaux par précipitation
de leurs solutions.

Affinage des Métaux. — *Cuivre.* — M. U.
Le Verrier a fait paraître dans les Annales du
Conservatoire des Arts et Métiers un travail
très intéressant sur les applications de l'électrolyse à la métallurgie, où il consacre une large
place à l'affinage du cuivre.

Il donne d'abord quelques indications sur la *densité* du courant aux électrodes et l'énergie dépensée pour l'affinage d'une tonne de cuivre par jour.

La quantité d'énergie varie, du reste, avec la qualité du métal traité ; elle serait de 13 chevaux pour un cuivre presque pur : 99,6 0/0 ; 22 chevaux pour un métal à 98 0/0 ; 40 pour un cuivre à 95 0/0 ; 66 chevaux pour un métal à 90 0/0.

M. Le Verrier donne aussi des indications très utiles concernant la composition de l'électrolyte, la disposition des électrodes, leur distance, le chauffage des bains.

D'autres savants et ingénieurs se sont occupés de cette question ; MM. Elkington, Siemens et Halske, Fontaine, Kiliani, Becquerel, D. Woklwill, Gramme, Manhès, Ellmore, Kohlraush, etc., etc.

Le champ d'application pour l'affinage du cuivre est presque illimité ; on consomme actuellement en Europe 500 tonnes de cuivre par jour ; et toutes les affineries électriques du vieux continent n'en produisent que 20 ; c'est-à-dire 4 0/0 seulement de la consommation totale.

Nickel. — Le nickel peut s'affiner comme le cuivre. On emploie comme anode le nickel brut fondu et comme bain une dissolution de sulfate double de nickel et d'ammoniaque, dans laquelle, on ajoute quelques proportions d'acides organiques, comme l'acide benzoïque ou citrique, qui jouent le rôle de réducteur.

Ce procédé toutefois élimine bien le soufre et le carbone mais non le fer, ni le cuivre.

Zinc. — Suivant M. Mylius, lorsqu'en électrolysant une dissolution de sulfate de zinc, on emploie une anode formée de zinc du commerce, le métal déposé est spongieux ; il est plus compact lorsque l'anode est formée de zinc relativement pur.

D'après le Dr Cohen (1) le dépôt serait encore amélioré par l'emploi du courant intermittent.

M. Lindemann (2) indique pour obtenir des dépôts compacts, un tour de main curieux, consistant à mettre en suspension dans l'électrolyte, du sulfure de zinc fraîchement précipité.

L'électrolyse du sulfate de zinc dissous remplace avec avantage le zingage par immersion ; elle permet d'obtenir des dépôts plus minces et de consommer moins de zinc.

Elle est appliquée à Glascow, d'après le procédé Cowper Coles, et en Allemagne.

D'après Karl Richter (3) (Witkoritz) le meilleur électrolyte serait une dissolution parfaitement neutre de sulfate de densité 1.20.

La densité du courant, ne doit pas excéder 70 ampères par mètre carré.

---

(1). Zeitsckrift für anorg chimie 1895 Band IX.

(2). Zeitschrift für Elektrochimie 1895 H. X.
      id.   id.   1895 H. IX.

(3). Elektrochemie 1895 H. 5.

Etain. — L'électrolyse est appliquée avec succès au désétamage des déchets et rognures de fer blanc.

On employait d'abord des bains acides ; on donne la préférence actuellement aux bains alcalins.

Argent. — Au Mexique, en Pensylvanie et à Hambourg, on affine par l'électrolyse les bullions cuivreux au moyen du procédé Mœbius ; l'électrolyte est une solution concentrée de chlorure de sodium additionnée, d'acides azotique et sulfurique.

L'argent et le cuivre de l'anode se dissolvent ; l'argent seul se dépose à la cathode si le voltage n'est pas trop fort.

On doit également à M. Tommasi un procédé de désargentation électrolytique des plombs argentifères.

Traitements des minerais et mattes. — Cette partie de l'électrométallurgie n'a pas pris encore une grande extension ; elle constitue cependant un des points les plus importants de cette science.

Dans cet ordre d'idées on n'a réellement réussi que pour l'or. Les méthodes les plus répandues sont celles de M. Molloy et de MM. Siemens et Halske, basées sur la cyanuration.

On étudie en ce moment un procédé où la chloruration remplace la cyanuration et qui, pour certains pays, serait très économique.

Quant aux autres métaux, voici la liste des procédés les plus connus :

Procédés	Métaux	Minerais et sels.
MM.		
Becquerel.	Arg., plomb	Chlorure d'argent sulf. de plomb.
Deligny..........	Cuivre.....	Sulfate de cuivre, pyrite de fer.
Blas et Miest.....	Cuivre.....	Pyrites cuivreuses et cuprifères.
Marchese........	Cuivre.....	Mattes (sulfures doubles de cuiv. et de fer.)
D^r Hœpfner......	Cuivre.....	Pyrites cuivreuses et bichlorure de cuivre.
Létrange........	Zinc........	Oxyde de zinc.
Siemens et Halske.	Cuiv., zinc.	Minerais sulfurés.
Brochers........	Antimoine..	Sulfosels alcalins.

Electrolyse des sels en dissolution. — *Recherches scientifiques.* Cette partie de l'électrochimie a donné lieu à un grand nombre de recherches scientifiques du plus puissant intérêt :

MM. Weber, Mascart (1881), Kohlrausch (1884).

Lord Raileigh et Sedgwich ont déterminé l'équivalent chimique de l'électricité, qu'ils ont trouvé égal à 96,500 coulombs ; et qui n'est autre chose que la quantité d'électricité nécessaire pour la mise en liberté au pôle positif d'un équivalent (exprimé en grammes) des divers éléments.

M. Kohlraush a déterminé la *résistance spécifique* d'un certain nombre de solutions, à divers degrés de concentration, et a pu déterminer la conductibilité, en *fonction du poids du sel* contenu dans la solution.

M. Bouty a soumis les recherches de M. Kohlrausch à une nouvelle étude, en opérant sur des solutions les plus étendues, et il a formulé la loi suivante : *la conductibilité moléculaire de tous les sels neutres est la même.*

Cette loi vérifiée jusqu'à une extrême dilution, est venue appuyer l'hypothèse de M. Arrhenius, sur la constitution des électrolytes.

Le transport des Ions a été étudié par MM. Hittorf, Bouty et Chassy.

Hittorf a dressé des tableaux qui permettent de calculer le poids de l'anion transporté.

Kuschel et Wiedemann se sont aussi occupés de cette question.

M. Bouty a établi une relation intéressante entre le transport des ions et la conductibilité des solutions étendues des sels neutres.

Applications industrielles. — *Électrolyse de l'eau.* — Jusqu'à ces derniers temps on employait comme électrolyte une solution au 1/20 d'acide sulfurique ; depuis les travaux de M. le commandant Renard, on donne la préférence à une solution de soude caustique, renfermant 15 0/0 environ de cet oxyde.

MM. Ducretet et Lejeune ont construit des appareils très pratiques pour l'électrolyse de l'eau, basés sur les principes du commandant Renard.

M. Latchinow, professeur à Saint-Pétersbourg, a étudié la décomposition électrolytique de l'eau, en vue du gonflement des ballons.

La *Stanley Electria Company*, de Philadelphie, a étudié un procédé de purification des eaux par l'électrolyse de ce liquide.

Nous citerons pour mémoire : le *traitement électrique des mélasses*, le *tannage électrique*, le *traitement des alcools*, la *fabrication du vermillon*, le *retaillage des limes*, etc.

La *fabrication de la céruse* a fait l'objet de nombreuses recherches qui ne paraissent pas avoir donné beaucoup de résultats bien concluants; la méthode dont l'étude semble avoir été la plus approfondie est celle de M. Arthur Benjamin Brown.

Ce procédé consiste en l'électrolyse d'une solution de nitrate de sodium, contenue dans une série de cellules en bois divisées en deux compartiments par une cloison poreuse.

A l'électrode positive est fixé un saumon de plomb et, à l'électrode négative, une feuille de cuivre.

L'acide nitrique, résultant de la décomposition du nitrate, s'accumule à l'électrode positive, attaque le plomb et un nitrate plombique est ainsi formé.

Les solutions de nitrate de plomb et de soude sont mélangées; ce qui donne un précipité d'oxyde de plomb et reconstitue le nitrate de soude.

On ajoute ensuite à l'oxyde de plomb fraîchement précipité une solution de bi-carbonate de soude qui le transforme en carbonate ou *céruse*.

L'électrolyse du chlorure de sodium est certainement de tous les procédés de l'électrochimie par voie humide, celui qui est appelé au plus grand avenir.

Cette électrolyse peut s'effectuer sous trois points de vue différents : 1° Extraction et séparation du sodium et du chlore ; 2° extraction d'un liquide de blanchîment ou de désinfection consistant finalement en une dissolution d'hypochlorite de soude ; 3° production de chlorate de potasse.

La *séparation du sodium et du chlore* s'opère par voie sèche et par voie humide.

La voie sèche qui a été jusqu'à ce jour la moins répandue, est la seule qui fournisse le sodium à l'état métallique, pur ou allié.

Avec la voie humide, ce métal n'est obtenu que sous la forme de lessive de soude.

Les deux méthodes présentent des difficultés de divers ordres qu'on est arrivé à surmonter en partie.

Parmi les procédés par voie sèche on compte ceux de MM. Grabau et Minet, où le sodium est recueilli à l'état liquide à la surface du bain électrolytique ; et les procédés de MM. Vautin et Hulin, où le métal se combine à l'état naissant avec du plomb fondu servant de cathode.

On divise en deux classes principales les méthodes par voie humide, suivant que l'on emploie une cloison qui sépare les produits de l'électrolyse (soude et chlore), ou que l'on opère avec un voltamètre élémentaire.

Dans la première classe sont compris les procédés de M. Rouma qui emploie comme cloison une feuille d'amiante ; celui de Spilker, Lawe et Knœfler, exploité à la fabrique de Léopoldshall, où la cloison en diaphragme est constituée par du papier parchemin.

Les diaphragmes du procédé Greenwood consistent en tuyaux de porcelaine introduits les uns dans les autres, les intervalles étant remplis d'asbeste.

MM. Outhenin et Chalandre se servent aussi de diaphragmes tubulaires ; de même MM. Gall et de Moutlaur et M. Peyrusson.

Parmi les *méthodes avec diaphragmes* qui ont reçu une application industrielle, on cite les méthodes Rieckmann, Riquelle, Roberts, Caldwelle, Payelle et Wiernick.

Dans les *procédés sans diaphragmes*, on travaille en général avec un voltamètre élémentaire, en employant le mercure comme cathode.

C'est ainsi qu'opèrent Castner, Despeissis, Sinding Larsen, Kellner, Clifton (Lanceshire), Borsegard (Norwège).

M. le docteur Willy Bein a imaginé tout dernièrement un procédé où le mercure est supprimé, qui trace une voie nouvelle à l'électrolyse du chlorure de sodium par voie humide.

Avec l'une ou l'autre de ces deux méthodes, la difficulté est d'avoir une anode qui ne soit pas rapidement détériorée par le chlore.

MM. Gall et de Moutlaur, emploient des anodes en platine ; M. Peyrusson, en argent platine ou iridié, en leur donnant une forme hélicoïdale. M. le Dr Kellner a imaginé une anode qu'il a dénommée « spitzenelektrode » sorte de toilage à pointes métalliques, permettant l'emploi de grandes densités de courant avec le minimum de poids de platine.

Hœpfner emploie des anodes en fer revêtues sur leurs faces actives d'une couche de ferrosilicium.

Rien de nouveau à dire sur l'extraction d'un liquide de blanchîment ou de désinfection, comme aussi sur la production électrolytique du chlorate de potasse, qui ne soit connu.

Ces applications ne sont, du reste, qu'une variante de l'électrolyse du chlorure de sodium, appliqué à la séparation du chlore et du sodium.

Electrométallurgie par voie sèche. — Cette partie de l'électrochimie comprend deux classes de phénomènes qui se rattachent, les uns à *l'électrolyse par fusion ignée*, c'est à dire l'électrolyse des sels fondus anhydres et les autres, aux *réactions électrothermiques*, où l'électricité joue surtout le rôle d'accumulateur de calories.

Comme nous le faisions ressortir dans notre premier volume sur l'aluminium (1), l'économie de ces méthodes repose sur ce fait que l'on y tire partie de la propriété la plus caractéristique de l'agent électrique, celle en vertu de laquelle *il peut apporter dans un espace restreint la plus grande somme d'énergie possible*.

Jusqu'à ce jour l'électrométallurgie de l'alu-

----

(1) Deuxième édition 1896, Bernard-Tignol, éditeur, quai des Grands-Augustins, 53 bis.

minium qui a été décrite, dans notre premier ouvrage. du magnésium, du sodium, ainsi que l'électrométallurgie du lithium que l'on doit à M. Guntz, ont été les seules applications de l'électrolyse par fusion ignée.

L'Electrométallurgie de l'aluminium est de beaucoup la plus développée, bien qu'à mon sens elle n'ait pas encore atteint toute l'extension qui avait été prévue.

Aux usines de Pittsburg (Etats-Unis) ; de Froges, La Praz, Saint-Michel-de-Maurienne (en France); de Schaffouse (en Suisse), il faut joindre celle qui vient d'être installée en Ecosse par la British Aluminium Company, où l'on exploite les procédés français.

Les méthodes employées dans les diverses usines d'aluminium se ressemblent, du reste, et reposent sur l'électrolyse du fluorum double d'aluminium et de sodium fondu, avec alimentation du bain au moyen de l'alumine anhydre et récupération de la majeure partie du fluor.

Il ne semble pas qu'on ait fait de grands progrès depuis deux ou trois ans dans cette fabrication ; sauf peut-être dans la pureté du métal.

Quant aux prix du kilogramme d'aluminium pur, il varie entre trois et quatre francs.

On estime à cinq tonnes par jour la production totale de ce métal.

C'est encore bien peu, étant considéré le grand nombre d'applications auxquelles il peut apporter avantage et économie.

L'électrométallurgie du magnésium reste stationnaire ; celle du sodium a pris, ces derniers temps, un nouvel essor grâce aux recherches de

MM. Vautin et Hulin qui, comme nous le disions plus haut, recueillent le sodium naissant dans du plomb fondu.

L'alliage de plomb-sodium contient jusqu'à 20 0/0 de sodium ; il peut s'employer dans une foule de réactions chimiques ; plongé dans l'eau, le sodium est vivement attaqué ; il se forme une lessive de soude à la concentration que l'on désire, et le plomb est régénéré.

Nous donnerons une mention toute spéciale à la méthode employée par M. Guntz pour la production du lithium électrolytique.

L'appareil employé par ce savant a quelque analogie avec ceux qui servent à la préparation électrolytique du magnésium et du sodium (fig. 1); les progrès réalisés par M. Guntz se rapportent plutôt aux choix et à la proportion des sels qui constituent le bain électrolytique, de telle sorte que l'électrolyse se produit à une température relativement basse, 400 à 500°, et que, par suite, l'appareil électrolytique sert très longtemps sans se détériorer.

L'usure des électrodes est également réduite au minimum.

Phénomènes électro-thermiques. — On sait qu'à certaines températures l'affinité perd de sa puissance et que nombre de composés chimiques se dissocient ou deviennent réductibles par le carbone et les métaux, alors que ces éléments n'avaient aucune action sur eux à des températures plus basses.

C'est ainsi que l'acide carbonique, sous la

pression atmosphérique se décompose en ses éléments, oxygène et carbone, vers 2600° et que l'on a pu obtenir à la température de 3500°, *fournis par l'arc voltaïque,* la réduction d'oxy-

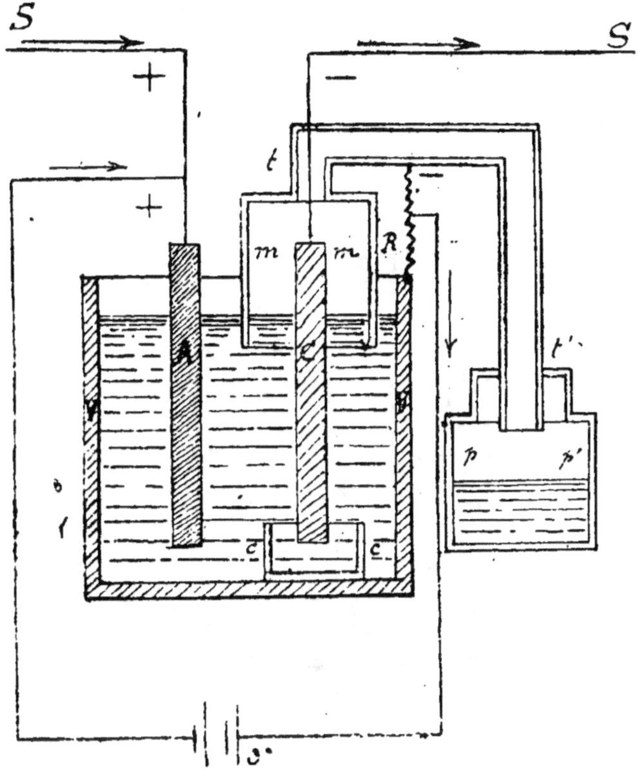

Figure 1

des qui sont irréductibles aux températures les plus hautes atteintes dans les fours par la combustion des matières carbonifères solides, liquides ou gazeuses.

Les réactions qui ne peuvent s'obtenir qu'à la

température de l'arc, entrent dans la classe des phénomènes électrothermiques, et les appareils où se produisent ces réactions portent le nom générique de *fours électriques*.

Depuis 1879, époque où Siemens créa le premier four électrique, dans le but d'obtenir la fusion rapide de métaux réfractaires, comme le

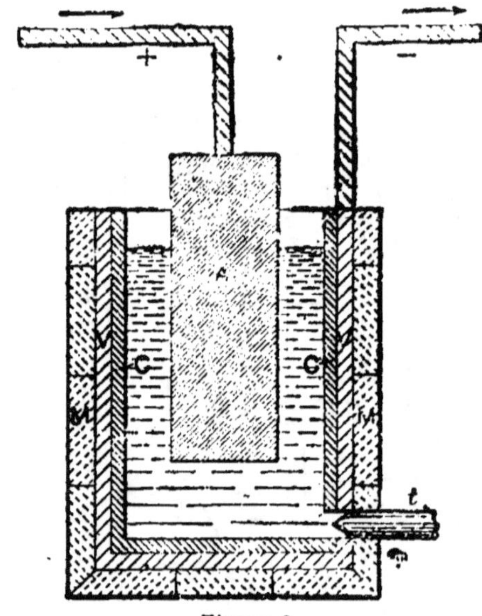

Figure 2

platine, jusqu'à ce jour, les fours électriques ont reçu une foule de dispositions plus ou moins heureuses.

Nous croyons que la disposition la meilleure est celle qui est représentée figure 2.

Ce four se compose *essentiellement* d'un creuset de charbon CC, entouré d'un vase ou cuve métallique VV, mis à l'abri de l'air par un massif en maçonnerie MM.

Comme l'indique la figure, le creuset CC sert d'électrode négative.

L'électrode positive est constituée par un ou plusieurs blocs de charbon A.

C'est avec un tel four que l'électrométallurgie de l'aluminium a pu être définitivement résolue, et les fabricants d'aluminium n'ont eu que bien peu de changements à lui faire subir pour le rendre propre à la fabrication du carbure de calcium.

La principale modification se rapportait surtout à l'épaisseur du creuset de charbon cc, qui doit être plus grande lorsque le four est destiné à produire le carbure de calcium.

Après Siemens, nous citerons parmi les ingénieurs et savants qui se sont occupés des applications du four électrique.

MM. Cowles, Héroult, et tout dernièrement, M. Heibling qui l'ont appliqué à la formation d'alliages métalliques ; M. Acheson qui a réussi la production du carborundum, siliciure de carbone ; M. Charles Street qui est arrivé à transformer le charbon ordinaire en charbon graphitique ; M. Moissan, dont tout le monde connaît les remarquables travaux ; M. Bullier qui s'est surtout attaché aux applications industrielles du carbure de calcium.

Recherches de M. Moissan. — Nous les résumerons ici d'une façon très succincte, trop rapidement peut-être, étant donnée la variété des études entreprises par ce savant.

Nous préparons du reste un ouvrage sur les *Fours électriques et leurs applications*, où un chapître spécial sera consacré à ces recherches, d'un si puissant intérêt scientifique.

A la haute température du four électrique, M. Moissan a trouvé qu'un certain nombre de métaux, tels que l'or, le bismuth et l'étain, ne dissolvent pas le carbone.

Le cuivre liquide n'en prend qu'une très petite quantité ; l'argent, à sa température d'ébullition dissout une petite quantité de charbon qu'il abandonne ensuite par refroidissement sous forme de graphite.

L'argent et le fer purs diminuent de volume en passant de l'état liquide à l'état solide. Au contraire, la fonte de fer et la fonte d'argent dans les mêmes conditions augmentent de volume.

L'aluminium possède des propriétés identiques. Les métaux du platine, à leur température d'ébullition, dissolvent le carbone avec facilité et l'abandonnent sous forme de graphite avant leur solidification. Ce graphite est foisonnant.

Un grand nombre d'autres métaux produisent à la température du four électrique et au contact du charbon, des composés carburés définis et cristallisés.

Par l'action des métaux alcalins sur un courant de gaz acétylène, M. Berthelot a préparé les carbures de potassium et de sodium.

M. Moissan a obtenu avec facilité au four électrique du carbure de lithium Li^2C^2 en cristaux transparents dégageant 587 litres d'acétylène pur par kilogramme ; et il a établi une méthode générale pour obtenir les carbures des

métaux alcalino-terreux, à l'état pur et cristallisé. Ces carbures répondent aux formules :

Carbure de calcium CaC^2 ; carbure de ba-
rium BaC^2 ; carbure de strontium StC^2 ; au
contact de l'eau ils sont décomposès et produisent de l'acétylène pur.

M. Moissan a réussi la production de plusieurs
autres séries de carbures métalliques, fort intéressants :

Le carbure d'aluminium Al^4C^3 , cristallisé
en lamelles hexagonales, transparentes, de 1 cm.
de diamètre, est décomposé par l'eau, à la température ordinaire, en fournissant de l'alumine
et du gaz méthane pur.

M. Lebeau a obtenu, dans les mêmes conditions, le carbure de glucinium qui, lui aussi,
fournit à froid, avec l'eau, un dégagement de
méthane pur.

Les métaux de la cerite ont donné à M. Moissan des carbures cristallisés dont la formule est
semblable à celle des carbures alcalino-terreux
C^2R.

Les carbures de cerium, lanthane, yttrium,
thorium décomposent l'eau et fournissent un
mélange gazeux, riche en acétylène et contenant
du méthane.

Avec le carbure de thorium l'acétylène diminue et le méthane augmente.

Le carbure de manganèse Mn^3C peut être
préparé au four électrique ; il se décompose au
contact de l'eau et fournit un mélange, à volumes égaux, de méthane et d'hydrogène.

Le carbure d'uranium Ur^2C^3 , au contact de
l'eau, fournit un mélange gazeux contenant une

grande quantité de méthane, de l'hydrogène et de l'éthylène ; et en même temps, fait très intéressant, il se produit avec abondance des carbures liquides et solides.

La deuxième classe des carbures est formée de tous ceux qui ne décomposent pas l'eau à la température ordinaire, tels que les carbures de molybdène CMo^2, de tungstène CTg^2, chrome CCr^4 et C^2Cr^3.

Les métalloïdes fournissent aussi avec le carbone des composés cristallisés et définis.

M. Acheson avait préparé le carbure de silicium ; M. Moissan a obtenu au four électrique, la carbure de titane CTi, le carbure de Zirconium CZr, le carbure de Vanadium CVa.

Il se dégage, des nombreuses recherches entreprises au four électrique par M. Moissan un fait général :

Les composés qui se produisent à haute température sont toujours de formule très simple et, le plus souvent, il n'existe qu'une seule combinaison.

Les forces naturelles

Dans la plupart des applications de l'électrochimie, les quantités d'électricité mises en jeu étant considérables, nécessitent l'emploi de puissantes forces motrices.

Il ne faut pas songer à prendre la machine à vapeur comme source d'énergie, c'est un moteur trop cher ; les forces naturelles, dont l'installation n'est pas coûteuse, avec les chûtes de grande hauteur, sont tout indiquées.

En fait, les usines d'électrochimie, installées pendant ces dernières années, ont à leur disposition dans leur ensemble, une puissance motrice de plus de 20.000 chevaux qui ont pu être installés sans grande difficulté, ni dépense excessive.

No're pays est particulièrement favorisé pour les forces naturelles et possède un grand nombre de chûtes d'eau d'un aménagement facile.

Nous donnerons ici quelques renseignements sur la dépense d'énergie nécessaire à l'électro-métallurgie, le coût du cheval-heure utile et les principaux centres d'installations hydrauliques.

Dépense en chevaux-électriques-heure, dans l'électrolyte, pour la production d'un kilogramme de métal. — Cette dépense, comme l'indiquent les chiffres suivants, est essentiellement variable :

Or, platine, argent, nécessitent une dépense de 0.70 cheval-électrique heure environ.

Mercure, plomb : 0.90 cheval-heure.

Bismuth, palladium, étain : 1.20 à 1.60 cheval-heure

Cadmium, antimoine : 2 chevaux-heure.

Cuivre, chrome, fer, nickel, cobalt, zinc : une dépense de 3.5 à 4 chevaux.

Manganèse : 5 chevaux.

Puis viennent les métaux alcalins et alcalino

terreux, pour lesquels la dépense varie avec le mode électrolytique ; on a, en effet :

	Voie humide.		Voie sèche.	
Sodium........	8	ch.-h.	25	ch.-h.
Calcium........	9	—	26	—
Magnesium.....	14	—	31	—
Aluminium.....	17.5	—	35	—
Lithium........	26	—	43	—

Il faut remarquer qu'avec la voie humide, les métaux alcalins et alcalino-terreux n'ont été obtenus jusqu'ici qu'à l'état d'oxydes ; c'est donc les dépenses correspondant à la voie sèche qu'il faut prendre comme termes de comparaison.

Pour certains métaux, le coût de la force motrice est négligeable, alors même qu'on prendrait comme source d'énergie le moteur à vapeur ; tels les métaux rares comme le platine, l'or ; ou relativement chers comme l'argent, le mercure, le bismuth, l'étain.

Pour d'autres, comme le plomb et les métaux usuels, bien que la quantité d'énergie à dépenser ne soit pas très considérable, les forces naturelles sont indispensables à une production économique.

Voici de combien serait affecté le prix de revient d'un kilogramme de ces métaux, suivant qu'on emploie la machine à vapeur ou les forces hydrauliques.

Les chiffres inscrits dans le tableau suivant sont déduits des diverses installations, avec machines à vapeur ou forces naturelles, existent déjà.

Coût de l'énergie dépensée

	Machine à vapeur	Forces naturelles
Plomb.....	0 fr. 10	0 fr. 010
Cuivre.....	» 37	» 040
Chrome....	» 36	» 039
Fer........	» 40	» 044
Nickel.....	» 37	» 040
Cobalt.....	» 37	» 040
Zinc.......	» 38	» 042
Manganèse.	» 48	» 053

Pour les métaux alcalins et alcalino-terreux, à plus forte raison, l'emploi des forces naturelles est indispensable.

Coût d'une installation hydraulique; dans les calculs qui précèdent nous avons admis que le cheval électrique-heure, dépensé dans l'électrolyte, coutait 0 fr. 10 avec le moteur à vapeur et 0 fr. 011 avec les forces naturelles; nous avons à démontrer l'exactitude de ce chiffre. Nous envisageons le cas d'une usine électrolytique où l'énergie utile dans les bains est de mille chevaux, donnés par trois dynamos, pouvant, par conséquent, fournir chacune 335 chevaux-utiles sous la forme de courant.

En admettant pour ces dynamos un rendement de 85 centièmes, qui est un minimum, il faudra, pour les actionner, 3 turbines d'une puissance motrice effective de 400 chevaux-mécaniques; soit en totalité 1,200 chevaux-mécaniques.

Le rendement des turbines ne dépassant guère 75 centièmes, la puissance hydraulique nécessaire pour les actionner, devra être de 1,600 chevaux.

Que coûte une installation appelée à répondre à ces desiderata : achat de la chùte et des terrains ; construction du canal de dérivation ; installation des conduites d'eau, turbines, machines électriques ; constructions ; en un mot compris les frais d'une première installation ?

Nous prenons comme modéle une chute d'eau de 100 mètres de hauteur ; alimentée par un canal de dérivation d'un kilomètre.

Voici des chiffres moyens qui se rapportent à quelques installations semblables existant déja :

Dépenses de première installation.

Achat de la chùte, des terrains, prix de la concession riveraine, etc..........	100.000 fr.
Construction du canal..........	200.000 fr.
Deux conduites...............	50.000 fr.
Trois turbines 1.200 chevaux-mécaniques.....................	50.000 fr.
Trois machines électriques (1.000 chevaux-électriques).............	125.000 fr.
Construction, imprévus...... .	75.000 fr.
	600.000 fr.

Une telle installation doit s'amortir en 20 ans ; et si, au taux de l'amortissement, on ajoute 3 0/0 pour les frais d'entretien du matériel, cela constitue une dépense annuelle de 8 0/0 des frais de première installation soit 48.000 fr.

Quel sera le personnel nécessaire pour surveiller l'usine, en marche jour et nuit ; person-

nel qui, en partie, sera occupé à la haute sur-
veilance des bains ?

Dépense annuelle

2 gardiens du canal à 1.000 fr.....fr.	2.000
2 chefs mécaniciens à 1.800 fr.......	3.600
6 monteurs électriciens à 1.500 fr....	9.000
1 ingénieur-directeur..........	6.000
	20.600

Récapitulons en ajoutant une somme de 11.400
francs comme imprévus.

Taux d'amortissement, entretien du matériel.......................fr.	48.000
Personnel dirigeant et surveillant...	20.600
Imprévus.........................	11.400
Fr...	80.000

Soit, pour une marche effective de 350 jours
dans l'année, à 22 heures par jour, ce qui n'a
rien d'excéssif, une dépense de 242 francs par
jour ; 11 fr. par heure ; finalement une dépense
de 0 fr. 011 par cheval-heure utile dans les bains.
Le cheval-mécanique-heure entre dans ce dernier chiffre pour 0 fr. 0055.

Les forces naturelles en France. — Notre
pays est favorisé à ce point de vue et les usines
d'électrolyse qui ont été créées, ces dernières
années, n'ont eu aucune difficulté à trouver et à
installer leurs stations hydrauliques.

La puissance que les usines utilisent est de
20.000 chevaux environ, soit presque le tiers de

l'énergie dépensée en France pour les autres applications de l'électricité, comme l'éclairage et la transmission de l'énergie.

Sur les 20.000 chevaux consacrés déjà à l'Electrochimie, il y en a 10.000 réservés à l'aluminium. 6.000 chevaux à l'usine de La Praz, 4000 à Saint Michel de-Maurienne (Savoie).

L'usine de chlorate de potasse, par les procédés Gall et de Montlaur, près de Saint-Michel, utilise 6.000 chevaux ; à Bellegarde la production du carbure de calcium emploie 1.000 chevaux environ ; puis viennent quelques applications de l'électrolyse du chlorure de sodium et du traitement des minerais dont l'ensemble absorbent 3.000 chevaux.

En dehors de ces installations qui fonctionnent, il existe dans les mêmes régions, des chûtes d'eau remarquables et d'installation facile.

Dans la Vallée de la Maurienne, par exemple, on en compte trois importantes, sur l'Arc : Les Sorderettes d'une puissance de 6,000 chevaux entre La Praz et Saint-Michel ; L'Echaillon d'une puissance de 6.000 chevaux, entre Saint-Michel et Saint-Jean de Maurienne ; Pontamafrey à 4.000 chevaux, entre Saint-Jean et La Chambre.

La hauteur de ces trois dernières chûtes varie entre 40 et 80 mètres et le débit de l'eau est de 8 mètres cubes par seconde ; la puissance que nous indiquons est, par conséquent, l'énergie qu'on peut utiliser, en électricité, dans les bains.

En Tarentaise, à Notre-Dame-de-Briancon, il existe deux chûtes de 500 à 700 mètres dont l'ensemble présente une puissance de 12,000 chevaux.

Ces deux chutes sont aménagées actuellement par la Société des carbures métalliques.

On sait qu'à Bellegrade, la chûte du Rhône peut fournir 5,000 chevaux ; la Valserine 3,000 chevaux.

A Chatillon-de-Michoille (Ain), il y a trois chûtes dont l'installation ne serait ni onéreuse, ni coûteuse ; la première sur la Valserine d'une puissance utile de 3,000 chevaux ; la seconde sur la Semine, affluent de la Valserine, d'une puissance de 1,000 chevaux ; enfin, les deux rivières réunies forment une petite chûte de 1,000 chevaux.

Nous citerons parmi les autres régions : Les forces de Villelongue (Hautes-Pyrénées), localité qui se trouve à deux kilomètres environ de la gare de Pierrefite-Nostalas, qui disposent de 4,000 chevaux, avec une chûte de 500 mètres ; Gabas (Basses-Pyrénées), à 6 kilomètres de la gare de Laruns, 5,000 à 6,000 chevaux, hauteur de chûte, 350 mètres ; Saint-Béron, Savoie.

Couplan (commune d'Azagnonet), Hautes-Pyrénées, 12,000 chevaux, 800 mètres.

On sait qu'il s'est créé une puissante société pour utiliser les Forces du Rhône ; la puissance qui pourra être distribuée dès le début sera de 12,000 chevaux et pourra plus tard être portée à 18,000.

On dispose également sur la Haute-Loue, près de Pontarlier (Doubs) d'une puissance de 6,000 chevaux.

On peut dire que l'ensemble des chutes faciles à installer représente une puissance de 100,000 chevaux utiles.

D'après un travail de M. Bergès cette somme d'énergie ne représenterait que la cinquantième partie des forces disponibles, rien que dans les Alpes Françaises, sur la rive gauche du Rhône, depuis le Mont Blanc jusqu'aux Basses-Alpes, forces qui pourraient atteindre 5 millions de chevaux.

M. A. Berges poursuit depuis 25 ans, à Lancey, une exploitation partielle de deux ruisseaux, celui de La Combe-de-Lancey et celui de Saint-Mury-Sainte-Agnès (appelé aussi ruisseau de Vors) qui lui fournissent 3.000 chevaux; mais dont il n'utilise qu'un tiers de la hauteur.

Avec M. Berges et parmi les ingénieurs et les industriels qui se sont intéressés aux forces hydrauliques et en ont provoqué l'application, il convient de citer MM. Hillairet, Chevrant, Thorrand, Boucher, Matussière, Corbière, etc.;

On voit que les applications de l'electrochimie présentent un double intérêt; à côté des progrès qu'elles apportent à l'industrie chimique, elles donnent une impulsion considérable à l'utilisation des forces naturelles.

Il y a peu de sciences qui procurent aux savants une aussi grande satisfaction intellectuelle; et aux industriels autant d'encouragement, en raison des résultats immédiats qu'elle permet d'atteindre.

PREMIÈRE PARTIE

APPLICATIONS DE L'ALUMINIUM
et de ses Alliages

PREMIER CHAPITRE

L'Aluminium dans l'Industrie et le Commerce

Les applications de l'aluminium pur ou allié sont indéfinies ; jusqu'à ces derniers temps, son usage ne s'était pas répandu à cause de son prix élevé.

Grâce aux méthodes électriques nouvelles, le kilogramme de ce métal, à une teneur de 99, est descendu à 5 francs : aussi, a-t-on commencé déjà à l'appliquer à la construction navale ; et l'on peut dire que bien que ce métal ait montré son utilité dans une foule d'industries, il est loin d'avoir dit son dernier mot. Qu'il baisse encore d'une unité ou deux ; que les recherches entreprises sur ses alliages par de nombreux ingénieurs et industriels, afin de leur assurer une plus grande résistance, soient couronnées de succès et l'aluminium deviendra d'un emploi universel.

M. Charpentier-Page, dont l'usine est située au Valdoie (territoire de Belfort) est un de ceux qui ont le plus contribué à sa propagation. Il a commencé à s'occuper de sa transformation dès le mois de novembre 1890.

A cette époque, le bronze à 10 0[0 d'aluminium valait 3 fr. 60; le bronze à 7 0[0, 2 fr. 70, l'aluminium pur en lingots 25 francs; et l'aluminium à 3 0[0 cuivre, 20 francs.

M. Charpentier-Page s'est attaché surtout à l'étude de la transformation de l'aluminium pur ou légèrement cuivreux en planches et en fils de toutes épaisseurs et dimensions. Il est arrivé à des résultats très intéressants.

Il commença d'abord à approprier un métal spécial pour permettre à la maison Japy de faire une partie de l'équipement militaire, qui devait réaliser une économie de poids de 60 à 65 0[0.

En même temps, il fournissait à d'autres maisons qui en faisaient des couverts, plats, casseroles, réchauds, etc., garde-boue de vélocipèdes, peignes à chignons pour dames, et qui l'employaient aussi dans la lunetterie, la coutellerie, l'horlogerie, etc., et une foule d'applications dont l'énumération serait trop longue.

M. Herbin s'est spécialisé dans la soudure de l'aluminium; il en a imaginé un grand nombre et réussit très bien dans les objets de bijouterie et d'orfévrerie.

Nous citerons pour mémoire la maison Baille-Lemaire qui, dès le début de l'aluminium s'est appliquée à en faire des tubes de toutes dimensions qu'elle utilisait ensuite dans la fabrication de ses jumelles.

MM. Lenud et Maillard ont installé, il y a quelques années, un atelier de transformation de l'aluminium qui aide beaucoup aujourd'hui à la propagation de ce métal. Nous n'énumèrerons pas tous les objets qui sortent de leur maison; nous ferons une exception pour les applications les plus heureuses.

Nous voulons parler de l'aluminium fondu appliqué à la mécanique et aux arts. MM. Lenud et Maillard ont réussi à fondre des paliers, et certaines pièces pour petits moteurs à pétrole. Il n'est pas besoin de faire ressortir l'importance qu'on attache à l'allègement de ces moteurs dans ce temps d'automobilisme.

Ils réussissent également des pièces artistiques, bustes, assiettes et figurines qui rappellent les étains les plus recherchés.

Il est intéressant de dresser un état rétrospectif de toutes les applications réalisées jusqu'à ce jour; depuis la modeste carte de visite du poids de un gramme jusqu'aux embarcations en aluminium, qui utilisent des tôles de grandes dimensions et dont le poids atteint déjà 45 kilogrammes.

Cartes de visite. — C'est en voulant renouveler sa provision de cartes au mois de novembre 1892 que M. Charpentier eut l'idée d'en faire en aluminium : il y réussit très bien et beaucoup de personnes lui en demandèrent.

Elles sont minces, flexibles, brillantes d'éclat métallique, d'une étonnante légèreté, et l'impression des noms y est aussi nette que sur le papier.

Dès la fin de l'année 1892, M. Charpentier installait un petit atelier où les femmes coupent, comptent et blanchissent les cartes que l'on vend aux imprimeurs par paquets de cent, prêtes à être tirées en lithographie sur pierre.

M. Devillers, à Belfort, l'imprimeur de M. Charpentier, réussit très bien et vend ces cartes tout imprimées 5 francs le cent et 4 fr. 50 pour la quantité d'un mille.

Cet imprimeur fait aussi des menus d'un format plus grand et d'un très joli effet.

En créant cette carte, M. Charpentier avait un double but : la nouveauté et la possibilité d'une bonne œuvre.

En effet, les cartes d'aluminium pourraient être gardées par les personnes qui les reçoivent et remises aux bureaux de bienfaisance, car on peut les revendre à leur valeur métallique, ce qui, dans bien des bureaux, serait un appoint sérieux au budget de la charité.

Bons points. — Une autre application a été indiquée encore par M. Charpentier-Page. Il s'agissait de faire des « bons points » en aluminium, les bons points qu'on donne aux écoliers.

Plusieurs types ont été établis. Les bons points actuels en carton s'usent vite et n'ont aux yeux de l'écolier qu'une valeur d'ordre moral.

Les petits carrés d'aluminium auraient, en outre, une valeur intrinsèque qui provoquerait chez l'élève l'idée de l'épargne.

Tous ces bons points, au bout de plusieurs années, représenteraient encore une petite somme qu'aucun écolier ne dédaignerait.

Souhaitons le succès des bons points en aluminium.

Horlogerie. — Vers la fin de l'année 1893, M. Charpentier établit une montre tout en aluminium : boîte, platine, pouts, cadrans.

Cette montre, de la grandeur de 18 lignes, pèse à peine quelques grammes ; mais ce n'est là qu'un essai qui peut se généraliser.

Applications diverses. — Sans parler des nombreux bibelots qui sont des articles communs aujourd'hui dans le commerce, mais qui, au début, ont coûté à M. Charpentier beaucoup du peine et d'argent, on peut citer parmi les objets en aluminium qui sont couramment fabriqués au Valdoie et donnent d'excellents résultats, les ustensiles de campement : bidons, gamelles, etc., les fléaux de balance, les tubes de lorgnette, les instruments de musique, etc.

Il est aussi beaucoup question des fers à cheval en aluminium. Il résulte des études de M. Japy que la ferrure en aluminium, trois fois plus légère que le fer à cheval connu, peut être utilisée avec avantage pour les chevaux de course ou de luxe, et peut rendre des services pour le traitement de certaines maladies du sabot. La durée moyenne de cette nouvelle ferrure serait de 40 à 60 jours.

L'aluminium peut entrer dans nombre d'appareils qui ne comportaient jusqu'à présent que l'acier.

La vélocipédie commence à être une de ses conquêtes, et dans les pneumatiques on rem-

place les jantes en acier par un cercle en aluminium pouvant supporter 410 kilos à la rupture.

Il en est de même du garde-boue et du pro-
tège-chaine de ces machines.

Brosses en aluminium. — D'après le *Papiez-
zertung*, on fabrique à Berlin des brosses dans
lesquels le bois est remplacé par l'aluminium.
Ces brosses sont destinées à l'industrie des papiers peints.

L'inconvénient du bois est de se gauchir et
quelquefois même de se fendre, sous l'influence
de la chaleur, à laquelle on est forcé de le sou-
mettre de temps en temps, après qu'il a été
imbibé de solutions aqueuses de couleurs.
Par l'effet de ses gondolements et de ces déchi-
rures, les crins finissent par se détacher. Les
brosses en aluminium sont exemptes de ces inconvénients.

Un explosif.— Lorsqu'on mélange du bioxyde
de sodium à de l'aluminium en poudre, on obtient un explosif redoutable, et très peu ma-
niable.

Il s'enflamme au contact d'une goutte d'eau ;
la déflagration se produit même par le simple
fait d'enfermer la poudre explosible dans un
cornet ; l'inperceptible dose d'humidité contenue
dans le papier suffit à provoquer l'inflammation
du mélange.

C'est en analysant au moyen du bioxyde de
sodium les résidus produits par la préparation
du phosphore, que M. Rossel a découvert cet
explosif.

Un aéroplane. — Les expériences faites, en Angleterre, par M. Hiram Maxim, sur un aeroplane ou machine-volante de son invention, sans avoir eu un plein succès en raison d'accidents qui se sont produits au cours de leur exécution, n'en ont pas moins été intéressantes et instructives. Il s'en fait d'analogues en France, en Autriche, en Allemagne et aux Etats-Unis.

Voici quelques détails sur les récentes expériences américaines. D'après ce que rapporte le *Hérald*, un aérophane combiné par M. Langley, secrétaire du *Smithsonian Institute*, vient d'être expérimenté avec un certain succès en Virginie.

L'appareil, qui est en aluminium, avec ailes de soie, ressemble à un grand papillon.

Il est poussé par des hélices que fait mouvoir une machine électrique. Il ne s'agit ni plus ni moins, paraît-il, que d'établir, dès 1896, une ligne de navigation aérienne entre Washington et San-Francisco.

Le professeur Langley avait dit que, si jamais la navigation aérienne était résolue, ce serait non par les ballons, à cause du gaz même qu'ils contiennent, mais par les moyens mécaniques. Aujourd'hui M. Mercer, après avoir construit un aéroplane d'après les principes énoncés par M. Langley, prétend avoir fait un voyage de 40 milles ou 70 kilomètres environ avec son navire aérien. Nous lui laissons, bien entendu, toute responsabilité au sujet de cette affirmation de durée.

Il l'a fait nuitamment, de peur d'un échec public d'abord, et ensuite pour garder provisoirement le secret sur les principaux détails de son invention.

Suivant le *New-York Herald*, le moteur électrique de 3 1/2 chevaux serait en aluminium, mais nous ne voyons pas bien comment les masses de fer essentielles et relativement lourdes pourraient se remplacer à résistance égale par de l'aluminium.

La machine a un propulseur à l'arrière et quatre hélices au sommet. C'est à l'aide de ces dernières qu'il s'élève.

Il n'y a là, en somme, que des indications très sommaires et insuffisantes pour que l'on puisse se faire une opinion exacte des progrès que les nouveaux appareils américains ont pu réaliser. Mais il est probable que les journaux techniques des Etats-Unis ne tarderont pas à compléter ce qu'on a appris à ce sujet.

Plaques lithographiques. — Parmi les applications les plus récentes de ce métal il convient de signaler celle de la fabrication des plaques lithographiques en remplacement des pierres employées jusqu'alors. La pierre lithographique est tirée de certaines carrières de la Bavière et eu égard à l'emploi important qui en est fait de nos jours le prix s'en accroît dans des proportions inconcevables, surtout que la production demeure sans changement et même va en diminuant. Cette pierre est, en outre, très cassante et très lourde, et ne peut être travaillée qu'avec des machines à surface plane. Les plaques lithographiques en aluminium, par contre, outre qu'elles sont d'une grande légèreté et d'un prix très modique, possèdent une résistance et une élasticité leur permettant d'être pliées, puis appliquées aux machines à imprimer à cylindres. De même pour les travaux de gravure, pour lesquels on employait jusqu'ici le cuivre et l'acier, l'aluminium employé en France à des travaux de ce genre, a fourni des résultats surprenants.

Peinture. — Dans cette branche d'industrie, l'aluminium paraît également avoir donné d'excellents résultats, et la peinture qui a été essayée peut, à bon droit, occuper une place importante parmi les peintures à base métallique.

La formule, d'après laquelle l'essai en question a été fait, est la suivante :

On fait dissoudre de la gomme laque et du borax en les portant à l'ébullition; on y mêle un alcali, soit de la soude ou de l'ammoniaque. La gomme laque ne doit pas dépasser les 15 à 60 0/0 du poids total. A ce mélange, on donne la couleur désirée à l'aide d'aniline, puis on y incorpore de l'aluminium en poudre jusqu'à ce qu'on ait obtenu une peinture coulante. On peut alors l'appliquer sur le bois, sur les métaux, sur le papier, sur les étoffes, etc., au moyen d'un pinceau ; elle demeure brillante et est imperméable. Pour la rendre lisse à souhait, il est nécessaire d'ajouter au mélange un peu de glycérine.

Un navire aérien. — Un ingénieur russe, M. Tchernouchouko, a élaboré le projet d'un navire aérien. Le modèle de cet appareil a figuré à l'exposition d'Anvers. Il se composera d'un corps en aluminium de 126 mètres de largeur et de 200 mètres de longueur ; il pourra se mouvoir dans le sens horizontal et dans le sens vertical. Le squelette rigide en aluminium contient dix ballons distincts, destinés à jouer, en cas d'accident, le même rôle que les compartiments étanches des navires cuirassés ; chacun d'eux est maintenu dans une cage séparée qui lui donne sa forme.

Comme moteurs, l'inventeur se propose d'employer les moteurs à gaz comprimés, les moteurs à pétrole ou les moteurs électriques. Des appareils pneumatiques, placés à l'avant, lanceront de l'air comprimé sur les flancs du navire, et lui imprimeront à la fois vitesse et direction.

L'ensemble de la construction pèsera 4,800 kilos et pourra transporter 100 hommes, avec une tonne de bagages.

Un nouveau bidon pour l'armée. — Tous ceux qui ont vu manœuvrer un régiment en tenue de campagne ont remarqué combien est peu pratique le bidon actuellement en usage, avec son quart en fer battu, dont le rattachement diffère presque dans chaque régiment et qui bat, malgré tout, sur le bidon, comme un grelot, pendant la marche et le pas gymnastique.

L'inconvénient a été maintes fois signalé ; il est désespérant pendant une manœuvre de nuit. On recherche depuis longtemps, au ministère, un nouveau modèle. Déjà les Allemands ont imaginé de fixer le quart au-dessous du bidon qui s'y emboîte, mais, pour l'homme équipé, sanglé, le quart ainsi disposé est pour ainsi dire inutilisable en marche.

Sollicité par un chef de corps de Grenoble, un chasseur, alpiniste à ses heures, actuellement archiviste à la mairie de Grenoble, M. A. Albertin, a trouvé un modèle pratique qu'il a présenté au ministère et qu'étudient actuellement les bureaux.

M. Albertin, contrairement au système allemand, qui oblige le soldat à dégager le bidon en agissant sur la courroie qui doit être d'abord dégagée du ceinturon, place le quart au-dessus, en lui donnant une forme spéciale qui permet de l'emboutir sur le haut du bidon avec lequel il fait corps. Donc plus de battement, plus de bruit et pourtant mobilité complète.

Voici, du reste, une description du système préconisé par M. Albertin.

Son bidon, assez semblable au vieux type, a la forme d'un parallélogramme aux angles arrondis : la base, ovoïde, permet de le placer verticalement sur une surface plane ; le sommet se termine en silhouette de gourde alpine, c'est-à-dire assez semblable aux bouteilles à goulot extra-court, revêtues d'un treillis d'osier comme beaucoup de chasseurs en possèdent.

La capacité du bidon est de un litre ; celle du quart qu'on abouche au-dessus, de 25 centilitres ; le tout en métal d'aluminium, sans soudure.

Le bidon, serti d'un bourrelet, s'enchasse dans un cercle ovoïde muni de deux petites anses par lesquelles passent les courroies du bidon ; donc il est mobile. Les courroies se rattachent aux deux anses du cercle ovoïde.

Le *quart* s'accroche, renversé, à un anneau dans lequel passe la courroie du bidon, au moyen d'un crochet semblable au porte-mousqueton du sabre de cavalerie.

Le crochet non rivé à l'anneau permet de renverser le quart; l'anneau n'étant pas fixé à la courroie, on peut l'élever ou le baisser.

On obtient ainsi une mobilité complète du quart, il peut être détaché et, en l'abaissant sur le bidon, il s'y fixe solidement étant suffisamment retenu par son forcement qui s'obtient au moyen de la forme spéciale du haut du bidon.

Le goulot du bidon est formé par un gros bouchon de liège armé au-dessus et au-dessous d'une très légère plaque métallique et retenu par une chaînette en aluminium fixée à l'intérieur du bidon.

Sur la demande du ministère, M. Albertin (qui est nullement industriel ou commerçant) a amélioré dans ses détails le bidon qu'il préconise.

M. le lieutenant-colonel de Beyglié, qui l'a examiné, en a paru très satisfait. Le poids est très sensiblement réduit et l'on sait que l'aluminium n'est pas oxydable.

Théières en aluminium coule. — Griswold Manufactury Co, Erie P. A. ont été les premiers à introduire sur le marché les théières fondues. Les théières Eric portent ce nom venu de fonte sur le couvercle ; elles sont bien connues aujourd'hui.

Il en est de même de la Wagner Manufacturing Co Sidney O, qui fabrique des articles creux en aluminium fondu. Elle possède une belle collection de théières fondues en aluminium et autres articles analogues.

Capsule Fourmin-Piot. — Capsule en aluminium, sertie sous la bague du goulot de la bouteille au moyen d'une machine à molettes créée à cet effet et exerçant une pression suffisante pour supprimer tous les pores du bouchon, rendre le bouchage tout à fait hermétique et éviter les recouleuses et pertes de gaz même avec les bouchons de qualité inférieure, ainsi que l'ont prouvé les essais faits, il y a deux ans, dans les *Caves Pomery*, à Reims.

Feuilles d'aluminium. — La maison *Hamilton, Lemmon et Arnold, de la National Cosket Co Allegheny Pa* a créé un magnifique modèle de cassette en aluminium ainsi qu'un intéressant catalogue, qui la décrit, et qu'elle envoie à tous ses agents. La création de cette cassette leur demanda plusieurs mois et les efforts de leurs employés les plus adroits.

La même maison s'est fait une spécialité des feuilles d'aluminium pour embaumements ; elle en vend en grand nombre. L'aluminium était indiqué pour cet usage, étant donnée sa résistance aux solutions antiseptiques employées dans cette opération.

La bicyclette Lu-mi-nium. — La maison *Louis Refrigerator and Wooden Gutter Co* consomme une grande quantité d'aluminium pour la fabrication de la célèbre bicyclette Lu-minium. Ces bicyclettes donnent actuellement toute satisfaction et les alliages durs d'aluminium employés dans cette fabrication constituent un nouveau triomphe pour le développement des alliages de ce métal.

Il faut complimenter, en première ligne, de ce succès, M. W. Grayson, secrétaire et directeur de la maison.

Godet graisseur. — La *Bangs Oil Cup Co* fabrique un godet graisseur en aluminium d'un avantage spécial. La légèreté de ce métal réduit la force vive à laquelle est soumise tout godet graisseur monté sur des organes animés d'un mouvement alternatif, et de plus les propriétés anti-corrosives de l'aluminium, au contact de l'huile et des graisses, apportent à l'emploi du godet un nouvel avantage.

Peigne en aluminium. — La maison *John Holland Gold Pen Co, Cincinnati O*, étire spécialement des tubes en aluminium pour porteplumes et autres articles analogues. Elle fabrique également un peigne en aluminium dont il se fait une grande vente.

M. John Holland, qui fait partie de cette compagnie, est connu par ses recherches sur la métallurgie de l'Indium, ainsi que par sa découverte de l'emploi du phosphore comme fondant pour la fusion et le façonnage du métal servant à former les plumes à pointes d'or.

Fers à cheval. — Une compagnie américaine s'occupe de la fabrication des fers à cheval,

d'une forme spéciale. Le corps du fer à cheval
est en aluminium, mais dans sa face inférieure
sont encastrées des pièces d'acier des plus dures
introduites au marteau à une pression de 2.000
livres.

Ces fers ne pèsent, dit-on, que le quart du
poids d'un article usuel du commerce fabriqué
par un forgeron. On dit aussi qu'un cheval ferré
de cette manière fait beaucoup moins de bruit
qu'avec les anciens fers.

Des chevaux de grande vitesse ont été ainsi
ferrés en aluminium, et leurs propriétaires leur
attribuent une vitesse plus grande pour cette
raison. Le général Nelson A. Miles procéda à
un essai de chevaux de cavalerie au fort She-
ridan et autres forts du nord-est et conclua à
l'adoption de ces fers par l'armée.

La cavalerie des Etats-Unis présente à Chi-
cago était ferrée en aluminium.

La commission de l'armée prussienne a demandé le prix pour la fourniture de grandes
quantités de fers à livrer à Berlin.

*Metcolf et Ferguson, 709 Ferguson Block
Pitsburgh Pa.*— Cette maison vient de fonder à
Pittsburg pour la fabrication d'objets en aluminium une usine très importante. Elle a installé
un grand matériel comprenant des marteaux,
des machines d'estampage et d'étirage, des
presses, de même qu'une grande fonderie ; elle
est donc outillée pour la fabrication de tous les
articles en aluminium, quelles que soient leur
forme et la nature du travail nécessaire à leur
confection.

Les ustensiles de cuisine. — La maison C. Sidney, Shepard Co, bien connue, estampe et étire au fil l'aluminium ; elle s'est fait une spécialité dans le cours de l'année dernière, de la fabrication d'ustensiles de cuisine. Elle possède actuellement une grande quantité de ces marchandises et un intéressant catalogue qu'elle expédie à tous ceux qui lui en font la demande.

Bassins à huile en aluminium. — C'est à l'initiative de la Bangs Oil Cup Co que l'on doit ces sortes de bassins qui sont employés sur les navires à vapeur et y jouissent d'une popularité considérable.

Malles en aluminium. — M. William Roch - mer, un fabricant de malles bien connu à New-York, a introduit l'aluminium dans la fabrication de ses produits.

M. Rochmer a recouvert une malle, à châssis en fer, avec placage de bois, avec des feuilles en aluminium au lieu de toile à voile, employée d'ordinaire pour ces sortes de produits. Bien que cette malle d'un nouveau genre, n'en soit encore qu'à l'état expérimental, M. Rochmer estime toutefois que l'aluminium sera bientôt d'un usage général pour la confection des malles et autres ustensiles de voyage.

Gravure à l'eau forte. — M. F. P. Davis, de Florence, a obtenu quelques effets remarquables de gravures à l'eau forte sur des feuilles d'aluminium. L'un des exemples constitue une bonne imitation d'effet photographique. Aucun papier de tenture n'a jamais présenté de plus jolies fleurs ou un aspect plus attrayant. Ces feuilles deviendront rapidement populaires comme décoration ou ornements.

Applications diverses. — M. Dauchy a fondé une fabrique de nouveautés en aluminium, à Torrington même: dès le premier jour il recevait une commande de mille *porte-musique* en aluminium.

M. Reginald Brougham, de Londres, un descendant du premier lord Brougham, a inventé une *masse* en aluminium pour jeu de crosse. Il est d'avis que le nouveau métal convient-le mieux à cet effet. La tête est incassable et la masse peut servir par un temps humide en lançant une balle plus grosse que les masses en bois.

— MM. Reymond et Gottlob ont introduit des *étuis à lunettes* en aluminium, genre d'articles qui est destiné à se répandre parce que ces étuis sont incassables et très légers, ne se rouillent et ne se ternissent pas. Ils protègent mieux les verres que les étuis en cuir.

— La Waverly Stamping Cⁱ, confectionne des *ustensiles de cuisine*, en aluminium *plaqué* qui constituent une véritable innovation dans les articles en aluminium. Ils sont faits intérieurement d'une plaque pleine d'aluminium parfaitement pur sur laquelle est superposée extérieurement,

et sous pression, une feuille d'acier. On reven-
dique pour ces articles leur force, leur rigidité,
leur légèreté et leur durée. On dit qu'ils peuvent
être posés sur la flamme nue sans s'écailler, par
une cuisson rapide.

— Sidney, Shepord et C· ont introduit sur le
marché une nouveauté sous forme de porte-
bouquet pour cimetières. C'est un article popu-
laire s'employant aux Etats-Unis, au temps du
« decoration day » et pendant les mois d'été. Un
support conique contient de l'eau dans laquelle
plongent les tiges de fleurs qui se maintiennent
droites et conservent leur fraîcheur. Le cône se
termine par une tige que l'on enfonce dans la
terre.

— Après les *cartes de visite*, on a eu les
tickets de tramways et de chemins de fer. En
Amérique, des essais ont été faits pour imprimer sur l'aluminium des billets de banque et des
papiers de valeur.

L'aluminium laminé, de façon à l'amener à un
dixième de millimètre d'épaisseur, est plus léger
que beaucoup de papiers dont on se sert pour
quelques éditions précieuses.

On pourra donc voir la papeterie de luxe, les
actes de la vie privée et de la vie publique, les
livres et les enveloppes, même les numéros ex-
ceptionnels de quelques journaux imprimés sur
l'aluminium.

— M. Georges E. Maicks, de New-York a
réussi à faire avec l'aluminium des *membres*

artificiels. C'est une véritable trouvaille pour les amputations partielles de la cheville, du tarse du métatarse, etc., opérations que les chirurgiens hésitent souvent à faire, étant donnée la difficulté où l'on se trouve de remplacer, par une pièce artificielle, la partie enlevée. L'aluminium est employé sous forme exacte du membre et sert d'ossature pour supporter le poids du corps.

Dans cette espèce de carcasse on place une pièce en caoutchouc, ayant absolument la forme du membre dont elle remplit l'office pendant le fonctionnement, en même temps que par son élasticité, elle en amortit les chocs.

— M. Rocher, chimiste, a appliqué l'aluminium à la confection des *couronnes mortuaires*, croix et objets divers, gravés de dessins variés sur fonds noirs ou blancs avec ornements de fleurs ; tous ces objets sont en aluminium rendu inaltérable, et le choix en est considérable M. Rocher en a établi une exposition permanente « A l'étoile d'aluminium » boulevard Haussmann, 63, Paris.

— M. le professeur Henri Dufour s'est attaché à déterminer la vitesse du son dans l'aluminium. Il a trouvé pour cette vitesse le chiffre de 4.950 mètres par seconde, ce qui est à peu près le même chiffre que pour l'acier.

La grande légèreté de l'aluminium, ainsi que sa solidité, rendraient ce métal très propre à la fabrication de caisses de résonnance pour les instruments à corde.

C'est ce qu'on fera peut-être prochainement et nous verrons ainsi des *violons* en aluminium.

— Un inventeur résidant à Pen-Yan, dans le New-Jersey, annonce avoir résolu le problème de la navigation aérienne. Comme appareil d'essai il construit un *aviateur* ayant la forme d'uu cigare de 91 mètres de longueur, presqu'entièrement en aluminium.

La force propulsive sera obtenue au moyen d'un composé chimique dont la formule est tenue secrète, mais qui, dit-on, pourra faire tourner le propulseur à une vitesse de 3,000 tours à la minute.

L'inventeur prétend que son navire aérien pourra transporter dix passagers à une vitesse de 160 à 320 kilomètres à l'heure.

— M. Rupp dit qu'il a appliqué l'aluminium à la confection des récipients de diverses formes, gobelets, *boîtes de conserves* alimentaires, etc., pour la troupe. Il a fait séjourner divers aliments et liquides pendant une durée de quatre à vingt-huit jours et à la température ordinaire. Il n'a reconnu aucune altération sensible du métal.

Le métal employé avait donné à l'analyse : aluminium, 99,66 ; silicium, 0,088 ; fer, 0,3. L'auteur mentionne que, tandis que le métal réduit en poudre fine et soumis à l'action de l'eau bouillante, montre une légère oxydation, il n'est nullement attaqué sous le même traitement à l'état de feuille.

Il conseille donc l'emploi de l'aluminium pour

la fabrication de tous les récipients à usages alimentaires.

— Un ingénieur distingué des charbonnages du Nord de la France étudie l'application de l'aluminium à la construction des *cages d'extraction*, à la confection des *câbles*, des lampes de sûreté, etc.

En tenant compte de la différence de résistance de ce métal avec le fer ou l'acier, la réduction dans le poids des appareils construits en aluminium serait encore voisine de 50 à 60 0[0, ce qui pour les cas cités plus haut présente un grand avantage.

— Pour reculer les limites des vitesses connues jusqu'à présent, il suffit de diminuer le poids des organes et les frottements.

De cette dernière condition, et comme le fait remarquer M. Paul Buissart, il résulte une économie importante dans l'entretien et le renouvellement du matériel.

M. Paul Buissart, utilise pour la fabrication des garnitures de *broches* de filature, telles que pignons d'angles, *noix*, supports et bagues d'arrêt des bobines, *galets*, etc., de l'aluminium pur ou des alliages d'aluminium.

— On produit des *navettes* en aluminium et bronze d'aluminium pouvant s'employer avec avantage dans les métiers anglais, ainsi que dans les métiers destinés au tissage de draps forts anglais, draps de Sedan, draps d'Elbeuf, etc., et cela sans bois ni fer.

Les navettes perfectionnées dont il s'agit sont munies de pointes en acier rapportées. Elles possèdent les qualités et avantages suivants : légèreté aussi grande que celle des navettes en bois ; plus de solidité que ces dernières ; aucun risque d'oxydation ; place plus grande laissée à l'espolin ; impossibilité pour les fils de la chaîne de s'accrocher et même, eu égard à la légèreté de la navette, de se casser.

Et, finalement, faculté d'être refondues, d'où valeur de réemploi.

Les navettes en bois employées habituellement, se cassent et se fêlent facilement ; elles tombent immédiatement au rebut, lorsque, par suite d'une lésion légère, un éclat vient à se détacher.

— On a fait une expérience intéressante aux escadrons de Spahis Soudanais. Ceux-ci ont reçu des *selles* dont l'arçon est en aluminium, ainsi que les étriers.

Cette selle est du même modèle que les selles d'ordonnance ; elle coûte le même prix et pèse environ trois kilos de moins.

Etant donné que notre cavalerie coloniale ne possède que des chevaux de petites tailles et qu'une grande mobilité doit être sa qualité principale, on comprend quel avantage considérable il y aurait à la doter d'un harnachement léger, offrant toutes les garanties de solidité du harnachement règlementaire.

Si cette expérience réussit au Soudan il serait très pratique d'en faire l'application en France ; car, en diminuant de trois kilos le poids de la selle dans notre cavalerie, on pourrait augmenter d'un poids équivalent les vivres et les munitions du cavalier.

Campement en aluminium. — Les rapports adressés au ministère de la guerre, à la suite des manœuvres d'automne de 1894, par les régiments chargés d'expérimenter certains ustensiles de campement en aluminium, préconisent l'adoption de la gamelle collective pesant 540 grammes, de la gamelle individuelle pesant 285 grammes, et du quart pesant 50 grammes.

C'est le campement dit fort que l'on a expérimenté avec un campement dit faible où les mêmes objets pèsent respectivement 385, 215 et 40 grammes.

A la fin des manœuvres, le campement fort avait parfaitement résisté à tous les chocs, tandis que le campement faible n'aurait pu servir plus longtemps ; ce dernier est donc à rejeter.

Le poids de la gamelle collective, de la gamelle individuelle et du quart en fer battu, aujourd'hui en usage, est au total de 1.385 grammes ; ou voit qu'en adoptant les mêmes ustensiles en aluminium fort en allège de 510 grammes le chargement du fantassin.

Ce premier résultat mérite d'être retenu, .puisqu'on cherche actuellement à diminuer le poids du havresac par tous les moyens possibles.

Il est nécessaire de poursuivre ces essais et de faire fabriquer des marmites collectives et des petits bidons en aluminium. Le petit bidon en fer-blanc de nos troupiers se rouille facilement et donne mauvais goût à la boisson qu'il renferme. La marmite collective en fer battu est trop lourde et ne résiste pas mieux à l'épreuve du feu que ne le ferait la marmite en aluminium.

On objecte que le campement en aluminium fort coûte presque le double de celui en fer battu et que l'armée a dans ses magasins de nombreuses collections d'ustensiles qu'il est bon d'utiliser. La question « argent » est secondaire si on la compare avec celle de la réduction du chargement du fantassin.

Des puissances voisines, l'Allemagne et la Belgique, pour ne citer que celles-là, n'ont pas hésité un instant à adopter le campement en aluminium, malgré les dépenses qui devaient en résulter.

Balles en aluminium. — M. Charpentier-Page a livré à un gouvernement étranger une importante commande de balles en aluminium. Ces balles sont destinées à des cartouches spéciales qui sont délivrées aux troupes et agents de la force publique pour servir à réprimer les émeutes, grèves, etc.

Elles sont amplement suffisantes pour que les soldats et agents puissent tenir à distance respectueuse les émeutiers ou autres perturbateurs et si, jusqu'à une centaine de mètres, les blessures qu'elles produisent peuvent avoir des effets fâcheux pour ceux qu'elles atteignent, ces blessures sont moins meurtrières et ne produisent pas à beaucoup près les mêmes désordres que les balles règlementaires. Mais, ce qui est surtout à considérer, c'est que à une distance de deux cents mètres elles sont inoffensives et ne frapperont plus des innocents comme cela arrive malheureusement trop souvent avec les armes à longue portée.

DEUXIÈME CHAPITRE

L'Aluminium
appliqué aux Constructions navales

L'aluminium allié à de proportions, variant entre 2 et 4 0/0. de métaux lourds : cuivre, nickel, fer, etc., etc., acquiert assez de résistance pour être employé dans les constructions navales.

Depuis l'année 1893, plusieurs expériences intéressantes ont été faites et ont donné des résultats assez satisfaisants pour que l'on puisse dès maintenant prédire à l'aluminium un très grand avenir dans ces sortes de constructions : baleinières, chaloupes, chalands démontables, canonnières, torpilleurs à embarquer, etc., etc.

Comme la chose est d'importance, nous croyons utile d'en passer à nouveau une revue d'ensemble.

Là encore, nous aurons à louer M. Charpentier qui a su s'organiser pour obtenir de bonnes plaques laminées aux dimensions exigées par les constructeurs.

Il est juste de citer aussi le constructeur Lefebvre et M. Victor Guilloux, ingénieur de la marine, auxquels on doit les plans des principales constructions effectuées jusqu'à ce jour.

L'*Etienne*, chaloupe qui a été destinée à l'expédition Monteil, et construite sur les plans de

M. Lefèvre par la maison Castelin David et Camion de Mézières. Ce bateau n'avait rien qui rappelait les petits bâtiments construits en vue d'une navigation rapide ou d'une opération de guerre : c'était une simple toue à fond plat, mais capable de porter un poids très lourd (quinze mille kilogrammes) et de passer dans les fleuves et rivières presque à sec; son tirant d'eau maximum en charge n'était, en effet, que de 20 centimètres.

Cette toue avait la forme d'une caisse métallique de :

> Longueur........ 10 mètres
> Largeur.......... 2.5 »

Le fond se relevait à l'avant et à l'arrière qui étaient de même largeur que le milieu.

Les bords élevés de 0^m70 étaient surmontés d'une lisse en chêne sur laquelle étaient placés les appuis pour avirons et de petites bittes pour frapper une cordelle dans les moments où les hommes d'équipage halent l'embarcation de la rive.

L'appareil tout entier pesait 1.020 kilogrammes, soit 900 kilos de métal et 120 de bois; poids très léger pour une embarcation de cette dimension.

On a pu atteindre à cette extrême légèreté, grâce à l'aluminium dont l'emploi dans la coque des bâtiments avait été très rare jusqu'à ce moment.

On connaissait bien quelques exemples de petits canots construits en aluminium, mais on s'était toujours heurté pour utiliser ce métal dans des bâtiments de grandes dimensions, à la difficulté du laminage en grandes planches.

Les planches qui forment l'*Etienne* ont 1 m. 20 de long sur 70 centimètres de large, laminées sur une épaisseur de 3 millimètres.

Le métal avait été préparé par les usines de la Société électro-métallurgique française de Froges (Isère), et les planches cornières et rivets établis par l'usine Charpentier-Page, ce qui n'était pas une mince difficulté, l'alliage d'aluminium à 6 0/0 de cuivre, adopté à cette époque, se travaillant difficilement.

C'était également la première fois qu'on arrivait à obtenir avec un tel métal de grandes largeurs en planches et à faire des cornières et des rivets.

Depuis, la voie ouverte par M. Charpentier a été suivie par d'autres constructeurs. Nous ajouterons que le métal le plus employé aujourd'hui est un alliage d'aluminium à 3 0/0 de cuivre, qui offre une résistance à la traction sensiblement la même que l'alliage à 6 0/0 avec une plus grande malléabilité, et qui est aussi plus facile à travailler.

Les 3 0/0 de cuivre peuvent être remplacés par 3 0/0 de maillechort ou de nickel, ou encore 2 0/0 de titane, 3 0/0 de fer.

Après l'aluminium pur, les alliages au maillechort et au titane sont ceux qui résistent le mieux à l'eau salée ; les alliages au nickel, au fer et au cuivre s'attaqueraient deux fois plus vite que les précédents ; c'est du moins ce qui découle d'une étude faite par M. Joseph Richard.

Observons que les alliages sus-indiqués renferment 2 à 3 0/0 environ de métaux et éléments étrangers, car l'aluminium retient toujours quelques millièmes de silicium et de fer.

Nous avions fait pendant l'année 1891 de nombreux essais, et les résultats obtenus indiquaient qu'il ne fallait pas dépasser une teneur de 3 0/0 de métaux lourds si l'on voulait obtenir un alliage facile à travailler ; les proportions des divers métaux contenus dans les alliages d'aluminium établis depuis nos expériences sont restées dans les limites indiquées par nous.

Il faut faire une exception cependant avec les alliages au silicium, mais ne renfermant qu'une teneur maxima de 1 0/0 de fer ou de métaux lourds ; ces sortes d'alliages ont les mêmes qualités mécaniques que les autres et conservent leur malléabilité avec les teneurs en silicium de 15 0/0 environ. Mais, pour en revenir à l'*Etienne*, l'avantage de cette embarcation destinée au commandant Monteil, résidait surtout dans la facilité du transport et la rapidité de son montage.

Elle se divisait en 24 tranches dont chacune pouvait être portée à dos d'homme et qui s'ajustaient entre elles au moyen de boulons.

Les joints étaient garnis de caoutchouc pour en assurer l'étanchéité.

L'embarcation était en outre munie de tout l'outillage nécessaire pour le montage et un approvisionnement d'aluminium et de caoutchouc était emporté en prévision de petites réparations et même du changement complet d'une tranche en cas d'accident grave.

Par des dispositions ingénieuses, toutes les tranches, sauf celles de l'avant et de l'arrière, étaient interchangeables.

Le *Jules Davoust*, de la mission Monteil, a été construit par M. H. Lefebvre, à qui l'on doit aussi les voitures étanches démontables, qui ont fait leurs preuves au Soudan et au Tonkin.

La coque de *Jules Davoust* est complètement en aluminium, sa longueur est partagée en trois chambres séparées par des cloisons étanches également en aluminium.

Elle est formée de huit tranches composées chacune de 2 demi-tranches reliées longitudinalement entre elles.

Les deux tranches sont assemblées bout à bout par l'intermédiaire d'une solide quille en acier demi-dur régnant sur toute la longueur du bateau.

L'embarcation comporte deux roufs et une cale centrale : le rouf d'avant sert d'habitation au commandant et au second ; celui d'arrière sert d'abri au personnel.

Une élégante tente mobile, aménagée vers l'arrière du rouf d'avant, est destinée à protéger le commandant et ses aides pendant les observations hydrographiques, elle sert aussi d'abri au timonier.

L'embarcation est à voile et à aviron. Deux encorbellements sont ménagés latéralement et vers le milieu de la longueur du bateau pour supporter deux canons à tir rapide Hotchkiss.

Dimensions principales et poids

Longueur......................	12.85 mètres.	
Largeur......................	2.80	»
Profondeur................	0.80	»
Largeur hors lisse..........	3.20	»
Longueur du rouf du com- mandant	4.00	»
Largeur moyenne..........	2.10	»
Longueur du rouf d'arrière.	3.00	»
Longueur de la cale centrale	4.85	»
Poids......................	2.200 kg.	
Déplacement total.........	11.20 mèt. cub.	
Tirant d'eau correspondant..	0.42 mètres.	
Poids moyen des tranches...	37,5 kilogs.	

L'aluminium a été fourni par la Société électro-métallurgique ; et c'est sous la surveillance de M. J. Dreyfus, représentant de cette Société à Paris qu'on a réussi à produire, dans différentes usines (entre autres celle de M. Charpentier-Page, au Valdoié), les grandes tôles et les cornières laminées comme les cornières en fer et en acier.

Pour cette construction on a employé un alliage renfermant 6 0/0 de cuivre.

Ajoutons qu'à l'Exposition de Lyon, dans la section de la Métallurgie, on pouvait voir des spécimens de tôle d'aluminium semblables à celles qui ont servi à la construction du *Davoust*; ainsi du reste qu'à celle du yacht le *Vendenesse* dont nous allons parler ; en voici les principales dimensions :

1 feuille : 4,4 mètres long., 1 m. larg., épaisseur 2 $^{m/m}$, 5, poids 35 kilog.

1 feuille : 2,6 mètres long., 1 m.05 larg., épaisseur 6 $^{m/m}$, poids 45 kilog.

1 feuille : 4 m. 05 long., 0,87 m. larg., épaisseur 8 $^{m/m}$, poids 17 kilog.

1 feuille : 1 m. 50 long., 1 m. 05 larg., épaisseur 8 $^{m/m}$ poids 35 kilog.

Elles donneraient à la traction une moyenne de 25 kgs par $^{m/m}$ carré de charge à la rupture avec un allongement moyen de 4 à 5 0/0.

On avait exposé en même temps, une barre de 4 m. 25 de long, 37 $^{m/m}$ de diamètre, pesant 12 kil. 300 Le tout sortait de l'usine Charpentier-Page.

Fils d'aluminium. — Cette usine avait préparé, outre les tôles et les cornières en aluminium destinés à la construction de l'*Etienne* et du *Davoust* : 1,200 kilomètres de fil en aluminium, pour la mission Monteil. Ces fils étaient destinés à relier par le télégraphe et le téléphone les différents postes de la mission Celareprésentait un poids de 10,000 kilogrammes et c'était certainement la plus forte commande de fils d'aluminium qui avait été faite en France.

Le *Vendenesse*, yacht de plaisance, à M. le comte J. de Chabannes La Palice, lancé à Saint-Denis au mois de décembre 1893.

Le plan des formes du *Vendenesse* avait été demandé à M. Godinet l'auteur de la nouvelle formule de jauge pour bateaux de course.

Le bateau devait être primitivement construit en bois, et ses dimensions, coque et voilure avaient été calculées de façon à lui assurer autant que cela est possible en pareille matière, une supériorité de marche sur l'*Atine*, yacht de 10 tonneaux, acheté en Angleterre par le frère de M. de Chabannes.

Ce dernier frappé des avantages que la construction en aluminium pouvait assurer à un yacht de course, eut l'idée d'en faire l'expérience.

Il s'adressa pour la réalisation de ce projet à M. Victor Guilloux, ingénieur de la marine, hors cadre, que nous aurons souvent l'occasion de citer, en raison de sa compétence en la matière.

Après entente avec M. Guilloux, M. Godinet modifia son plan de formes primitif, allongea la flottaison, affina les lignes, de façon à profiter, autant que possible, de la légèreté de la coque.

Les caractéristiques du bateau, ainsi modifié et telles que le représentent les dessins reproduits dans le journal le *Yacht* (numéro du 13 décembre 1893) sont les suivantes :

Longueur à la flottaison......	12 mètres
— sur le pont........	17,4 —
Largeur au fort..............	2,85 —
Déplacement à la flottaison du plan..................	15 tonneaux
Poids du lest......	15 —
Surface de voilure..........	180 mèt. carrés

Les formes du *Vendenesse* offrent une continuité de surface et une douceur de contours des plus remarquables.

C'est à Saint-Denis qu'il a été construit dans

l'usine qu'y possède la Société des ateliers et chantiers de la Loire.

La coque est en acier et en aluminium. Elle a été dessinée d'après la donnée suivante :

Une ossature d'acier rigide destinée à supporter tous les efforts du lest et de la voilure et à les répartir aussi uniformément que possible; sur cette ossature, une enveloppe extérieure en tôles et cornières d'aluminium servant à relier entre elles les différentes partie du squelette et à former le bordé.

De plus, dans la coque du *Vendenesse* existent deux cloisons étanches pleines en aluminium, sans aucune ouverture ou porte de communication. Ces cloisons sont destinées à relier les deux côtés du bateau et, en outre, à en assurer sa flottabilité, en cas de voie d'eau par choc, collision ou autres causes.

L'assemblage de toutes les parties de la coque et le rivetage ont été faits avec un soin extrême; et la perfection de ce travail est telle que l'étanchéité de la coque du *Vendenesse* est absolue.

Dans cette coque, il a été employé environ 1.100 kilogrammes d'aluminium et 1.700 kilogrammes d'acier, ce qui porte à 2.800 kilog. le poids total pour un déplacement de 15 tonneaux.

Le rapport du poids de coque au déplacement est donc environ de 18 0/0, ce qui est très faible.

La coque du *Vendenesse* réalise en légèreté un gain de plus de 40 pour cent sur une coque similaire en bois.

Il serait tout aussi considérable par rapport à une coque construite en fer ou en acier, car quelle que soit la résistance d'un métal, il est impossible de diminuer outre mesure l'épaisseur d'un bordé.

Il fallait aussi préserver le bordé en aluminium du contact de l'eau salée, car ce métal, inaltérable à l'eau douce et à l'air, s'attaque sensiblement (moins que le fer cependant) sous l'influence des sels contenus dans l'eau de mer.

M. Guilloux, aidé dans ses recherches par les chimistes de la maison Lefranc, MM. Letellier et Veyrassat, découvrit une peinture et un mode d'application spéciaux qui semblent réunir les conditions voulues pour l'inaltérabilité du bordé d'aluminium.

Le revêtement extérieur se compose de trois enduits différents superposés : le premier pour obtenir l'adhérence sur le métal, le second pour assurer l'imperméabilité, le troisième pour empêcher les végétations et incrustations marines de s'attacher à la coque.

Le *Vendenesse* a été lancé le 5 décembre 1893, avec un plein succès.

Dès le lendemain, il était soumis à une expérience ayant pour but de s'assurer si la coque était suffisamment résistante pour supporter à la bande les efforts simultanés du lest et de la voilure.

Pour mettre la coque du *Vendenesse* dans les conditions du travail les plus semblables à celles où il peut se trouver en mer, la traction d'inclinaison s'exerçait au capelage du bas-mât.

La retenue s'effectuait au moyen de deux amarres tournées sur des piquets et fixées au bateau par l'intermédiaire d'un lacis de cordages disposé de telle sorte que la traction de retenue passait à peu près par le centre de dérive.

La traction s'effectuait au moyen d'un treuil placé sur un ponton amarré à la berge du canal.

L'inclinaison fut portée successivement de 0 à 40 degrés et maintenue pendant un laps de temps considérable ; l'intérieur de la coque, débarrassé des emménagements et des planches, était soumis à une visite continuelle et minutieuse.

On ne constata pas la plus petite déformation, et, fait qui montre bien l'excellente répartition des efforts sur toutes les parties de la coque, l'étanchéité demeura absolue.

Après la réussite de cette expérience, le *Vendenesse* a été complètement armé et gréé.

Après une campagne d'une année, il a été mis à sec pour être examiné, ce qui a permis de juger de la façon dont il s'était comporté au contact de l'eau de mer.

C'est M. Victor Guilloux qui a procédé à cet examen, et l'on peut dire d'une façon générale que les résultats acquis sont très satisfaisants.

Il s'est bien produit à divers points, des commencements d'attaque, dont la cause peut être trouvée dans le manque d'homogénéité des tôles d'aluminium qui avaient servi à sa construction ; mais la réfection de ces points faibles n'a été ni longue ni coûteuse et le *Vendenesse*, remis en état, est prêt à reprendre la mer et à fournir une campagne plus longue encore que la précédente, grâce aux précautions prises par M. Guilloux.

Les yachts de courses. — L'aluminium pur

ou allié a été appliqué à diverses reprises dans la construction des yachts de course ; mais, nous devons dire qu'on n'a pu encore établir nettement les avantages de cet emploi, sauf pour ce qui concerne l'utilisation du bronze-aluminium dans le revêtement des coques.

A la suite de l'inauguration du canal de la Baltique, ont pris place du 20 au 28 juin 1895, à Kiel, les régates du J. Y. C. dont le commodore est l'empereur Guillaume.

Ces réunions ont été très importantes ; un grand nombre de yachts étaient engagés et l'on a pu constater le progrès que fait la navigation de plaisance en Allemagne, sous l'impulsion de l'Empereur.

Ont pris part dans cette course, des yachts de 40, 20, 10 et 5 tonneaux.

Dans la classe des 5 tonneaux, à côté des yachts connus, se sont placés trois nouveaux yachts construits à Rostock dont un en aluminium : *Luna*, à M. Arons, de Berlin.

Dans la série des 10 tonneaux est entré en ligne un yacht en aluminium, construit également à Rostock, Alumin, à M. Hueldschinsky, de Berlin.

Le résultats donnés par ces nouveaux yachts sont encore incertains ; on ne pouvait, du reste, espérer réussir dans une première tentative.

La construction d'un yacht de course n'est pas basée sur des lois rigoureuses ; un premier type est établi, puis modifié suivant les résultats qu'il donne en course et c'est à la suite d'une série de modifications qn'on arrive à lui faire atteindre son maximum de vitesse.

Il en sera ainsi pour les yachts en aluminium, pour lesquels toute une étude nouvelle est à faire.

Le « Defender » et le « Vigilant ». — On emploie généralement pour le revêtement des yachts de course des plaques d'un bronze spécial, bronze Tobin, qui a la propriété de résister à l'attaque de l'eau de mer et assure un glissement très doux.

Or, le bronze-aluminium présente sensiblement les mêmes qualités que le bronze Tobin. On se rappelle la course de la Coupe de l'année 1895 disputée par le *Defender*, champion américain, et le *Vigilant*, champion anglais.

Le revêtement du *Vigilant* était constitué par des plaques en bronze Tobin; celui du *Defender* par du bronze-aluminium.

C'est ce dernier qui a gagné la course.

L'annonce que le *Defender* devait être construit en bronze-aluminium, avait attiré l'attention de toute la presse de l'Amérique.

Lorsque le fait fut confirmé que les tôles avaient été livrées à Bristol, R. I., *The Aluminium World*, notre confrère Américain, envoya aux principaux journaux un résumé du travail qu'avaient écrit pour lui en novembre 1894, MM. Erwin et Sperry, directeurs de la Waldo Toundry, Bridgeport, Co.

En même temps la *United Press News Association* envoya la dépêche suivante datée de Bristol, R I.

« La nouvelle d'apparence fondée que le métal destiné à recouvrir le nouveau bateau de course actuellement en construction aux usines de Herreshoff serait fourni par le *Pittsburgh Reduction C⁰*, de Pittsburgh, P. a, et non par la *Ansonia C⁰*, donne tout lieu de croire que ce bateau ne serait pas recouvert en bronze Tobin comme l'était le *Vigilant*, mais en bronze-aluminium, métal de qualités semblables à celles du bronze Tobin, mais présentant sur celui-ci plusieurs avantages.

« Le bronze d'aluminium est un métal qui n'est pas encore très connu dans les arts pratiques et n'a certainement jamais été employé pour recouvrir des yachts ou des navires; cependant, c'est un métal pratique, se travaillant aussi facilement que le bronze Tobin, et qui est justement celui qui serait digne d'attirer et de retenir l'attention de constructeurs aussi attachés au progrès que le sont ceux de Herreshoff, toujours prêts à remplacer ce qui a été fait jusqu'ici par un perfectionnement promettant de meilleurs résultats et expérimentant constamment des métaux et des procédés de travail.

« De fait, on n'ignore pas que précédemment ils avaient déjà fait de nombreuses expériences sur l'aluminium, de telle sorte que son emploi pour le *Defender* ne peut pas plus être considéré comme une expérience que ne le fut l'emploi du bronze Tobin pour le *Vigilant*.

« L'avantage principal de l'emploi du bronze d'aluminium ne résulte pas de sa légèreté, mais de sa plus grande résistance à la traction et de la possibilité qui en résulte, de pouvoir utiliser des plaques plus minces donnant une économie de poids, pour cette raison qu'il faut moins de matière. Le bronze d'aluminium ne contient qu'une faible proportion d'aluminium, peut-être de 4 à 6 0/0, de sorte que son poids ne diffère pas sensiblement, à épaisseur égale, de celui du bronze Tobin. Cependant son grand avantage sur ce dernier métal apparaît lorsqu'on se rappelle que le bronze d'aluminium a été obtenu avec une résistance de 120,000 livres par pouce carré, tandis que le bronze Tobin ne résiste qu'à un effort de 74,000 livres par pouce carré au moment de la rupture.

« Pour le cas du revêtement du *Defender*, la différence de résistance entre le bronze d'aluminium et le bronze Tobin permet d'employer des feuilles de 3/16e d'épaisseur de ce premier métal au lieu d'une épaisseur de 1|4 de pouce nécessaire avec le brouze Tobin, tel qu'il a été utilisé pour le *Vigilant*. Cela donne une différence de près de cinq tonnes pour le poids total des tôles nécessaires pour le bateau, différence en faveur du bronze d'aluminium et représentant l'économie réalisée par la substitution du nouveau métal à l'ancien.

« Une réduction de cinq tonnes dans le poids d'un bateau de course est un facteur qui ne peut être passé sous silence dans aucune étude et, en prenant en considération les expériences « Herreshoff » sur le bronze d'aluminium, de même que les autres faits corrélatifs, l'emploi du nouveau métal, pour le revêtement du bateau, se trouve fortement indiqué.

« Dans l'état actuel des choses, les « Herreshoff » ont été très entreprenants en déterminant à renoncer au bronze Tobin, la seule Compagnie

du pays qui ait le droit de le fabriquer et en
donnant en même temps ailleurs la commande
d'une matière peu connue. De cette manière,
tout autre constructeur, concourant pour la
construction de bateaux de course, devra renoncer à obtenir du bronze Tobin jusqu'au moment
où les Herreshoff seront obligés de se découvrir en ne plaçant pas une commande à leur
choix. En même temps, le bronze d'aluminium
sera en bonnes mains et les Herreshoff conser-
veront tout l'avantage sur les concurrents. Le
bronze d'aluminium, considéré comme matière
de revêtement du yacht à voile, ne devra pas
être réuni à de l'aluminium pur qui se corrode
fortement dans l'eau de mer et qu'il serait difficile d'avoir en quantités suffisantes; il présenterait, en outre, fabriqué et travaillé comme actuellement, d'autres désavantages.

« Des expériences faites avec soin ont prouvé
que le bronze d'aluminium offrait dans l'eau de
mer les mêmes propriétés non corrosives que le
bronze Tobin. Il possède, de plus, toutes les
bonnes qualités reconnues à ce métal sur le *Vigilant* et les raisons de son emploi paraissent
bien fondées; le nouveau bateau de course aura
une coque tout aussi douce que le *Vigilant*,
avec tout aussi peu de danger de s'encroûter. Le
bronze d'aluminium n'est pas beaucoup plus
cher que le bronze Tobin, et cette différence de
prix n'est certainement pas aussi grande que
celle entre ce dernier métal et l'acier. Or, l'argent n'est pas un facteur déterminant pour un
syndicat millionnaire qui veut toujours avoir ce
qu'il y a de mieux à n'importe quel prix. »

Applications de l'Aluminium
à la construction des torpilleurs

Un torpilleur de deuxième classe a été récemment construit pour le gouvernement français par MM. Yarrow et Cie ; sa carène est presque totalement en aluminium, ainsi que de nombreux accessoires. Il est à peine nécessaire d'ajouter que ce n'est pas le métal pur qui a été employé, mais bien des alliages divers, et surtout l'aluminium à 6 pour 100 de cuivre, qui offre plus de résistance et de malléabilité. Les dimensions de ce petit navire sont 18 mètres de long et 2 m. 80 de large.

L'étrave et l'étambot sont en acier, ainsi que la cheminée jusqu'à hauteur du pont, la partie extérieure étant en aluminium. La partie du pont au-dessus des chaudières est en feuilles d'acier. La machine est du type Compound à triple expansion, et la chaudière du système Yarrow à tubes d'eau. Les membrures ont dans la plupart de leurs dimensions été augmentées d'environ 25 pour 100, et, malgré cet excès de métal, la faible densité de l'aluminium donne à la carène entière un poids qui n'est que la la moitié de ce qu'elle eût pesé en acier. Le poids total du bateau en armement est de 9 t. 5 sur lequel la chaudière, avec 45 mètres carrés de surface de chauffe, pèse 3 tonnes. L'alliage employé a une résistance à la rupture de 22 kilogrammes par millimètre carré. Les feuilles, cornières, etc., etc., ont été travaillées à froid sans difficulté ; ce même alliage est entré aussi en partie dans les détails du moteur.

Il a été employé pour la construction de ce torpilleur pour environ 25,000 francs d'aluminium venu entièrement de France, au prix de 8 à 12 francs à l'état ouvré. M. Yarrow estime qu'à dimensions égales le coût d'un pareil navire dépasse le double de ce qu'il eût été en acier ; mais, en retour, il y a des avantages tels qu'une augmentation de vitesse estimée de 3 nœuds 1/2 et surtout la remarquable absence de vibration en marche qui distingue ce bateau. Cet effet a surtout été constaté dans une expérience de vitesse à 16/17 nœuds, et il est attribué par M. Yarrow à l'excès d'épaisseur des membrures et à une élasticité moindre de l'alliage d'aluminium par rapport à celle de l'acier.

Les essais officiels ont eu lieu devant une commission d'officiers de la marine française. On a obtenu dans ces essais une vitesse moyenne de 20 nœuds 1/2, avec une charge de 3 tonnes à bord. L'on nous assure que des torpilleurs de même classe et de mêmes dimensions, faisant leurs essais dans des conditions identiques, n'ont pas dépassé 17 nœuds. Dans ces essais, qui ont eu lieu pendant six courses effectuées dans l'estuaire de la Tamise, la pression aux chaudières a été de 13 kilogrammes par centimètre carré au maximum et de 12 kg. 6 au minimum. Les vitesses maxima et minima observées ont été respectivement de 22 n. 22 et 18 n. 94. L'essai consistait en une course non interrompue de deux heures de durée, mer calme, 17 personnes à bord, et un chargement de 3 tonnes. Durant l'essai de deux heures, les machines développèrent en moyenne 300 chevaux indiqués ; elles firent 70 948 révolutions, correspondant à 591 tours par minute, donnant une vitesse moyenne de 20 n. 55. La chaudière fournissait simplement la vapeur sans projections d'eau ; la machine fonctionnait sans aucun échauffement et la vibration n'était pas appréciable (1).

Les chaloupes "Crampell" et "Lauzière"

Ces chaloupes portent les noms de *Crampell* et de *Lauzière*, l'un le chef et l'autre l'ingénieur de la malheureuse mission qui a péri au Congo, en 1891.

Elles font partie d'une flottille destinée à naviguer sur le haut Oubanghi, ainsi que trois autres chaloupes en aluminium et une pirogue dont la construction a été confiée, par le ministère des colonies, aux ateliers de M. Boucher, à Argenteuil.

Les plans de ces embarcations ont été exécutés par M. Lefebvre et c'est M. Besançon, lieutenant de vaisseau, le futur commandant de la flottille, qui en surveille l'exécution.

(1) D'après *Engineering*, de Londres, et le *Bulletin technologique des Ecoles Nationales d'arts et métiers.*

La longueur de ces chaloupes est de 12 mètres, leur largeur de 3 mètres, le creux sur quille n'est que de 1 mètre, le tirant d'eau en charge, 0,50 mètre.

Leur poids sera environ d'une tonne et demie; elles pourront porter dix tonnes.

L'aluminium employé vient de Froges; c'est un alliage léger à 6 0/0 de cuivre; l'usinage s'est fait aux forges de Sedan.

Torpilleur de grande taille. — A l'étude actuellement au Creusot et auquel on appliquera tous les perfectionnements déjà acquis et qui assurera au torpilleur une vitesse non réalisée jusqu'à ce jour.

Constructions mécaniques

Il y a peu d'exemples d'application de l'aluminium aux constructions mécaniques; cela tient surtout au prix du métal qui est encore trop élevé.

Pour que l'emploi de l'aluminium, ou mieux d'un alliage conservant les qualités physiques de l'aluminium et sa légèreté, se réalise, nous estimons que le prix du métal devrait baisser de moitié environ.

Nous croyons que si l'on pouvait se procurer de l'aluminium ou un alliage de ce métal au prix de 3 francs le kilogramme en lingots ou coulé, et de 3,50 en tôles laminées, l'extension de l'aluminium ferait un pas énorme.

On atteindrait facilement à ces résultats avec les alliages au silicium que nous avons préconisés à diverses reprises ; mais ce ne serait qu'une partie de la solution du problème ; c'est l'aluminium pur qu'on devrait pouvoir livrer à ce prix ; pour cela il faut réaliser de grandes écocomies dans la production des composés chimiques qui entrent dans sa fabrication.

Je dois dire que de nombreuses recherches sont entreprises dans ce sens et à la veille de réussir.

On procède aussi, dans nombre de laboratoires, à des essais pour obtenir l'aluminium au moyen de réactions purement chimiques, autres que celles qui ont été réalisées par Henry Sainte-Claire Deville et qui sont très coûteuses.

Réussira-t-on dans cette voie ! Cela ne saurait être taxé d'impossibilité, mais je dois dire que le problème est difficile.

Nous pensons que, pour augmenter les chances de succès, on doit surtout chercher des réactions où il entre le moins possible de composés oxygénés ; car, étant donnée la grande affinité de l'aluminium pour l'oxygène, ce métal se transforme très facilement en alumine en présence des composés oxygénés, surtout lorsqu'il se trouve à l'état naissant.

TROISIÈME CHAPITRE

L'Aluminium appliqué à la Chimie

L'Aluminium employé dans la production du phosphore. — Le professeur Rossel, de Berne, en étudiant des compositions nouvelles pour résoudre le problème encore incertain de la soudure de l'aluminium, a réussi à découvrir une propriété de ce métal, qui aura certainement une application importante en particulier dans les travaux qui s'effectuent dans les laboratoires de chimie.

On sait que le phosphore, eu égard aux modes de préparation qu'il exige, spécialement par suite du degré élevé de chaleur qu'il est nécessaire d'employer pour sa fabrication, ne peut être produit avec les moyens dont disposent les laboratoires ; il est donc utile d'employer celui provenant des fabriques qui, bien qu'obtenu à l'aide d'appareils très sûrs, n'est pas absolument épuré et a un prix assez élevé ; l'avantage que retirera la science de la découverte de M. Rossel peut devenir très important.

M. Rossel, en réchauffant dans un creuset en porcelaine un mélange formé d'aluminium en lamelles fines et de substances contenant de l'acide phosphorique (phosphates, etc.) vit des petites flammes se dégager du liquide en fusion.

Emerveillé par ce phénomène étrange, il renou
vela l'expérience dans un tube fermé pour éviter
la combustion du gaz que, par les gouttes qui se
condensèrent à l'extrémité du dit tube, il reconnut être du phosphore. L'aluminium, mélangé à
un sel phosphoreux et porté à une température
convenable, exerce conséquemment son action
réductrice en enlevant l'oxygène du sel et en
isolant le phosphore.

Le phosphore produit à l'aide de ce système
ne dépassait pas les 30 0⟋0 de celui contenu dans
le sel, M. Rossel a donc dû étudier un autre
moyen d'opérer plus sûr et plus utile. On dit
qu'il aurait réussi en ajoutant de la silice au
mélange.

L'opération s'effectue en unissant par parties
équivalentes l'aluminium en poudre à du méta-
phosphate de soude et à de la silice et en réchauffant le mélange dans un tube de verre dont l'air
est expulsé à l'aide d'un courant continu de gaz.

**L'Aluminium dans la chimie photogra-
phique.** — Le chimiste français Clemmon,
indique une méthode pour précipiter et recueillir l'or et l'argent contenus dans les bains photographiques employés et ne pouvant plus servir
de virages ou bains uniques. Il suffit d'aciduler
fortement le bain photographique au moyen
d'acide chlorhydrique puis d'y mettre un morceau d'aluminium : on verra se former rapidement des bulles qui, augmentant peu à peu,
donneront au liquide l'aspect d'un bouillon en
ébullition. On remarque, à la suite de cette
réaction, que l'or s'est déposé à l'état métallique

sur l'aluminium et qu'il s'enlève facilement à l'aide d'une brosse en frottant légèrement ; l'argent se précipite au fond du vase sous forme de chlorure. L'opération pourra être continuée jusqu'à ce qu'il ne reste plus aucune trace des deux métaux qu'on désire récupérer.

Le professeur Glusmapp, conseille l'emploi de l'aluminium au lieu de magnésium pour la production de l'éclairage employé dans les opérations photographiques de nuit parce qu'il donne une lumière plus intense et que le prix de l'aluminium est de beaucoup inférieur à celui du magnésium. Le professeur précité propose les formules suivantes, applicables proportionnellement à la rapidité de la combustion qu'on désire:

On fait un mélange de :

Aluminium pulvérisé....	21,7 parties
Sulfure d'antimoine......	13,8 »
Chlorate de potasse......	64,5 »
	100,0 parties

On recommande d'apporter la plus grande attention en effectuant le mélange précité.

La combustion est extrêmement rapide; elle est calculée pour s'opérer en 1[17ᵉ de seconde.

Ou bien on mélange :

Aluminium pulvérisé......	30 parties
Chlorate de potasse.......	70 »
	100 parties

La rapidité de la combustion à l'aide de cette dernière formule a été calculée pour un 1[5ᵉ de seconde.

L'Aluminium comme agent réducteur. — M. le professeur Austen, dans une conférence à la Society of Arts de Londres, a attiré l'attention sur les services que peut rendre l'aluminium comme agent de réduction des oxydes métalliques et il a provoqué un certain nombre d'observations les plus intéressantes de la part de ses confrères en métallurgie.

L'expérience suivante a été faite. Un petit creuset, renfermant de l'oxyde de chrome et de l'aluminium, est placé dans un four de laboratoire qui est rapidement chauffé jusqu'à 1015° centigrades, température mesurée avec le plus grand soin.

Au moment où elle est atteinte, l'aluminium attaque l'oxyde de chrome; il y a une légère production de chaleur, de lumière et de fumée, et on trouve dans le creuset un bouton de chrome métallique.

L'aluminium réduit plus vite encore l'oxyde de plomb et quelques précautions doivent être prises pour éviter une explosion.

Le sulfure de plomb aussi est facilement réduit par l'aluminium ; le sulfure d'aluminium qui se forme pendant cette réduction se décompose spontanément en aluminium et en soufre qui se volatilise ; de telle sorte que, théoriquement, une petite quantité d'aluminium réduirait une petite quantité indéfinie de sulfure de plomb.

En pratique, la perte du métal résulte de son oxydation.

Cet idée de l'emploi de l'aluminium, comme agent réducteur, a mené M. Vautin à parler de ce qui se fait en Allemagne. D'après lui, des quantités considérables de chrome y sont fabriquées chaque jour, par coulées de 200 à 250 kilos, retenant 0.0025 d'aluminium et 0,005 de silicium.

M. Ritto cite une expérience de réduction par l'aluminium en grains de l'oxyde d'uranium ; l'alliage formé au fond du creuset contenait 63 0/0 d'uranium métallique, 35 0/0 environ d'aluminium ; le reste était en grande partie formé de silicium.

M. Robert Austen, à la fin de la séance, a présenté des échantillons volumineux de manganèse exempt de carbone, de chrome pur, de tungstène et de molybdène. Il n'est pas douteux, dit-il, qu'il y a là un vaste champ d'étude et que le bon marché de l'aluminium ne peut manquer d'avoir une grande influence sur la métallurgie, en permettant de préparer des métaux rares et de les introduire dans les alliages dont les qualités pourront être profondément améliorées.

Ainsi l'aluminium résiste mieux à l'eau de mer lorsqu'il est allié à 2 centièmes de titane.

On peut citer aussi les perfectionnements apportés par M. Henri Moissan pour réaliser divers alliages et faire passer les métaux réfractaires (molybdène, tungstène, titane, chrome, etc.) dans les fers, fontes, aciers, bronzes, au moyen d'alliages d'aluminium et de ces divers métaux, ces derniers alliages étant obtenus au moyen de la réduction directe des oxydes réfractaires par l'aluminium et sans l'intervention d'aucun sel en fusion ni d'aucun fondant.

Réduction de la silice par l'aluminium. — En comparant les chaleurs de formation de la silice et de l'alumine, on reconnaît que l'aluminium doit réduire la silice avec facilité. Si cette réaction est mal connue jusqu'ici, cela tient aux effets secondaires qui se produisent, tels qu'action de l'oxygène et de l'azote sur le silicium et l'aluminium en poudre. Les recherches que j'ai entreprises, sur la réduction de la silice par le magnésium, m'ont amené à étudier de plus près l'action de l'aluminium sur la silice pulvérisée ou fondue.

On fait un mélange intime de poudre de silice (2 molécules) et de poudre d'aluminium (4 atomes) ; en le chauffant progressivement, on constate qu'une vive incandescence se manifeste vers 800°. Elle est le résultat de la réduction de la silice par le métal.

Après refroidissement, en effet, il reste une substance pulvérulente de couleur marron clair, tout à fait différente d'aspect de la matière primitive. Au moyen de l'acide chlorhydrique, on enlève l'aluminium qui n'a pas réagi ; après lavage, l'alumine est éliminée par une ébullition prolongée avec l'acide sulfurique concentré. (Il est utile de faire bouillir ensuite avec de l'eau, de laver complètement et de recommencer l'opération jusqu'à ce que l'acide sulfurique ne dissolve plus rien.) La silice est ensuite entraînée, à l'état de fluorure de silicium, par une attaque à l'acide fluorhydrique, au bain-marie. Un ou deux traitements par ce dernier liquide, suivis d'une ébullition à l'acide sulfurique, pour faire disparaître les fluorures qui auraient pu se former, suffisent généralement. On lave et, après dessiccation, il reste une poudre marron, d'une grande homogénéité au microscope, qui présente tous les caractères du silicium amorphe.

Ce procédé, fort simple, donne de bons résultats lorsque l'on dispose d'une poudre d'aluminium bien exempte de matières étrangères. Mais ce n'est pas toujours le cas ; on trouve le plus souvent, dans le commerce, des poudres chargées d'impuretés de toutes sortes, qu'après réaction, les acides éliminent difficilement. Cet inconvénient disparaît lorsqu'il s'agit d'utiliser l'action de l'aluminium sur la silice à la préparation du silicium cristallisé.

On sait que Sainte Claire Deville a obtenu, le premier, ce corps cristallisé soit dans l'aluminium en faisant passer des vapeurs de chlorure de silicium sur ce dernier, soit dans le zinc, par réaction du sodium sur le fluorure double de silicium et de potassium en présence de ce métal. Cette préparation, qui, bien conduite, fournit de très beaux cristaux, ne donne qu'un faible rendement. Wœhler, de son côté, obtenait le silicium en lamelles plates en chauffant de l'aluminium avec du fluorure double de silicium et de potassium. Il employait des proportions exagérées de ce sel, sans doute parce que sa molécule possède un poids très élevé et qu'elle renferme très peu de silicium (un huitième environ).

Pour préparer le silicium cristallisé, on a, d'après les expériences précédentes, substitué la silice, qui contient près de la moitié de son poids de silicium, au fluorure double. Mais, comme la silice employée et l'alumine produite par la réaction sont très peu fusibles, il faut opérer à très haute température ou bien ajouter un fondant.

Dans le premier cas, on a chauffé du quartz en poudre et de l'aluminium en fragments au four électrique dans un creuset de charbon, et après trois ou quatre minutes l'opération était terminée. La scorie (alumine ou silicate d'alumine) s'est retrouvée fondue sur les parois du creuset. Quant au silicium mis en liberté, il s'est dissous dans le métal réducteur, si l'on a employé un excès d'aluminium. Le culot, traité par l'acide chlorhydrique, a abandonné les cristaux. Si, au contraire, le métal réducteur est en quantité insuffisante pour réduire la silice, le silicium, rendu libre, fond et se porte à la partie intérieure du creuset ; la silice en excès surnage et, pour peu qu'on prolonge la chauffe, elle distille, ainsi que l'a indiqué M. Moissan. Après refroidissement, on retrouve un culot de silicium fondu possédant une belle cassure cristalline. Si, au lieu d'un creuset, on chauffe le mélange dans un tube de charbon placé horizontalement au milieu du four électrique, une partie du silicium fond et coule le long du tube, tandis qu'une autre partie distille et vient se condenser en lamelles nombreuses qui forment une abondante cristallisation vers les points refroidis.

Lorsqu'on ne dispose pas d'un foyer capable d'amener à fusion les substances réagissantes, on peut utiliser le fluorure double comme fondant. C'est ainsi qu'en employant un foyer à fort tirage, on a pu fondre facilement et réduire un mélange à molécules égales de silice et de fluorure double. Au four Perrot, on a préparé de grandes quantités de silicium en chauffant, dans un creuset en terre, à la température maxima fournie par le foyer :

Aluminium en fragments, 120 grammes,

Silice (quartz pulvérisé, sable fin), 30 grammes, c'est-à-dire 1/2 molécule,

Fluorure double pulvérisé, 220 grammes, c'est-à-dire 1 molécule.

La silice est intimement mélangée au fluorure double avant l'opération. Si ce dernier ne contient pas lui-même de silice, la fusion et la séparation du mélange se produisent très facilement. On obtient un culot à travers lequel pointent de nombreux cristaux ; sa cassure est ardoisée et formée d'un grand nombre de facettes dues à la grande quantité de lames cristallines dont il est chargé. On le concasse et on le traite par l'acide chlorhydrique concentré et chaud, ce qui a pour effet de dissoudre le métal et d'en dégager le silicium. Une charge donne un culot pesant en moyenne 100 grammes dont on retire environ 40 grammes de silicium cristallisé.

Le silicium obtenu par réduction de la silice par l'aluminium soit au four Perrot en présence du fluorure double, soit au four électrique sans fondant, se présente en lamelles cristallines parfois très minces, douées d'un bel éclat métallique et possédant les propriétés chimiques du silicium amorphe étudié précédemment. Ainsi il brille avec incandescence dans le fluor, le chlore, le brome, l'oxygène, le soufre, etc., et n'est pas attaqué par l'acide fluorhydrique. Si l'on étudie ces cristaux au microscope, on reconnaît que certains présentent nettement une forme hexagonale et que, de plus, ils se laissent traverser par la lumière en lui donnant une teinte jaune prononcée. En un mot, ce silicium en lamelles très minces ou en menus fragments est transparent, sous le microscope. Il n'agit pas sur la lumière polarisée. D'ailleurs ces propriétés appartiennent au silicium de Wœhler et à celui de Deville lorsqu'ils ont été amenés en fragments assez fins.

En résumé, de cette étude et des recherches publiées précédemment, il résulte qu'il y a deux variétés de silicium, l'une amorphe et l'autre cristallisée, cette dernière étant transparente sous une très faible épaisseur.

(C.R.A.S.)

Phénomènes d'adhérence au verre de l'aluminium et de quelques autres métaux. — Cette question a été étudiée d'une façon très complète par Charles Margot, assistant au cabinet de physique de l'Université de Genève; voici l'étude qu'il a fait paraître à la suite de ses expériences :

L'aluminium possède la singulière propriété de laisser sur le verre, et, en général, sur toutes les substances à base de silice, des traces métalliques lorsqu'on se sert de ce métal en guise de crayon, traces qu'aucun frottement, aussi énergique soit-il, ni aucun lavage usuel ne font disparaître. Cette propriété se manifeste d'une façon sensible lorsque la surface frottée est humectée, ou seulement recouverte d'une légère buée de vapeur, par exemple en soufflant l'haleine sur la plaque de verre.

L'humidité n'est cependant pas indispensable pour produire l'adhérence du métal au verre, mais elle la facilite beaucoup sans qu'il soit nécessaire de recourir à une pression trop forte ou à une friction trop énergique du crayon d'aluminium. Au moyen de ce procédé on peut exécuter par décalque des dessins variés, tels que fleurs, oiseaux, inscriptions diverses aussi bien sur le verre à vitre ordinaire que sur des verres de couleur. Par la répétition de lignes tracées au crayon d'une réglette, lignes régulièrement espacées et entre-croisées diversement, on peut, de même, composer une sorte de damier ou de carrelage métallique d'un aspect fort joli.

La condition indispensable à la réussite de ce genre de dessin est la propreté parfaite du verre sur lequel on expérimente : les moindres traces graisseuses empêchant l'adhérence du métal, il est bon de faire subir au verre un nettoyage préalable et même de frotter le bout du crayon taillé en pointe sur une feuille de papier de verre à grain fin ; des essais peuvent donner un résultat négatif faute de prendre ces précautions. On reconnait d'ailleurs vite par expérience que le dessin s'effectue dans les conditions voulues à la résistance particulière qu'éprouve la main lorsque le crayon métallique « mord » bien.

L'humidité, indispensable pour le dessin exécuté à la main, dessin d'ailleurs un peu pâle et manquant de relief, est pourtant préjudiciable à la beauté du dépôt métallique ; mais si l'on a recours à une petite meule en aluminium, fixée à une transmission flexible, et animée d'un rapide mouvement de rotation, l'interposition d'eau devient superflue et l'adhérence du métal au verre se fait dans des conditions de facilité extrêmement remarquables. Le métal s'attache au verre au fur et à mesure du passage de la meule avec une régularité parfaite et le trait d'aluminium ainsi formé prend un éclat métallique irréprochable et une épaisseur telle qu'il est absolument opaque lorsqu'il est vu par transparence.

Ce dernier procédé donne des résultats de beaucoup supérieurs au précédent ; il se prête aisément à la reproduction des dessins les plus variés, il ne fatigue pas la main du dessinateur et n'exige de sa part qu'un peu d'adresse et d'exercice.

Le dessin exécuté de la sorte a des reflets chatoyants agréables à l'œil, d'un vif éclat, avantageux dans certains genres de travaux artistiques. On peut, d'ailleurs, par un polissage lui donner l'apparence d'une incrustation métallique fort belle. Ce polissage peut s'effectuer de façons diverses : le plus simple, et à la portée de tout le monde, consiste à recouvrir le verre d'une légère couche d'huile et à passer obliquement dessus d'une main ferme un outil tranchant en acier, lequel enlève les rugosités, sans faire de rayures au verre, tout en laissant une épaisseur convenable de métal ; l'éclat et l'opacité du trait vu par transparence subsistent encore entièrement. Ce polissage donne une idée de la tenacité avec laquelle le métal s'est attaché au verre, puisque, mécaniquement, il est difficile de le faire disparaitre sans l'user dans toute son épaisseur. Nous ne pouvons comparer cette adhérence qu'à une véritable soudure aussi résistante que celle qui peut être obtenue à chaud entre un métal et un autre métal par les procédés usuels de soudure au moyen de fondants divers.

En traitant des plaques décorées à l'aluminium par l'acide chlorhydrique ou la potasse caustique en solution, on pourrait s'attendre à voir disparaitre toute trace de dessin. Il n'en est rien cependant ; le métal disparaît rapidement mais non le sujet qu'il représentait, dont l'empreinte subsiste en traits déposés bien visibles comme si le verre avait été corrodé par le contact intime de l'aluminium.

Ce fait ne paraît pas résulter d'une action purement mécanique due à la rotation rapide de la meule ou à la chaleur dégagée au point de contact, car il se produit d'une façon encore plus marquée pour des dessins exécutés à la main, par simple friction, sur une plaque de verre entièrement immergée dans l'eau. La nature du verre, et aussi la manière dont la meule se comporte, influent quelque peu sur le résultat final qui peut être plus ou moins visible ; mais, en règle générale, on reconnaît presque toujours une trace du dessin antérieur en plaçant la plaque de verre en bonne lumière.

Les essais faits pour constater si ce phénomène d'adhérence au verre était propre à l'aluminium ont été négatifs avec la plupart des autres métaux. L'or, l'argent, le platine, le cuivre, le fer, le nickel, etc., n'ont pas la moindre tendance à laisser sur le verre par friction des traces métalliques appréciables, soit qu'on fasse l'expérience à la main avec ou sans emploi d'eau, soit qu'on la fasse au moyen d'une meule faite d'un de ces métaux et tournant rapidement. Trois métaux ont cependant, dans les mêmes conditions que l'aluminium, la propriété de se souder au verre, mais à des degrés divers :

1· Le magnésium, appartenant aussi à la famille des métaux terreux, possède cette propriété à un très haut degré, aussi l'emploi d'un crayon fait de ce métal permet l'écriture ou le dessin sur le verre ou la porcelaine avec plus de facilité qu'avec l'aluminium, et il suffit de la moindre humidité sur la surface frottée pour qu'on puisse y mettre une inscription avec autant de facilité qu'avec un crayon ordinaire sur une feuille de papier. Cela est si manifeste qu'il est presque possible de juger de l'état hygrométrique de l'air par le plus ou moins de difficulté qu'on rencontre dans l'exécution de cette singulière expérience.

Malheureusement l'oxydabilité du magnésium restreint les applications de ce genre qui pourraient en être faites Le tracé au magnésium est éphémère ; quelques jours, parfois quelques heures, suffisent pour le faire disparaître.

Néanmoins on pourrait l'utiliser avantageusement pour l'ébauche de dessins destinés à être peints sur le verre, l'émail ou la porcelaine et qu'une goutte de vinaigre ferait disparaître ou l'oxydation naturelle au bout de peu de temps.

2° Le cadmium possède à un degré manifeste la même propriété que les deux métaux précédents ; le trait fait à la meule ne manque pas d'éclat et d'analogie avec celui qui est obtenu avec l'aluminium lorsqu'il vient d'être tracé. L'aspect en est cependant moins beau à l'envers de la plaque décorée, si c'est sur verre transparent, et ce métal ternit à la longue en se recouvrant d'une couche d'oxyde grisâtre.

3· Le zinc, est le dernier de la série des métaux ayant la faculté d'adhérer au verre, mais avec bien moins de facilité que les trois premiers, encore faut-il donner à la meule une grande vitesse et agir avec une pression très forte pour obtenir un résultat peu brillant. Plus encore qu'avec le cadmium, le tracé obtenu manque complètement d'éclat à l'envers de la plaque. Avec ces deux métaux, on ne peut arriver à laisser sur verre aucune trace visible s'ils sont simplement employés sous forme de crayons guidés à la main et cela pour la raison suivante.

Ainsi qu'il est dit plus haut, l'emploi de l'eau, quoique préjudiciable, facilite avec l'aluminium et le magnésium l'adhérence au verre, soit à la main où elle devient indispensable, avec l'aluminium en particulier, soit à la meule où elle est alors superflue. Avec le cadmium et le zinc l'effet inverse se produit. L'interposition d'eau est un obstacle absolu à la prise du métal : il faut, au contraire, une surface sèche et éviter de souffler accidentellement l'haleine sur la plaque de verre. Ce fait singulier montre que, pour ces deux derniers métaux, le phénomène d'adhésion est d'une nature quelque peu différente.

Il était intéressant de vérifier si ces différents métaux se comportaient de même à l'égard d'autres substances n'ayant pas la silice pour base essentielle de composition.

Les essais faits dans ce sens ont donné les résultats suivants : avec un cristal de corindon, par conséquent d'alumine cristallisée, l'adhérence de l'aluminium, du magnésium et du cadmium se fait aisément; il en est de même avec la topaze, le rubis et l'émeraude. Le zinc, comme il fallait le prévoir, s'attache peu et plutôt plus difficilement que sur le verre. Il en est naturellement de même avec le quartz pur et ces quatre métaux. Par contre la même expérience répétée sur une facette d'un diamant a donné des résultats absolument nuls. Aucun métal essayé, pas plus l'aluminium que le magnésium, ne laisse la moindre trace de son frottement, si énergique soit-il, avec ou sans emploi d'humidité.

Ce point est intéressant, car voilà un procédé très simple pour reconnaître à la première inspection un diamant d'un strass ou de toute autre pierre employée en joaillerie. Il suffira de se servir d'un crayon d'aluminium ou mieux de magnésium en guise de pierre de touche et essayer de marquer la pierre suspecte légèrement humectée. Si c'est un diamant, le résultat sera négatif, si c'est un strass, le métal laissera sa trace indubitablement.

Une interprétation plausible de ces singuliers phénomènes d'adhérence serait prématurée, et elle ne pourait pas être basée sur les résultats obtenus par un nombre trop restreint d'expé-

riences faites dans ce sens jusqu'à ce jour. Y a-
t-il une combinaison chimique produite par le
frottement d'un de ces métaux et la substance
frottée ? cela est difficile à constater. Ou bien une
simple action moléculaire, très variable avec les
corps en présence, laquelle a son analogue dans
les phénomènes capillaires, si variables aussi
d'un corps à l'autre, action de telle nature que
dans un cas, entre le verre et le mercure, il y a
répulsion, d'où dépression du liquide, et dans
d'autres cas l'effet inverse se produit ?

*Résumé de ces quelques essais
par ordre décroissant en facilité d'application*

(Adhérence)

	Quartz.	Émeraude.	Topaze.	Diamant.
Magnésium.	forte.	forte.	forte.	nulle.
Aluminium.	Id.	Id.	Id.	Id.
Cadmium...	faible.	faible.	faible.	faible.
Zinc........	Id.	Id.	Id.	Id.
Argent et autres métaux......	nulle.	nulle.	nulle.	

L'aluminium comme agent d'affinage. —
En fondant, les métaux s'oxydent à l'air ; les
oxydes en se mêlant à leur masse les rendent
cassants et globuleux. D'autre part, certains
métaux retiennent des impuretés qui les rendent impropres à la coulée.

On a reconnu qu'une addition d'aluminium
réduit ces impuretés et permet d'obtenir des
fusions tranquilles et sans soufflures.

Voici d'après Langley, les quantités d'aluminium à ajouter suivant la nature du métal :

0,016 à 0,030 0/0 à l'acier Martin, contenant 5 millièmes de carbone.

0,020 à 0,050 0/0 à l'acier Bessemer, contenant 5 millièmes de carbone.

0,011 à 0,025 0/0 à l'acier Bessemer, contenant plus de 5 millièmes de carbone.

La Société de Neuhausen recommande les proportions suivantes :

0,004 à 0,025 0/0 pour les aciers en général ;
0,01 à 0,1 pour l'acier doux (fer fondu) ;
0,2 pour la fonte ;
0,1 à 0,25 pour le cuivre ;
0,1 à 0,50 pour le laiton ;
0,027 à 0,09 pour le nickel ;

M. Fouéau, déclare qu'en opérant avec soin, on obtient les résultats suivants, dans la métallurgie du fer : suppression du ferro-silicium carboné et diminution du ferro-manganèse, l'aluminium jouant le rôle du premier et restreignant l'emploi du second à l'élimination du soufre ; fabrication de moulages en acier-nickel.

Dans la métallurgie des métaux, autres que le fer : obtention de pièces moulées très nettes, très compactes et se comportant aussi bien à chaud qu'à froid.

DEUXIÈME PARTIE

ALLIAGES D'ALUMINIUM

Introduction

L'aluminium s'allie facilement avec la plupart des métaux et les alliages, ainsi formés, ont des propriétés qui rendent leur emploi, dans l'industrie, plus général que celui de l'aluminium pur.

On peut les diviser en trois groupes principaux :

(*a*) *Les alliages légers*, c'est-à-dire ceux dont la densité est sensiblement la même que celle de l'aluminium pur.

Parmi ces alliages sont compris (*a*) l'aluminium du commerce, dont la teneur varie entre 95 0/0 et 98 0/0 d'aluminium, les impuretés ou éléments étrangers étant constitués par le fer et le silicium en quantité à peu près égale.

(*b*) L'aluminium au cuivre, nickel, maillechort, titane, employé surtout dans la fabrication des tôles destinées à supporter de grands efforts.

Ces sortes d'alliages ont été jusqu'ici appli-

4

quées à la construction navale et à la fabrication des équipements militaires.

(*c*) Les alliages aux plomb, zinc, étain, utilisés surtout dans les soudures et dont les densités sont plus fortes que celles des alliages légers usuels; nous les maintenons toutefois dans cette classe, parce que les soudures sont surtout employées concurremment avec les alliages légers.

(*d*) *Le silicium-aluminium*, que nous avons étudié tout spécialement, tant dans sa fabrication que dans son application, et qui présente des qualités réelles de résistance et de malléabilité, le rendant propre aux constructions mécaniques. Un seul point reste à étudier : son degré de résistance aux attaques des agents chimiques et particulièrement de l'eau salée, en vue de son emploi dans les constructions navales.

2°. — *Les alliages de densité moyenne* comprenant les ferro-aluminium et les ferro-silico-aluminium qui trouvent une application directe dans l'affinage de l'acier et que l'on pourrait employer avantageusement dans une foule de réactions chimiques par voie sèche.

3° *Les alliages lourds*, où l'on compte les bronzes et les laitons d'aluminium, utilisés en mécanique.

Depuis que les nouveaux procédés de fabrication de l'aluminium ont pris naissance et dès qu'on a vu la possibilité de se procurer ce métal à bas prix, l'étude des alliages d'aluminium a fait l'objet des recherches d'un grand nombre d'ingénieurs et de savants.

Il serait difficile d'embrasser, dans une seule

étude, tous les travaux déjà effectués sur ce sujet; du reste, le nombre considérable de documents qui existent aujourd'hui et que l'avenir ne cessera d'apporter, nous permettront de toujours conserver dans nos ouvrages une rubrique sur les alliages d'aluminium.

Comme il était à prévoir, les fabricants d'aluminium étant directement intéressés à cette question, ont été les premiers à s'occuper de la formation de ces alliages.

C'est ainsi que M. Héroult s'était attaché d'abord à la fabrication des alliages lourds (bronzes et laitons d'aluminium) : parmi les alliages légers il préconise les alliages au cuivre, dans lesquels la teneur de ce dernier métal varie entre 2 et 6 pour cent; il a été secondé, dans l'application de ces derniers alliages, par M. Jules Dreyfus, représentant de la Société électro-métallurgique française, lequel n'a ménagé pour l'extension de l'aluminium ni son temps, ni son énergie.

M. Hunt, ingénieur de la Compagnie de Pittsburgh (procédé Hal) s'est attaché plus spécialement aux alliages de nickel.

L'auteur de cet ouvrage s'est plutôt spécialisé dans les alliages au fer et au silicium.

Cowles a produit une série d'alliages lourds binaires (bronzes aluminium) et ternaires (laitons d'aluminium) dont nous aurons à résumer les principales propriétés.

Les alliages de Cowles ont été étudiés, à l'arsenal de Wattertown, par M. Ponthière, professeur à l'université de Louvain.

On doit à M. André Le Châtelier un travail

remarquable sur les bronzes et laitons d'aluminium que nos lecteurs liront certainement avec intérêt.

M. Le Verrier, professeur au Conservatoire des arts et métiers, a fait une étude très complète sur l'emploi de l'aluminium dans l'affinage de l'acier.

M. Bourbouze a attaché son nom aux alliages à l'étain employés plus particulièrement dans la construction des appareils de physique.

M. Tetmayer s'est occupé spécialement des bronzes et laitons d'aluminium ; M. Kirkaldy des bronzes au nickel, et M. Guettier des alliages de cuivre, étain, aluminium.

Très intéressants également les travaux de M. Ostberg, ingénieur suédois, qui a produit un nouveau métal connu sous le nom de *fer mitis*.

M. Krouchkoll, MM. Baille et Féry ont étudié l'aluminium amalgamé.

Ne parlez pas à M. Roman d'un autre alliage que l'aluminium au tungstène (wolfram) ; M. Naudin préfère l'alliage au maillechort.

On doit à MM. Bernheim et Charpentier des alliages qui présentent à la traction de grandes résistances; M. Bourgoin obtient également, dans ce sens, de très bons résultats.

MM. Victor Guilloux et Lefebvre se sont spécialisés dans les applications de l'aluminium à la construction navale.

Citons encore les recherches de M. Moissan sur les impuretés de l'aluminium industriel; celles de M. J. Richards sur la résistance à la corrosion de quelques alliages légers d'aluminium.

MM. Lubbert et Roscher, M. Balland, MM. Lange et Schmid s'étaient déjà occupés de cette question.

M. Victor Guilloux étudie les effets de l'eau de mer sur les différents alliages.

M. Guillemin applique le microscope à l'étude des alliages d'aluminium.

M. Lejeal, préparateur au Conservatoire des arts et métiers a reproduit quelques-unes des coupes microscopiques obtenues par M. Guillemin avec l'aluminium pur, le silicium-aluminium, les alliages aux cuivre, chrome, nickel, cobalt, titane, etc.

Parmi les travaux récents dont nous aurons à nous occuper et qui seront reproduits dans ce livre on peut signaler : les nouvelles recherches sur les phénomènes d'adhérence au verre de l'aluminium et quelques autres métaux, par M. Charles Margot, préparateur au cabinet de physique de l'Université de Genève ; L'influence de l'aluminium sur les alliages de fer et de carbone, d'après T. W. Hogg ; le bronze d'aluminium, note lue par M. Léonard Waldo devant l'Institut des ingénieurs américains.

MM. Chevrant et Gaston Jacquier sont des fervents de l'aluminium ; ce dernier a fait des essais très intéressants sur les ustensiles de cuisine en aluminium.

Un grand nombre de chercheurs se sont occupés de la soudure de l'aluminium qui, après avoir présenté quelques difficultés, semble être entrée dans le domaine de la pratique.

Nous aurons à parler des soudures de M. A.

Delécluse, de M. Ludwig Oliviers, de la soudure autogène de M. W. Spring, que M. Bourgoin obtient également.

MM. Mourey (1859), Bourbouze (1866) et Edward Self (1887) et un peu plus tard, MM. Romain et Charpentier, et bien d'autres, se sont intéressés aussi à cette question.

On voit, par cette énumération, que l'on s'occupe activement, dans tous les pays, de l'extension de l'aluminium et de ses alliages ; aussi, peut-on déjà se procurer du métal de toutes compositions et possédant les qualités qu'exige chaque application en particulier.

Ces qualités seront passées en revue lorsqu'on étudiera chaque alliage en particulier ; mais, nous, nous croyons utile de consacrer, dès maintenant, un chapitre au mode employé dans le travail de l'aluminium pur et allié. La pratique seule a pu indiquer les prescriptions nécessaires à un travail convenable ; et ceux de nos lecteurs qui s'intéressent davantage aux applications des alliages ainsi qu'à leur formation, ou à l'étude de leurs propriétés, les apprendront volontiers.

PREMIER CHAPITRE

Travail de l'aluminium et de ses alliages

Production de l'aluminium pur. — L'aluminium est produit par petits paquets : je veux dire que, dans les procédés électrolytiques généralement adoptés aujourd'hui, on est forcé de multiplier le nombre des appareils pour obtenir journellement une quantité appréciable d'aluminium.

C'est ainsi qu'à Saint-Michel-de-Maurienne, je disposais de douze cuves électrolytiques pour produire 200 kilogrammes d'aluminium par jour, avec un courant de 4000 ampères. La production moyenne de chaque cuve était donc de 16,50 kilogrammes.

J'ajouterai que le courant ne produisait un effet utile que pendant 22 heures sur 24 ; et que la différence de potentiel aux électrodes variait entre 7 et 8 volts suivant la période de l'électrolyse.

M. Héroult obtient anjourd'hui à la Praz un rendement un peu supérieur avec des courants plus puissants.

L'aluminium, à la sortie des cuves, est reçu dans les lingotières. Il est certain que, d'après les conditions mêmes de leur production, les lingots obtenus n'ont pas tous la même composition.

Nous avons dit que l'aluminium électrolytique est toujours accompagné de fer et de silicium ; la proportion du silicium reste à peu près constante et égale à cinq millièmes environ ; cela ne peut être autrement, si l'on emploie toujours les mêmes produits chimiques et à égales quantités par kilogramme du métal produit ; mais, il n'en est pas de même pour le fer dont la teneur dans l'aluminium est variable.

Ce dernier provient de diverses sources ; si les produits chimiques en contiennent des quantités constantes, les anodes, la garniture intérieure de la cuve en fonte, et la cuve en fonte elle-même, lorsque la garniture est usée, en fournissent des proportions variables.

Ajoutons que l'on continue quelquefois l'électrolyse, alors même que les garnitures sont hors d'usage, au point que les parois intérieures de la cuve en fonte, qui leur sert d'enveloppe, sont en contact avec le bain.

Dans ce cas, l'aluminium produit est très ferreux et ne peut être utilisé que dans les aciéries, pour l'affinage de l'acier.

Il faut donc, avant de classer la production de la journée, examiner séparément les coulées de chaque cuve. En pratique, cet examen se fait très rapidement ; et l'on réussit, par la simple inspection des lingots, à réunir ensemble les aluminiums où les teneurs en fer oscillent entre 3 et 8 millièmes, que l'on réserve pour la fabrication des alliages : les moins riches en fer pour la fabrication des alliages lourds ; les plus ferreux pour la production des alliages légers.

. On forme ensuite un seul et même lot avec les aluminiums dont les teneurs en fer varient entre 8 et 13 millièmes et qui sont réservés pour la fabrication d'objets laminés et emboutis.

Viennent ensuite les aluminiums à teneurs en fer de 13 à 20 millièmes, qui se laminent fort bien lorsque les proportions de silicium n'excèdent pas 5 millièmes.

L'aluminium qui contient plus de 2 0/0 de fer est réservé aux aciéries.

On voit que les lingots, groupés dans une même classe, n'ont pas rigoureusement la même composition ; aussi, l'aluminium ne saurait être utilisé ou livré tel quel : il manquerait d'homogénéité, ce qui est un défaut pouvant entraîner de graves déboires.

Ces lingots doivent subir de nouvelles fusions avant d'être employés pour la formation des alliages ou pour un travail quelconque.

On est arrivé, jusqu'à ce jour, à fondre au creuset cent kg. d'aluminium à la fois ; ce qui correspond, à volume égal, à trois cents kg. environ de la plupart des métaux usuels. C'est déjà un résultat ; mais il faudrait faire mieux et arriver à fondre une ou plusieurs tonnes d'aluminium dans une seule opération.

Ce jour là, les applications les plus importantes de l'aluminium, celles, par exemple, qui touchent aux constructions navales, auraient fait un pas décisif.

Je m'explique : on sait que nombre d'embarcations, construites en aluminium, ont déjà été utilisées ; or, il arrive que les coques de ces bateaux, bien que recouvertes de peintures, et même leur aménagement intérieur, également en aluminium, sont attaquées en partie par l'eau de mer ou les effluves marins.

Ce phénomène a été constaté par M. Victor Guilloux sur la coque et le pont du *Vendenesse*, et cet ingénieur a bien voulu me remettre des barettes prélevées sur chacune des plaques qui avaient présenté un phénomène intéressant afin que je puisse en faire l'examen.

Tout d'abord, j'ai pensé que cette différence de résistance à l'attaque de l'eau de mer devait provenir d'un manque d'homogénéïté dans les plaques employées à la construction de ce yacht de plaisance.

Les différences dans la composition du métal étaient peu sensibles : la teneur en fer oscillait entre 55 et 75 dix millièmes ; de même pour le silicium ; celle du cuivre variait peu ; j'ai eu alors l'idée de former une pile avec deux plaquettes d'aluminium et une solution de chlorure de sodium.

L'une de ces plaquettes avait été découpée dans la tôle inattaquée et devait, selon moi, constituer le pôle positif de la pile ; l'autre, prélevée sur la tôle attaquée et voisine de la première, devait former le pôle négatif.

C'est ce que j'observai en effet ; et la force électromotrice de cette pile d'un nouveau genre était d'un dixième de volt.

Ce phénomène ne pouvait s'expliquer que par une différence de composition chimique, car la force électromotrice que l'on constate, dans les mêmes conditions, avec des plaquettes, provenant d'un métal parfaitement homogène, mais qui aurait subi des travaux mécaniques de nature diverse, n'est pas si importante, surtout avec l'aluminium ; elle ne dépasse guère, avec ce dernier métal, deux centièmes de volt.

Pour former des coques de navires inattaquables, l'un des premiers points serait donc de fondre, dans une seule opération, tout le métal destiné à leur construction.

Le procédé d'investigation, que j'ai adopté pour me rendre compte des causes du phénomène constaté par M. Guilloux, peut être, je crois, appliqué à la détermination, a priori, des alliages les plus propres à supporter l'action de tel ou tel agent chimique.

Comme loi générale, qui ne doit être considérée jusqu'à plus complète expérience que comme une loi empirique, on peut dire que : l'alliage formé sera d'autant plus attaquable par l'agent chimique considéré que la force électro-motrice développée par les métaux constituant l'alliage et placés séparément dans un liquide excitateur, formé d'une dissolution de l'agent chimique, sera plus grande.

Il est important d'étudier cette question qui, outre l'aluminium, intéresse tous les métaux et les alliages en général.

Mais, dès maintenant, je dois dire qu'il faut éviter, autant que possible, d'amarrer ensemble, au moyen de chaînes conductrices, deux bateaux dont les coques seraient formées de métaux divers, sous peine de former de vastes piles, à résistance intérieure très faible et à force électromotrice appréciable, qui seraient fermées en court circuit, ce qui entraînerait très rapidement la perte de la coque formée du métal plus attaquable et constituant, par conséquent, le pôle négatif.

Voici, à titre documentaire, les résultats obtenus au laboratoire entre le cuivre, le fer, l'aluminium plongés dans l'eau salée.

Pôle Positif	Pôle négatif	Force électromotrice
+	—	volt.
Cuivre	Aluminium	0.600
Cuivre	Fer	0.417
Fer	Aluminium	0.215

Le fer est négatif par rapport au cuivre et positif par rapport à l'aluminium ; de plus, la différence de potentiel entre le fer et l'aluminium est trois fois plus faible que la différence de potentiel entre le cuivre et l'aluminium.

Faut-il en conclure que, pour la construction des coques de navire, l'aluminium ferreux donnerait de meilleurs résultats que les alliages au cuivre? L'expérience seule peut nous répondre.

Fusion au creuset. — Nous venons de voir l'importance qu'il faut attacher à l'homogénéïté de l'aluminium. On peut toujours arriver à produire un métal homogène, alors même qu'on ne possèderait pas de fours de fusion de grande capacité. Les observations qui vont suivre s'appliquent aussi bien à la formation de la plupart des alliages légers qu'à la fonte d'aluminium pur de diverses provenances.

Soit un creuset pouvant fondre un poids p

d'aluminium et P la quantité d'aluminium à fondre au degré voulu d'homogénéïté.

Admettons que p soit n fois moins grand que P et que nous ayons par conséquent $P = n\,p$.

On procédera d'abord à n fusions en ayant soin de couler le métal pour chacune de ces fusions dans n petites lingotières; la quantité P sera totalement transformée en n tas renfermant chacun n petits lingots.

Une nouvelle série de n fusions sera nécessaire pour rendie le métal homogène; et, pour toutes les fusions de cette seconde série, on prendra un lingot dans chacun des tas résultant de la première opération.

Chaque coulée reproduira un tas de n petits lingots qui pourront être mêlés, de la même manière, pour une troisième fusion, s'il y a lieu.

Si pour rendre homogène l'aluminium pur et l'aluminium du commerce, il suffit de suivre les prescriptions précédentes, pour la formation d'un alliage léger, il faut en outre introduire dans l'aluminium les éléments étrangers, en proportions définies, au moment même de·la première série de fusion. Cette adjonction se fait de deux façons:

Première méthode. — On introduit dans l'aluminium pur, en première fusion, sous une forme divisée, la quantité de métal qui doit s'allier avec lui. On opère ainsi avec la plupart des métaux usuels: fer, nickel, cuivre, maillechort, argent, etc. Autant que possible, ces métaux sont ajoutés à l'état de fil ou tout au moins de granules de la grosseur d'un pois ou d'une noisette lorsqu'on opère sur de grandes quantités de métal. Dès qu'ils se trouvent en contact avec l'aluminium, celui-ci est porté à une température de 8 à 900 degrés, et, grâce à l'état de division des métaux ajoutés, l'alliage se forme rapidement à cette température ; avant de couler, on brasse le métal, après l'avoir laissé refroidir jusqu'à une température supérieure seulement de 100° à son point de fusion, afin de répartir dans toute la masse les métaux étrangers.

Deuxième méthode. — Quelquefois, le métal qui doit s'allier à l'aluminium, s'obtient difficilement à l'état métallique, ou est très coûteux dans cet état ; il en est ainsi pour le chrome, le manganèse, le titane, le tungstène qui forment avec l'aluminium des alliages appréciés.

On utilise alors le pouvoir réducteur de l'aluminium. On fond, dans un creuset en graphite, un mélange de cryolithe et d'oxyde du métal que l'on veut allier. Lorsque le bain est à une température voisine du rouge blanc, on ajoute de l'aluminium et l'on brasse énergiquement ; un dégagement de chaleur se produit et presqu'aussitôt l'opération est terminée. On coule le contenu du creuset dans une lingotière en fonte et on sépare le métal des scories qui peuvent être utilisées dans une nouvelle opération.

On peut employer cette méthode avec une variante pour former le silicium-aluminium ; dans ce cas, l'aluminium est fondu d'abord et, lorsqu'il est porté à la température du rouge blanc, on ajoute du fluosilicate de potasse qui se décompose et cède son silicium à l'aluminium.

En pratique, il vaut mieux obtenir électrolytiquement les alliages avec métaux rares à un titre un peu supérieur à celui qu'ils doivent avoir en ajoutant, dans le bain, de l'oxyde ou certains sels de ces métaux, sauf à ramener l'alliage au titre voulu par l'adjonction d'aluminium pur.

Coulage et moulage. — On fond l'aluminium ou ses alliages, à sec, c'est-à-dire sans aucune espèce de fondant, dans des creusets en terre ou plombagine.

Il faut avoir soin d'ajouter constamment du métal pendant la fusion.

Lorsque la masse métallique est complètement fondue, on la porte au rouge clair, et on retire le creuset du feu.

On brasse vivement le métal au moyen d'un ringard en fer, terminé par une petite cuillère ronde, pliée à angle droit et percée de trous.

Lorsque le ringard est assez chaud pour que le métal n'y adhère pas, on le retire avant qu'il ait atteint la chaleur rouge ; on écume la surface du bain, on écarte un peu la pellicule d'oxyde qui s'est formée à la surface et l'on coule.

Le retrait de l'aluminium à la fonte étant de 1,8 0/0, il faut prendre la précaution de ménager une masselotte en rapport avec l'objet moulé.

On doit aussi verser très doucement le métal fondu afin de bien nourrir la pièce, au fur et à mesure du retrait qui accompagne l'abaissement de température, tant que la solidification n'est pas complète.

Le moulage de l'aluminium se fait bien dans

les moules métalliques, et mieux dans le sable
pour les objets de forme compliquée.

Forgeage et laminage. — L'aluminium pur
ou l'aluminium du commerce à 98,5 0/0 se forge
et se lamine à froid, sans qu'il soit absolument
nécessaire de le recuire après un plus ou moins
grand nombre de passes. Il s'emboutit également sans recuit.

L'aluminium à 97 0/0 se forge, se lamine à
froid et s'étampe, mais avec de fréquents recuits ; il est même plus prudent de le travailler à chaud, à une température voisine de
200°.

L'aluminium qui renferme plus de 5 0/0 d'éléments étrangers, silicium compris, ne doit plus
se travailler qu'à chaud.

Les alliages légers, que nous recommandons,
ne doivent pas renfermer plus de 4 0/0 de matières étrangères, dont 5 millièmes de fer et 5 millièmes de silicium.

Lorsque l'aluminium ne renferme que 1 0/0
environ de métaux lourds, il se lamine alors que
la proportion de silicium est de 10 à 15 0/0. Nous
aurons l'occasion de revenir sur toutes ces questions, en étudiant chacun des alliages en particulier.

Chauffage, recuisage. — On ne doit pas
chauffer le métal au-delà de 350 à 400, ni pour
le travailler, ni pour le recuire ; il est prudent
même de se tenir un peu au-dessous. On peut,
dans les cas où cela est nécessaire, ne recuire que
certaines parties du métal en laissant les autres

hors du four ou encore entre deux tôles chaudes, laissant en dehors les surfaces que l'on désire conserver écrouïes et qu'au besoin on peut refroidir.

Chaudronnage.—On peut former, au moyen d'un maillet en bois et d'un tas en bois la tôle la plus contournée d'une quille de yacht ; on a ainsi forgé la pièce arrière à l'intersection de l'étambot et de la voûte du *Vendenesse*; le métal demi-écrouï, travaillé à froid, s'est parfaitement comporté. Ces essais ont été effectués sur des tôles variant de 2 à 4 m/m d'épaisseur. Les cornières se cintrent à froid et au maillet.

Dressage des tôles. — Les tôles se dressent sur un marbre comme on le ferait avec des tôles de cuivre rouge. Le travail se fait à froid au maillet. Le métal conserve bien la forme que lui donnera la machine à cintrer. Pour les pièces ayant de grandes déformations à subir, approchant un pliage à angle vif, il est bon de prendre un aluminium très peu allié afin de moins écrouïr le métal.

Cisaillage et perçage.—L'aluminium est aussi doux que le cuivre ; le cisaillage et le perçage s'opèrent comme avec ce métal. On le poinçonne très facilement et on peut le percer à la mèche ; toutefois, dans ce dernier cas, il est bon de lubrifier soit au pétrole soit à l'essence de térébenthine et de donner beaucoup de coupe aux outils.

Rivetage. — Le métal se martèle très bien

sans éclater ; la rivure se fait à froid, elle tient parfaitement même dans les fraisures ; les tôles ne se déforment pas au rivetage, elles restent droites et ne présentent pas de creux aux rivets qui se placent à froid ; seulement, le métal étant très malléable a des tendances à s'écarter un peu, lorsque le rivet se trouve très-proche du bord. Il est très difficile de sortir un rivet qui a été mis en place (même avec un poinçon), ce qui indique une adhérence parfaite. Le rivet doit être d'un diamètre plus petit que ceux en fer, mais les distances d'écartement plus rapprochées.

Limage, burinage et pliage. — L'aluminium, pour ces opérations se comporte à peu près comme le ferait le cuivre rouge auquel le métal peut être assimilé comme résistance et allongement, sauf qu'on le travaillera autant que possible à froid avec recuits fréquents si le métal doit subir l'écrouïssage.

Tournage, rabotage. — L'aluminium allié et bien écroui se tourne et se rabote parfaitement; il faut prendre soin de donner aux outils beaucoup de coupe et de marcher à une assez grande vitesse comme pour le bois : humecter avec l'essence de térébentine ou de pétrole, de préférence à l'eau de savon ; surtout ne pas se servir d'huile.

Fraisage. — Le travail de la fraise se fait à peu près comme le tournage et le rabotage. Les fraises s'empâtent un peu plus facilement et il faut les nettoyer fréquemment avec une brosse et de l'essence.

Polissage. — L'aluminium est susceptible de prendre un très beau poli. Ce brillant n'est malheureusement pas blanc comme l'argent ou le nickel, mais un peu bleuté comme l'étain. Cette nuance est sensiblement atténuée avec certains alliages. On dégrossit d'abord à la pierre ponce, puis on se sert, pour polir, de la potée d'émeri demi-fine, fondue avec du suif pour former des pains que l'on frotte ensuite sur les brosses à polir. Pour finir, on emploie le rouge à polir avec l'essence de térébenthine.

Soudage. — Il y a une foule de procédés pour souder l'aluminium, soit à lui-même, soit aux autres métaux. M. Charpentier réussit assez bien cette opération de la manière suivante avec la soudure qu'il est en mesure de livrer à l'industrie. Voici ses prescriptions :

Décaper à la potasse ou aviver préalablement les parties à souder de façon à avoir des surfaces bien propres, exemptes d'enduits gras. Nettoyer le fer à souder à la lime, passer la pierre ammoniacale, mais ne pas la repasser quand le fer est étamé à moins de relimer le fer à nouveau. Ne pas humecter à l'eau forte ni avec aucun ingrédient. Etamer les surfaces au fer à souder en employant notre soudure : rapprocher les parties et souder avec notre soudure, passer au fer à souder comme on le fait habituellement. La soudure ordinaire d'étain prend bien une fois le métal étamé avec notre soudure.

Emboutissage. — Le métal pur recuit ayant un très grand allongement s'emboutit parfaitement, mais il s'écrouït peu et ne présente pas une grande rigidité lorsqu'il est travaillé ; par contre, les alliages et, en particulier, celui à 6 0/0 de cuivre donnent aux pièces embouties une grande résistance ; mais, ce métal est plus difficile à travailler. Lorsque l'outillage permet de donner les premières passes en tenant le métal à 100 ou 150 degrès, cela va très bien. A froid, il faut simplement diminuer le travail pour ne pas demander trop d'allongement à l'alliage d'aluminium.

DEUXIÈME CHAPITRE

ALUMINIUMS DU COMMERCE. — ALLIAGES LÉGERS

Aluminium pur

Constantes physiques et chimiques. —
L'aluminium du commerce, obtenu par l'électrolyse, renferme toujours des traces de silicium,
de fer et de carbone dont l'ensemble présente
une teneur de 4 millièmes au minimum; c'est-
à-dire que l'on n'a pu produire, jusqu'à ce jour,
par les nouveaux procédés, de l'aluminium à
une teneur dépassant 99,6 centièmes, ce qui est
déjà un beau résultat.

L'aluminium, chimiquement pur, s'obtient,
en réduisant le bromure d'aluminium par le
sodium.

Il présente des propriétés un peu différentes
de celles de l'aluminium du commerce.

Symbole Al : Poids atomique 27, d'après les
dernières recherches de M. Mallet; équivalent
13.5, nombre correspondant au poids atomique
et déterminé successivement par M. Baubigny
et M. Terreil.

Son *équivalent électrochimique*, c'est-à-dire
le poids de l'aluminium qui serait mis en

liberté par un coulomb au pôle positif est de 0,14 milligrammes.

La quantité d'aluminium qui se dépose au pôle négatif, pour un coulomb, n'est que les deux tiers de l'équivalent électrochimique, soit 0,0933 milligramme ; soit encore 0 gramme 336 pour une quantité de courant égale à un ampère-heure qui est l'unité adoptée dans l'industrie.

Il est d'un blanc d'étain et plus mou. Lorsque le métal contient des impuretés, il est d'un blanc un peu mat qui augmente avec la teneur en silicium. Poids spécifique à $4° = 2,583$; chaleur spécifique $= 0,2253$.

Suivant Mathiessen, voici la résistance électrique d'un mètre d'aluminium, d'un diamètre égal à un millimètre, comparée à la résistance des autres métaux :

Argent recuit..	0,01937 ohm
Cuivre	0,02056
Or	0,02650
Aluminium. . .	0,03751
Fer	0,12510

Sa résistance est donc le double environ de celle du cuivre et le quart de la résistance du fer.

L'aluminium est également bon conducteur de la chaleur.

Sous l'action de la chaleur, vers 550°, il prend un état pâteux : il ne peut alors être soumis au martelage sans se casser. A cette température, il peut se souder sur lui même par la compression.

Température de fusion : 625°.

Jusqu'à ces derniers temps, on le considérait comme fixe aux températures les plus élevées ; M. Moissan a réussi à le volatiliser dans son four électrique. On doit le fondre à sec sans fondant dans un creuset brasqué à la magnésie, si l'on veut lui conserver sa pureté.

Cependant, dans la pratique, on peut employer un creuset de terre sans autre précaution et même un creuset de plombagine ; la faible quantité de silicium qu'il prend dans ces dernières conditions ne change pas sensiblement ses propriétés. Il est peu magnétique.

Constantes mécaniques. — L'aluminium coulé froid est mou, très ductile et très malléable.

Le martelage et le laminage ne modifient pas beaucoup sa malléabilité, lorsqu'il est chimiquement pur, mais le rendent dur et cassant lorsque la teneur des impuretés (fer et silicium) atteint 15 millièmes. Il reconquiert, dans ce dernier cas et presque instantanément, son élasticité première, lorsqu'on le porte à une température voisine de 400 degrés.

L'aluminium chimiquement pur ne résiste guère à plus de 10 kg. par millim. carré ; il présente un allongement de 30 à 50 p. 100, et s'écrouït difficilement.

Un grand nombre d'essais de traction ont été effectués sur de l'aluminium renfermant des traces de fer et de silicium et susceptible d'écrouissage.

Des expériences faites au Conservatoire des Arts et Métiers sur le métal laminé, provenant de l'usine de Froges (procédé Héroult), ont donné :

	Charge à la rupture	Allongement
Métal écrouï...	22 kilogrammes	4 pour 100
Métal recuit....	12 —	29 —

Le tableau suivant donne quelques chiffres obtenus avec de l'aluminium contenant aussi quelques traces de fer et de silicium et qui a subi divers travaux.

	Limite d'élasticité en kg. par mm carré	Résistance à la rupture en kg.	Contraction
Métal coulé......	4,25	10.60	15
— laminé.....	8,40	17,00	35
— étiré.......	11,30	20,40	60
— en barres..	10,00	20,00	40

Un tel métal peut parfaitement se laminer et s'étirer à froid, sans qu'il soit indispensable de le recuire.

En pratique, on le recuit cependant après un certain nombre de passes afin de pousser le travail plus rapidement et d'éviter un excès de précaution.

La résistance de l'aluminium décroît assez vite avec la température. Un fil recuit a donné à M. Le Châtelier, ingénieur de la marine :

18 kg. par millim. carré à 0°
13 — — 150°
7 — — 250°
5 — — 300°
2 — — 400°

Ces chiffres montrent combien grande est

l'influence du recuit sur l'aluminium ; M. Le
Châtelier estime qu'en opérant méthodique-
ment, on peut arriver, par un recuit convenable, à établir les qualités mécaniques que
l'on désire.

Structure. — M. Guillemin a apporté à
l'étude des alliages en général une méthode d'investigation qui constitue un grand progrès et
qui permet d'établir leur portrait intime, leur
carte d'identité : je veux parler de leurs coupes
microscopiques dont nous reproduirons quelques spécimens.

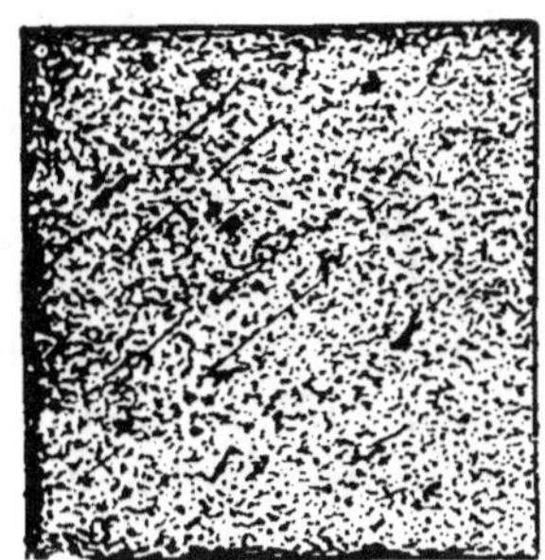

fig. 1   fig. 2

C'est ainsi que l'aluminium, lorsqu'il est pur,
a une structure légèrement fibreuse (fig. 1).
L'aspect de la cassure varie beaucoup avec le
degré de pureté du métal. Un métal renfermant
8 millièmes de silicium a déjà une cassure cristalline à grains fins (fig. 2).

La même proportion d'un métal quelconque
modifie la structure à peu près identiquement,
et, si la teneur en aluminium tombe au-dessous
de 95 pour 100, la cassure présente une cristal-

lisation très marquée ; le métal devient cassant.

Actions des métalloïdes et des métaux. — Nous reproduisons ici le résultat des recherches effectuées en 1890 par MM. A.-E. Hunt, J.-W. Langley et C.-M. Hall. D'après ces ingénieurs éminents :

Le silicium durcit considérablement l'aluminium, diminue sa malléabilité, augmente sa ténacité ; il empêche l'aluminium de prendre un poli parfait et de garder celui qu'il aurait pu recevoir.

Un métal, ainsi allié au silicium, s'oxyde à l'air ou à l'humidité, et, lorsque le silicium se trouve en proportions dépassant 3 pour 100, l'aluminium se recouvre très rapidement d'un vernis noirâtre, d'un aspect désagréable à l'œil.

Lorsqu'on ne recherche pas un beau poli et que l'on désire cependant un métal léger, un alliage à 6 ou 8 pour 100 de silicium est avantageux.

Comme on l'a fait remarquer, le silicium se trouve là sous la forme graphitique.

Si on réussissait à faire passer le silicium à l'état amorphe, on pourrait sans doute obtenir un métal ayant la dureté recherchée, sans le voir se ternir.

Le fer, en petite quantité, durcit l'aluminium et le rend magnétique ; mais, en même temps, il diminue sa malléabilité et empêche l'aluminium de prendre le poli.

En fondant parties égales de fer et d'aluminium, on obtient un métal qui, au premier abord, semble être un alliage véritable, mais qui tombe rapidement en poussière.

L'aluminium s'allie facilement avec le cuivre, le nickel, le maillechort, etc.; cependant, la proportion de ces métaux ne doit pas excéder 3 pour 100; au delà, l'alliage formé perd une grande partie de sa malléabilité (Minet).

Le carbone ne se combine qu'à de très hautes températures et en proportions qui ne dépassent pas 3 p. 100; il rend l'aluminium fragile et poreux.

Le soufre se combine difficilement à l'aluminium; il ne se trouve que très *rarement* dans les aluminiums du commerce.

Le plomb s'y rencontre quelquefois, mais en très faibles proportions qui n'ont pas d'influence appréciable sur le métal.

L'antimoine ne s'unit pas à l'aluminium.

Le chrome, au contraire, s'allie très facilement, donne plus de dureté à l'aluminium et lui enlève de sa malléabilité.

Le tungstène durcit l'aluminium. Le platine se combine à l'aluminium en formant des alliages cassants et peu homogènes.

L'argent, jusqu'à une proportion de 5 p. 100, accroîtrait l'élasticité et la dureté de l'aluminium sans nuire à sa malléabilité. L'alliage à l'argent est susceptible de prendre un beau poli.

L'étain rend l'aluminium cassant. Une proportion de 2 p. 100 d'aluminium dans l'étain rend ce dernier plus dur et plus élastique.

Le cadmium s'unit à l'aluminium en donnant des alliages fusibles, malléables, mais peu résistants. Le bismuth forme avec l'aluminium des alliages cassants et très fusibles.

Les alliages au zinc sont cassants, très cristallins; ils forment de bonnes soudures pour l'aluminium, qu'on applique avec de la térébenthine de Venise comme fondant; malheureusement, l'alliage ne s'étend pas très bien sur le métal et les soudures ne supportent pas la fatigue.

Alliages au fer et au silicium

Nous avons dit qu'en général l'aluminium du commerce n'est pas chimiquement pur; il renferme des proportions variables de fer et de silicium; lorsque la teneur de ces éléments ne dépasse pas 2 p. 100 pour le fer avec 5 millièmes de silicium, ou 10 à 15 p 100 de silicium avec 5 millièmes de fer, l'aluminium peut subir à peu près le même travail que s'il était chimiquement pur, avec la réserve de quelques précautions pour éviter un trop grand écrouissage.

Leur fonction dans l'industrie et la manière dont on doit les travailler varient avec la teneur des éléments qui entrent dans leur constitution, comme l'indique le tableau suivant :

| APPLICATIONS | COMPOSITION | | | Constantes mécaniques à l'état écroüï | |
	Fer	Sili-cium	Alu-minium	Résistance en Kg. p. "I" car.	Allon-ge-ment 0/0
N° 1					
Aluminium pur, métal pour alliages, très malléable à froid	0.18 0.35 0.50	0.32 0.40 0.50	99.50 99.25 99.00	10 kg. à 15 kg.	20 0/0 à 15 0/0
N° 2					
Métal lami-nable à froid sans recuit	0.70 1.10 1.30	0.50 0.50 6.50	98.80 98.40 98.20	12 kg. à 17 kg.	15 0/0 à 10 0/0
N° 3					
Métal lami-nable à froid avec recuit ou à chaud	1.50 1.75 2.00	0.50 0.50 0.50	98 97.75 97.50	15 kg. à 20 kg.	12 0/0 à 5 0/0
N° 4					
Alliages au silicium lami-nables à chaud (cons-truction mécanique)	1.30 1.30 0.30 1.57	4.40 6.10 8.16 8.90	94.30 92.60 91.54 89.80	15.10 kg. 15.60 » 18 » 19.70 »	17 0/0 2.75 11.40 9.18
N° 5					
Ferro-alumi-nium pour l'affinage de l'acier	6.60 8 10 15	trac. 2 5 5	93.40 90.00 85.00 80.00	Alliages très peu résistants et pou-vant se réduire fa-cilement en poudre	

Les marques nᵒˢ 2, 3, 4 sont de véritables alliages, doués de qualités mécaniques supérieures à celles de l'aluminium dit pur et, *a fortiori*, du ferro-aluminium qui n'en possède plus aucune et qui ne saurait être utilisé qu'à l'affinage de l'acier.

Entre les nᵒˢ 4 et 5, il y aurait place pour une

qualité de métal à 3 p. 100 de fer, pouvant servir à faire de la fonte d'aluminium, pour le cas où l'on n'exigerait pas une grande résistance ; car, cette dernière diminue rapidement lorsque la teneur en fer excède 2 centièmes.

Le n° 4 comprend les alliages au *silicium-aluminium*, destinés surtout à la construction mécanique ou générale et particulièrement aux constructions navales.

Ces sortes d'alliages possèdent, en effet, des propriétés mécaniques qui les rendent propres à ce dernier usage et ils peuvent être produits à bien meilleur marché que l'aluminium pur, par l'utilisation directe des bauxites à leur fabrication.

Reste à connaître la manière dont ils se comporteraient à l'eau de mer.

Quelle qu'elle soit, elle n'en proscrirait pas l'usage ; car, il sera toujours facile de les mettre à l'abri de toute attaque.

Il faut, du reste, prendre quelques précautions pour éviter l'action dévastatrice de l'eau salée, lorsqu'on applique aux constructions navales l'aluminium pur ou légèrement allié ; on recouvre, à cet effet, d'une peinture spéciale, les parties métalliques qui doivent être en contact avec l'eau de mer, ou qui peuvent être soumises trop longtemps aux effluves marins ou aux embruns.

On prendra les mêmes soins pour les alliages au silicium ; on pourra aussi, pour plus de sûreté, les recouvrir d'une couche de cuivre, avant d'y appliquer la peinture qui a déjà fait ses preuves.

Constantes mécaniques des alliages d'aluminium, de fer et de silicium.

— L'influence du fer et du silicium a pu être déterminée par une série d'expériences.

Aluminium	Fer	Silicium	Nature du travail	Résistance par millim. q.	Allongement
99.50	0.18	0.32	Coulé recuit	10	20 0'0
			Martelé écrouï	12.3	9.25
98.67	0.75	0.58	laminé écrouï	12.7	9.25
98.40	1.00	0.60	— —	13.9	8.00
98.30	1.10	0.60	— —	15.8	8.00
98.65	1.10	0.23	Martelé écrouï	15.5	7.10
98.25	1.28	0.50	— —	15.5	9.25
97.50	1.06	1.44	— —	15	1.83
96.80	1.60	1.60	— —	15.5	10
94.30	1.30	4.40	Laminé écrouï	23.5	3
			Laminé recuit	15.1	17
92.00	1.30	6.10	Martelé	15.6	2.75
91.54	0.30	8.16	Laminé écrouï	18.2	13
89.80	1.57	8.90	Coulé	19.1	2.85
			Laminé	19.7	9.18
89.60	1.4	9	Laminé écrouï	19	2.50
76.80	0.4	12.8	— —	18.8	7
93.40	6.6	Traces	Coulé	6.2	7
			Martelé	7.75	Nul

Observations. — Ce tableau indique nettement l'influence du fer et du silicium.

1. Lorsque la quantité de silicium ne dépasse pas 6 à 8 centièmes, on peut faire des alliages de fer et d'aluminium qui acquièrent par le travail une plus grande ténacité que l'aluminium pur. Dans les quelques essais qui précèdent, le travail du métal avait été très rudimentaire, n'ayant consisté surtout qu'en un martelage et il faut dire que ces essais datent de 1891.

Depuis, nous avons eu souvent l'occasion d'appliquer des alliages où la teneur en fer atteignait 1,7 et 2 centièmes, les proportions de silicium ne dépassant pas 5 millièmes.

On arrivait, avec ces derniers alliages, à une résistance à la rupture de 20 à 22 kilogrammes par millimètre carré et à un allongement de 10 à 12 p. 100.

Nous croyons que l'on peut pousser la teneur en fer à 3 p. 100 ; mais, il faut alors ne travailler le métal qu'à chaud et le choisir le plus possible exempt de silicium.

Lorsque la proportion de fer dépasse 3 p. 100, l'alliage perd ses qualités mécaniques.

2. Les alliages au silicium ne doivent pas renfermer plus de 15 millièmes de fer. La proportion de silicium peut atteindre jusqu'à 15 centièmes, lorsque l'aluminium ne contient que des traces de fer.

On remarquera que ce sont les alliages au silicium qui ont présenté les résistances à la rupture les plus grandes.

Ces sortes d'alliages, qui ont été négligées jusqu'à ce jour, sont destinées, comme nous le disions plus haut, à un grand avenir, étant donné qu'ils peuvent être obtenus plus économiquement que n'importe quel autre alliage léger d'aluminium.

Affinage de l'aluminium du commerce. — L'affinage de l'aluminium a donné lieu à de nombreuses expériences sans résultats bien décisifs.

A l'encontre de la plupart des autres métaux, on ne connaît pas de procédés qui transforment l'aluminium du commerce en aluminium pur en privant le premier des éléments étrangers, le fer et le silicium, qui l'accompagnent toujours.

Si ce problème pouvait être résolu, l'industrie de l'aluminium ferait un pas décisif.

On pourrait produire avec la bauxite des ferro-silico-aluminium dont le prix de revient serait considérablement abaissé, et les affiner ensuite.

Une des premières difficultés que l'on rencontre lorsqu'on essaie d'affiner l'aluminium, c'est l'union intime avec ce métal du fer et du silicium.

En outre les réactions qui réussiraient peut-être à enlever ces éléments attaquent aussi l'aluminium, ce qui entraîne une perte considérable de ce métal.

On sait aussi que l'aluminium retenant facilement dans ses pores des scories et du bain même, on n'arrive à le rendre sain qu'en le fondant à sec, c'est-à-dire en évitant de le mélanger avec des sels fusibles.

Si l'on emploie pour l'affinage un composé chimique, arriverait-on à retirer de l'aluminium les éléments étrangers, qu'il y aurait lieu ensuite de faire subir au métal plusieurs fusions à sec pour le priver du réactif qu'il retiendra dans ses pores.

D'où une nouvelle perte de métal.

Elimination du fer. — On a essayé pour cette opération surtout le soufre.

J'ai fait à Creil quelques expériences à ce sujet.

Dans un premier essai, je remuais vivement l'aluminium fondu avec un bâton de soufre.

Dans un autre essai je mélangeais de la poudre d'aluminium ferreux avec de la fleur de soufre, et je chauffais jusqu'à complète élimination du soufre et fusion du métal.

Dans les deux expériences, les quantités de fer éliminées étaient trop faibles pour que je fusse encouragé à poursuivre cette méthode.

Je pense qu'on pourrait la reprendre en faisant agir sur l'aluminium à purifier des vapeurs de soufre sous pression.

On pourrait opérer de deux façons : soit en utilisant un four électrique où le charbon négatif serait constitué par un tube en charbon creux par lequel arriveraient les vapeurs de soufre.

Soit encore en fondant de l'aluminium mélangé à du soufre dans un creuset absolument clos et pouvant résister à la pression calculée d'après la quantité de soufre ajoutée à l'aluminium.

Un dispositif serait appliqué à ce creuset qui l'agiterait vivement et rendrait ainsi plus intime le mélange du soufre et de l'aluminium à traiter.

Élimination du silicium. — Les expériences pour l'élimination du silicium ont donné des résultats plus négatifs encore que celles qui ont eu trait à l'élimination du fer.

On a proposé successivement, pour cet affinage, le chlorure de sodium, le nitrate de potasse et de soude, le fluorure d'aluminium, la cryolithe, les vapeurs sèches d'acide chlorhydrique et fluorhydrique.

Je ne sache pas qu'on ait réussi. Mais il ne faut pas se décourager, si le problème est difficile à résoudre, les résultats, qu'apporterait une bonne solution, sont en revanche d'une importance trop considérable pour qu'on renonce à faire de nouvelles recherches.

L'Aluminium dans l'affinage de la fonte et de l'acier. — La question de l'affinage de l'acier par l'aluminium a été traitée avec une très grande compétence par M. le Verrier ; on retrouvera le travail de ce savant dans notre premier volume sur l'aluminium (1) ; depuis son apparition, il ne parait pas qu'on ait apporté de nouveaux faits concernant cette application.

Au contraire, l'action de l'aluminium sur la fonte a fait l'objet d'études nouvelles de la part de M. Keep et M. T. W. Hogg.

RECHERCHES DE M. KEEP

Influence de l'aluminium sur les fontes

L'aluminium fait passer à l'état graphitique le carbone combiné dissous dans la fonte et, en outre, par suite d'une action difficile à expliquer, il empêche le graphite de se mettre en géodes dans les soufflures et lui permet de se répartir uniformément dans la masse au moment du refroidissement.

Ces questions ont été surtout étudiées par M. Keep, ingénieur de la Société américaine

---

(1) Éditeur, M. Bernard-Tignol, quai des Grands-Augustins, n° 53 *bis*, Paris.

TheMichigan Store, en collaboration avec MM. Mabery et Vorce.

Les essais de M. Keep portèrent sur deux types de fontes, une blanche et une grise dont voici les compositions :

	Fonte blanche.	Fonte grise.
Silicium..........	0.186	1.240
Phosphore........	0.263	0.084
Soufre...........	0.031	0.040
Manganèse.......	0.092	0.187
Graphite.........	0.950	3.220
Carbone combiné.	2.030	0.330

Le ferro-aluminium employé contenait 11,42 pour 100 d'aluminium et 3,86 pour 100 de silicium.

M. Keep ajouta successivement :

0,25 ; 0,50 : 0,75 et 1 pour 100 d'aluminium à la fonte blanche ; et 0,25 ; 0,50 ; 0,75 ; 1 ; 2 ; 3 et 4 pour 100 à la fonte grise.

Afin d'éviter l'objection qui pouvait être soulevée par la présence du silicium dans le ferro-aluminium, M. Keep fit un ferro-silicium contenant autant de silicium que le ferro-aluminium et les produits étaient alors comparés entre eux.

Effet sur le grain. — M. Keep a reconnu que l'aluminium rendait le grain plus noir, effet dû à la séparation du graphite, et que la couleur de la cassure variait avec la quantité d'aluminium.

Essai sur la fonte blanche :

Quantité d'aluminium	Aspect de la Cassure
0,00 pour 100.........	Blanche
0,25 — —.........	Grisâtre
0,50 — —.........	Gris brillant
0,75 — —.........	Gris
1,00 — —.........	Gris sombre

L'aluminium avait été ajouté sous forme de ferro-aluminium.

Un essai fait en introduisant dans la fonte une quantité de silicium équivalente à celle que contenait le ferro-aluminium dans le dernier essai (1 0/0 d'aluminium), a donné un métal à cassure blanche légèrement grisâtre.

M. Keep ajouta alors à cette fonte préalablement traitée au silicium, 1 0/0 d'aluminium ; aussitôt la cassure devint gris sombre.

Il semble qu'au point de vue de la cassure l'effet de 0,25 pour 100 d'aluminium, soit équivalent à 0,62 pour 100 de silicium.

Avec les fontes grises, l'aluminium donne une structure plus compacte et un grain fin.

Fluidité. — Il semblerait que l'aluminium doive rendre les fontes blanches plus fluides, tandis que son action parait inverse sur les fontes grises.

Lorsqu'on coule une fonte traitée à l'aluminium, on remarque que les masselotes présentent une concavité très grande due au tassement du métal ; aussi faut-il bien nourrir les pièces que l'on veut mouler.

D'après certains expérimentateurs, il suffit de mettre l'aluminium dans la poche de coulée et de remuer énergiquement : cette opération doit être faite avec soin si l'on veut obtenir un métal homogène, car l'aluminium, très léger, a une tendance à remonter à la surface avant d'avoir réagi.

Pour obtenir un mélange intime et uniforme M. Guillemin fait introduire l'aluminium dans les regards du bas, de façon qu'il arrive dans le creuset en même temps que la fonte ; le mélange s'opère alors naturellement.

RECHERCHES DE M. T. W. HOGG

Influence de l'aluminium sur les alliages de fer et de carbone

On connaît l'importance que présentent les corps étrangers dans les alliages de fer et de carbone ; ces corps sont si nombreux et ils se trouvent si souvent tous à la fois et en proportions si diverses dans le produit final, qu'il est très délicat de déterminer, d'une manière précise, le rôle de chacun d'eux dans les modifications des propriétés du composé ferreux. La difficulté de cette recherche apparaît plus grande encore lorsqu'on constate l'influence considérable qu'exercent certaines circonstances spéciales, telles que les variations de la température de fusion de la fonte ou sa vitesse de refroidissement.

Une autre condition qui détermine également la facilité avec laquelle le carbone peut passer de l'état combiné à l'état de graphite est le degré de saturation du fer par le carbone ; à ce point de vue, le fer peut, jusqu'à un certain point, être comparé à une solution saturée au moyen d'un sel.

Il est particulièrement intéressant de savoir si l'aluminium est, par lui-même, capable de produire un changement d'état du carbone ; il semble, en effet, généralement admis qu'une addition d'aluminium à la fonte blanche tend à amener le carbone vers la forme graphitique ; mais il importe de s'assurer si les résultats que certains observateurs ont obtenus dans ce sens constituent des cas particuliers, ou si cette propriété de l'aluminium doit être considérée comme générale.

Dans une séance tenue en 1893 par la *Society of Chemical Industry*, l'auteur a présenté quelques alliages de fer et d'aluminium dans lesquels le carbone était presque entièrement à l'état combiné ; ces échantillons contenaient une forte proportion d'aluminium, et le carbone s'y trouvait, à l'origine, à peu près complètement à l'état de *graphite*.

Avant cela il avait observé que certains produits courants contenant de 5 à 12 p. c. d'aluminium offraient une très grande irrégularité en ce qui concernait l'élément carbone ; comme ces fontes contenaient une proportion de silicium variant de 2,5 à 5 p. c., certains des phénomènes observés pouvaient être attribués à cet élément dont l'influence est actuellement établie et reconnue.

L'influence du manganèse comme celle du

silicium est aujourd'hui admise ; mais les opinions sur ces deux éléments seraient probablement modifiées si l'on pouvait étudier spéciale-- ment des alliages préparés dans diverses conditions et d'où les autres éléments étrangers seraient soigneusement exclus.

En règle générale, le manganèse et le silicium agissent en sens inverse ; le premier élève la limite de saturation et retient le carbone à l'état combiné ; le deuxième abaisse le point de saturation et tend à isoler le carbone à l'état de graphite.

L'influence du manganèse et du silicium sur le point de saturation est aujourd'hui chose acquise ; mais il n'en est pas de même pour leur influence sur l'état du carbone.

En ce qui concerne le silicium, on peut admettre, avec Snelus, qu'en règle générale, cet élément se trouve dans la fonte grise ; cependant il existe certaines fontes grises de Suède, fortement graphiteuses et presque totalement dépourvues de silicium, tandis que, d'un autre côté, certaines fontes blanches en renferment une forte proportion.

M. E.-H. Morton cite, par exemple, un échantillon de cette fonte contenant 4,704 p. c. de silicium.

Des anomalies se produisent également dans les fontes manganèsifères ; c'est ainsi que Keep rapporte que dans certaines circonstances, la présence de ce métal retarde le refroidissement et provoque la formation du graphite, ce qui est en désaccord avec les faits généralement observés.

Il est donc nécessaire, dans l'étude de l'influence de l'aluminium, de traiter des échantillons spécialement préparés, contenant cet élément dans diverses proportions et exempt autant que possible de silicium et de manganèse.

L'auteur a employé spécialement deux types : l'un était de la fonte grise fortement saturée ; l'autre, de la fonte blanche légèrement grise vers le centre de l'éprouvette.

Les deux compositions sont données dans le tableau ci-dessous :

	Fonte grise p. c.	Fonte blanche p. c.
Fer (*par différence*)	94,707	95,665
Manganèse.........	0,22	0,11
Carbone (*graphiteux*)	3,75	0,40
Carbone (*combiné*)..	0,58	3,27
Carbone total........	4,33	3,67
Silicium...........	0,70	0,48
Soufre	0,005	0,01
Phosphore	0,038	0,065
	100,000	100,000

Pour préparer les divers échantillons, on opérait la fusion de ces fontes dans des creusets en terre ; pour introduire l'aluminium, on fondait ce métal séparément et on coulait la fonte dans le bain ainsi formé ; le mélange était alors refondu à deux reprises, au creuset. En outre, une partie de l'alliage produit était coulée dans des moules en fer de façon à obtenir un refroidissement rapide ; l'autre partie était coulée dans des moules de sable ; ce qui provoquait un refroidissement lent.

Les tableaux ci-dessous donnent les résultats de l'analyse de divers échantillons de fontes, tant grises que blanches, contenant de l'aluminium en diverses proportions et obtenus par le procédé indiqué.

Dans les échantillons refroidis on n'introduisait pas d'aluminium.

Les quantités de carbone graphiteux et silicium étaient déterminées dans chaque cas ; le carbone total était dosé pour l'échantillon obtenu par refroidissement rapide seul, sauf en ce qui concerne les échantillons à 4 p. c. d'aluminium, comme le montrent les tableaux. Le carbone combiné était obtenu par différence.

Comme on le remarquera, l'addition de 1 p. c. d'aluminium dans le produit refondu provoque une modification très marquée de l'état du carbone ; puis, à mesure qu'on ajoute de l'aluminium, le carbone tend de plus en plus à revenir à l'état combiné ; pour l'alliage à 12 p. c. d'aluminium, il a presque exclusivement pris cette dernière forme.

Les tableaux montrent aussi combien il est important, si l'on veut étudier l'influence réelle de l'aluminium, de partir, pour établir les comparaisons, d'un échantillon de fonte pure *préalablement refondue*. La comparaison des échantillons à divers pourcentages avec la fonte non refondue donne des résultats absolument différents de ceux de la réalité, surtout en ce qui concerne la fonte grise. Il semblerait, en effet, en rapprochant les chiffres de la première colonne (fonte primitive) de ceux de la troisième

I — Fonte grise.

	Fonte primitive		Après 1re fusion		Échantillon à 1 p. c. al.		A 2 p. c. al.		A 4 p. c. al.		A 8 p. c. al.		A 12 p. c. al.	
	Refroidissement		Refroidissement		Refroidissement		Refroidissement		Refroidissement		Refroidissement		Refroidissement	
	rapide	lent	rapide	lent	rapide	lent	rapide	lent	rapide	lent	rapide	lent	rapide	lent
Carbone graphiteux	»	3.75	0.37	2.33	3.34	3.22	3.06	2.77	2.68	1.07	1.77	1.58	0.22	0.22
Carbone (combiné).	»	0.58	3.81	1.85	0.81	0.93	1.12	1.41	1.33	2.34	2.03	2.22	3.22	3.22
Carbone total......	»	4.33	4.18	»	4.15	»	4.18	»	4.01	4.07	3.80	»	3.44	»
Silicium...........	»	0.70	0.75	0.75	0.75	0.75	0.62	0.67	0.69	0.62	0.70	0.70	0.62	0.62
Manganèse.........	»	0.22	0.28	»	»	»	»	»	0.20	»	»	»	0.20	»
Aluminium.........	»	0.00	0.00	0.00	0.85	»	1.92	»	3.86	»	8.12	»	11.85	»

II — Fonte blanche

	Fonte primitive		Après 1re fusion		Échantillon à 1 p. c. al.		A 2 p. c. al.		A 4 p. c. al.		A 8 p. c. al.		A 12 p. c. al.	
	Refroidissement		Refroidissement		Refroidissement		Refroidissement		Refroidissement		Refroidissement		Refroidissement	
	rapide	lent	rapide	lent	rapide	lent	rapide	lent	rapide	lent	rapide	lent	rapide	lent
Carbone graphiteux	»	0.40	0.55	0.67	3.54	3.48			2.25	2.05			0.16	0.16
Carbone (combiné).	»	3.27	3.37	2.95	0.08	0.14			1.33	1.53			3.09	3.09
Carbone total	»	3.67	3.62	»	3.62	»			3.58	3.58			3.25	»
Silicium...........	»	0.48	0.15	0.45	0.50	0.50			0.42	0.42			0.40	0.40
Manganèse.........	»	0.11	»	»	0.16	»			»	»			0.01	»
Aluminium.........	»	0.00	0.00	0.00	0.92	»			4.05	»			12.20	»

(fonte à 1 p. c.), que la présence de l'aluminium n'exerce aucune action sensible sur l'état du carbone.

L'examen des tableaux décèle encore ce fait que pour tous les échantillons contenant de l'aluminium, l'échantillon refroidi rapidement présente une quantité de carbone graphiteux sensiblement plus considérable que l'échantillon refroidi lentement. Ce phénomène apparaît surtout dans la fonte à 4 p. c. d'aluminium. Peut-être pourrait-il être attribué à ce fait que l'aluminium introduit dans le bain provoque une précipitation du carbone à l'état de graphite et que ce carbone est partiellement repris pendant ce refroidissement lorsque celui-ci est suffisamment lent.

Enfin, pour ce qui est du carbone total, on pourra constater que dans la fonte blanche, l'introduction de l'aluminium n'a guère d'influence sur cet élément; dans la fonte grise, au contraire, il se produit une élimination du carbone total, élimination d'autant plus forte que la quantité d'aluminium est plus grande.

Cependant la perte réelle de carbone qui se produit par l'addition d'une certaine quantité d'aluminium à une fonte saturée doit être minime. Lorsqu'on procède à cette opération, il se produit une scorie abondante qui paraît consister surtout en un laitier alumifère mêlé à des fragments de l'alliage ferreux; comme cette scorie est noire et d'aspect graphiteux, on peut admettre qu'elle renferme la majeure partie du carbone disparu.

Analyse de l'Aluminium. — Le mode de production de l'aluminium, la diversité de sa composition qui change plus ou moins avec chaque appareil producteur, imposent aux fabricants de nombreuses analyses.

Si l'on se reporte aux prescriptions qui ont été indiquées par nous pour obtenir un métal homogène, on comprendra qu'il est indispensable d'analyser à chaque coulée et séparément, le métal de chacune des cuves électrolytiques.

Celles-ci sont en assez grand nombre lorsque la fabrication devient importante ; c'est ainsi que pour une production d'une tonne d'aluminium par jour, avec un courant de 6.000 ampères, il ne faut pas compter moins de 35 cuves et avec un courant de 8.000 ampères, moins de 25 cuves.

Comme il y a deux coulées par jour cela fait dans le dernier cas, un minimum de 50 analyses, qui doivent être faites rapidement car, de leurs résultats, dépendent certaines modifications à apporter dans la composition du bain, son mode d'alimentation ou dans la cuve elle-même.

Analyses Industrielles. du fer et du silicium. — Dans cette première période d'essais, on se contente de doser avec une approximation suffisante le fer et le silicium, qui sont les principaux éléments étrangers renfermés dans l'aluminium du commerce, les seuls, du reste, dont la teneur dépende de l'attention apportée à la fabrication. Les autres, comme le sodium, le carbone n'y sont qu'en traces ; le cuivre, le plomb qu'accidentellement. On arrive difficilement à produire de l'aluminium exempt de silicium ; il résulte, des essais auxquels ont été soumis de nombreux échantillons d'aluminium du commerce, que la teneur en silicium varie actuellement entre 1 et 5 millièmes ; elle était plus grande au début de l'application des procédés électrolytiques, parce qu'on employait alors, pour l'alimentation des bains, de l'alumine qui renfermait de plus grandes proportions de silice qu'aujourd'hui.

Lorsque l'aluminium est destiné à former des alliages avec les métaux lourds, fer, cuivre, zinc nickel, etc., il importe que sa teneur en silicium soit réduite au minimum, d'où la nécessité de faire un premier triage parmi les lots d'aluminium produit journellement, et cela au moyen d'analyses rapides, sauf à procéder plus tard à des essais plus rigoureux.

On pourrait s'étonner que le métal puisse retenir des quantités différentes de silicium si l'on introduit dans chaque cuve la même quantité d'alumine, de composition identique à elle-même si la production du métal est constante ; et si enfin la composition du bain, sa température sont toujours les mêmes.

Malheureusement, toutes les conditions qui, si elles étaient rigoureusement remplies, assureraient, en effet, au métal une teneur constante en silicium, il est difficile de les maintenir, surtout lorsqu'on a à diriger un grand nombre d'appareils.

Quelques précautions que l'on prenne, on n'est jamais sûr que l'alumine employée renferme dans toutes ses parties les mêmes proportions de silice, proportions qui tendent, du reste, à devenir de plus en plus faibles.

De même, la quantité d'alumine, introduite dans le bain pour un temps donné, celui d'une coulée par exemple, à l'état naturel anhydre, ou sous la forme de fluorure et d'oxyfluorure d'aluminium n'est pas rigoureusement constante. On la règle suivant la composition du bain qui, elle-même, ne reste pas constante.

Enfin la quantité du métal produit n'est pas seulement fonction de l'intensité du courant et de la quantité d'alumine apportée aux bains ; le phénomène est plus complexe ; la composition du bain et sa température jouent aussi un rôle dans la production. Aussi, pour une quantité d'électricité et d'alumine donnée, on n'obtient pas toujours le même poids de métal.

Il résulte de toutes ces observations que la teneur en silicium peut varier, comme nous le disions plus haut, du simple au quintuple.

Il en est de même pour le fer, bien que ce dernier ait une autre source que le silicium.

Les composés d'alumine, les autres sels, introduits dans le bain, de même les électrodes ne renferment ou ne doivent renfermer que des traces de fer ; aussi celui que l'on trouve dans l'aluminium provient-il presque uniquement de la cuve électrolytique.

Celle-ci est généralement en fer, fonte ou acier ; elle est garnie intérieurement d'une couche épaisse de charbon aggloméré et sert de cathode.

La garniture en charbon laisse filtrer plus ou moins le bain qui peut prendre ainsi contact avec la cuve ; d'où introduction de fer dans la masse du bain, et plus tard dans l'aluminium.

Lorsque la cuve, munie de sa garniture de charbon aggloméré, est à son début, le bain filtre peu à travers la garniture ; si cette dernière est bien agglomérée et si la température ne dépasse pas une certaine limite, la teneur en fer n'excède guère 3 à 4 millièmes.

Au bout de quelques jours de marche la garniture perd de son homogénéïté ; la quantité de bain qui la traverse et se met au contact de la cuve, devient plus appréciable ; la proportion de fer dans l'aluminium atteint une valeur moyenne de 7 millièmes.

Avec quelques soins, on peut se maintenir dans ces conditions pendant un temps assez long, quinze jours à trois semaines ; puis vient une période où la teneur en fer augmente progressivement de 7 à 15 millièmes ; le métal produit peut encore se travailler assez facilement, mais il ne saurait être employé pour la formation d'alliages qu'avec précautions.

On sait, en effet, que l'aluminium allié ne doit pas renfermer plus de 30/0 de métaux lourds, fer compris.

La garniture se détériore de plus en plus et, finalement, se trouve percée : le bain est alors en contact direct avec la cuve et l'aluminium renferme de grandes quantités de fer allant jusqu'à 14 centièmes.

En général, la période pendant laquelle la cuve produit de l'aluminium à 3 millièmes de fer ou au-dessous est de 4 à 5 jours ; celle où la teneur oscille entre 3 et 7 millièmes, est de

20 jours ; la période où le métal devient de plus en plus ferreux est très variable ; nous avons eu des cuves à Saint-Michel, pour lesquelles cette période a duré plus de trente jours et qui produisaient du métal avec une teneur moyenne en fer de 13 millièmes.

On tolère dans l'aluminium du commerce destiné à la formation des alliages légers une teneur de 7 millièmes pour le fer, 5 millièmes pour le silicum. Il serait très important toutefois d'obtenir en grand un aluminium plus pur et qui résistât mieux aux actions corrosives des aliments ou de l'eau de mer ; ce qui assurerait au métal une rapide extension.

Quoiqu'il en soit, on comprend l'intérêt que présente l'analyse de chaque coulée ; cela permet de faire un premier classement ; on pourra opérer ensuite des mélanges avec les diverses séries d'aluminium déjà classées, suivant l'application indiquée.

Le dosage rapide du silicium et du fer peut s'opérer ainsi :

On pèse *un* gramme du métal à analyser, que l'on dissout dans un léger excès d'acide chlorhidrique ; on réduit ensuite, au minimum par l'ébullition, la quantité d'acide libre.

La majeure partie du silicium que renfermait l'aluminium, surtout lorsque la teneur en fer est faible, étant à l'état graphitique, n'est pas attaquée et peut être aisément séparée de la liqueur-acide par filtration ; une simple pesée, après incinération, donnera le poids du silicium graphitoïde qui retient quelques traces de fer, de carbone et d'aluminium.

On peut considérer comme suffisamment précises les indications que donne cette méthode pour le classement des diverses coulées d'une journée ; plus tard lorsque, par un mélange judicieux et une série de fusions, on aura obtenu une grande quantité d'aluminium homogène, on devra procéder à une analyse plus précise et nous engageons l'industriel à s'en rapporter pour cela aux prescriptions données plus loin.

La détermination du fer dissous à l'état de chlorure au minimum, s'opère d'une façon rapide et bien suffisante au moyen d'une liqueur titrée de permanganate de potasse équivalente à 1 gramme de fer par litre.

Industriellement la proportion d'aluminium se calcule par différence.

On doit à M. Gall une série d'articles (1), sur la séparation de l'alumine et de l'oxyde ferrique qu'on lira avec intérêt ; nous reproduirons également les travaux de M. Moissan sur l'analyse de l'aluminium du commerce et les impuretés, qui ont élucidé complètement ces deux questions.

Etude de M. Gall. — SÉPARATION DE L'ALUMINE ET DE L'OXYDE FERRIQUE.

Par la triméthylamine. — On sépare aisément les deux oxydes en utilisant la solubilité de l'alumine dans la triméthylamine ; il se forme très probablement un aluminate de triméthylamine. L'oxyde de fer insoluble est séparé par filtration (Vignon, *C. R.*, 100, 639).

---

(1) Extrait du deuxième supplément au dictionnaire de Wurtz, page 190.

Par le nitroso - ß - naphtol. — Les sels ferreux et ferriques sont précipités par le nitroso-ß-naphtol en solution acétique, tandis que l'alumine reste en solution : la solution des sels ferrique et aluminique, suffisamment concentrée, est neutralisée par l'ammoniaque, puis additionnée d'acide acétique à 50 0/0 et d'un excès de solution de nitroso-naphtol dans le même acide. Après 6 ou 8 heures, on recueille le précipité, on le lave avec de l'acide acétique faible, puis avec de l'eau ; on le sèche et on le calcine dans un petit creuset de porcelaine ; pour empêcher qu'il ne déflagre, on ajoute un peu d'acide oxalique pur ; quant à l'alumine, elle se trouve en totalité dans la liqueur filtrée. La méthode n'est pas applicable en présence des phosphates (Ilinski et de Knorre, *D. chem. G.*, 18, 2728 ; *Bull. Soc. Chim.* (2), 46, 510).

Par l'électrolyse (Classen et Ludwig, *D. chem. G.*, 18, 1795 ; *Bull. Soc. Chim.* (2). 45, 892). — On opère en présence d'un assez grand excès d'oxalate d'ammonium avec un courant de faible intensité (1 1/4 ampère environ), en ayant soin de ne pas laisser la température s'élever : on sépare ainsi l'aluminium du fer, du cobalt, du nickel et du zinc. Si on laisse se prolonger outre mesure la durée de l'électrolyse, l'aluminium se précipite à l'état d'hydrate d'alumine, *jamais à l'état de métal*; dans ce cas, il devient nécessaire de rajouter de l'acide oxalique jusqu'à dissolution de l'hydrate d'alumine (A. Classen. *Quant. chem. Analyse durch Electrolyse.* Berlin, 1886). Les résultats sont très précis, malgré les assertions contradictoires de M.Wielandt (*D. chem. G.*, 17, 1611 et 2931).

Dosage volumétrique de l'aluminium. — M. J. Bayer indique (*Zeit. anal. Chem.*, 24, 542) une méthode très simple de dosage de l'aluminium, qui peut être appliquée à l'analyse des aluns, sulfates d'alumine du commerce, ainsi qu'aux fabrications d'aluminate de sodium dont la surveillance est facilitée. On additionne le sel d'aluminium d'une quantité de soude caustique suffisante pour amener l'alumine à l'état d'aluminate de sodium; quand il s'agit d'un aluminate alcalin, toute addition est superflue. On détermine sur deux portions égales du liquide la quantité d'acide normal nécessaire pour rougir le tournesol et la tropéoline; dans le premier cas, l'acide agit uniquement sur la base qui tient l'alumine en solution ($Al^2 O^3$. n $Na^2 O$); dans le second cas, on sature également l'alumine; le nombre de centimètres cubes qui exprime la différence des deux titrages, multiplié par $0^{gr},01713$ donne la teneur en alumine $Al^2 O^3$ ($Al = 27,5$). La solution doit être exempte de métaux susceptibles de se combiner avec la soude (Sn, Zn, Ph, Sb, Cd). Il convient de tenir compte de ce fait dans l'examen des produits du commerce, qui renferment fréquemment du zinc. Dans le traitement des solutions d'aluminate, on trouve des résultats plus exacts que par les méthodes industrielles actuelles, dans lesquelles la silice, l'acide chromique, etc., sont précipités par l'ammoniaque et pesés avec l'alumine.

On dose l'acide sulfurique libre dans les sulfates d'alumine en titrant en présence de la tropéoline, qui jaunit dès que l'acide libre est saturé par l'alcali.

Analyse de l'aluminium du commerce. — M. Henri Moissan a présenté à l'Académie des sciences (*Comptes rendus*, 9 décembre 1895, p. 850) une note très intéressante sur ce sujet qui trouve naturellement sa place dans ce chapitre.

Les impuretés que l'on rencontre dans l'aluminium industriel, modifiant profondément ses propriétés, il est important d'en faire l'analyse d'une façon aussi exacte que possible. Les procédés employés jusqu'ici dans l'industrie laissent, le plus souvent, beaucoup à désirer, soit que l'on regarde comme du silicium le résidu ferrugineux que l'aluminium abandonne par son attaque à l'acide chlorhydrique, soit que l'on dose l'aluminium par différence.

Essais préliminaires. — Rechercher d'abord si l'aluminium contient du Cu. Faire dissoudre 2 gr. d'Al dans l'acide chlorhydrique étendu et traiter cette solution par un courant d'H^2S. Si la teneur en Cu est très faible, chauffer légèrement la solution et la maintenir tiède pendant quelques heures, après le passage de H^2S. On filtre et on recherche Cu qualitativement dans le résidu.

L'analyse qualitative est conduite ensuite de façon à constater la présence du silicium, du fer, du carbone, de l'azote, du titane et du soufre.

1° *Aluminium sans cuivre. Dosage du silicium.* — On pèse 3 gr. environ de métal qui sont attaqués par HCl pur étendu au 1 10. Quand il existe un résidu de couleur grise (contenant du silicium, du fer, de l'aluminium et du charbon), on sépare cette poudre et on l'attaque par une petite quantité de carbonate de soude en fusion. dans un creuset de platine. Le contenu du creuset est repris par HCl étendu et cette solution est réunie à la première. Le liquide est placé dans une capsule de porcelaine et maintenu au bain-marie jusqu'à dessiccation. La capsule est ensuite portée dans une étuve à air chaud dont la température est de 125°. Le résidu doit être alors absolument blanc, pulvérulent, et ne doit plus s'attacher à l'agitateur. Pour obtenir ce résultat, il est bon de gratter les parois de la capsule avec une spatule de platine, et d'écraser les grumeaux qui se sont produits avec un pilon en agate. On retire la capsule après douze heures de séjour à l'étuve à air chaud, lorsque l'on a constaté qu'un agitateur mouillé d'ammoniaque, placé au-dessus du résidu, ne donne plus de fumées blanches, ce qui indique que tout dégagement d'HCl a cessé.

La dessiccation étant terminée, on reprend par de l'eau distillée tiède dans laquelle on ajoute le moins possible de HCl. On porte le liquide à l'ébullition pendant quelques minutes, la silice reste insoluble, puis on jette le résidu sur un filtre. Après lavage et dessiccation, on calcine et l'on pèse.

Pour s'assurer que cette silice ne renferme pas d'alumine ou d'oxyde de fer, on verse de l'acide fluorhydrique pur dans le creuset de platine qui a servi à la dernière calcination. Après évaporation à sec au bain de sable, il ne doit rester aucun résidu.

Dosage de l'aluminium et du fer. — La solution primitive de l'aluminium dans l'acide chlorhydrique au 1 10, après séparation de la silice, a été étendue d'eau de façon à former 500 cc. On prend 25 cc. de cette solution correspondant à 0 gr. 150 d'Al, on neutralise à froid par l'ammoniaque et l'on précipite les deux oxydes par du sulfure d'ammonium récemment préparé. On laisse le mélange en digestion pendant une heure. Le précipité est ensuite jeté sur un filtre, lavé, séché, calciné et pesé.

L'auteur n'a pas employé l'ammoniaque pour cette précipitation, car, pour qu'elle soit complète, la solution ne doit pas être trop étendue et doit renfermer une assez grande quantité de sels ammonicaux et très peu d'ammoniaque libre. On peut, il est vrai, se débarrasser de l'excès d'ammoniaque par l'ébullition; mais, dans ce cas, on doit s'arrêter dès que la liqueur n'est plus que légèrement alcaline; si l'on dépasse ce point, l'alumine réagit lentement sur le sel ammoniacal, et le liquide prend une réaction acide. A cause de ces petites difficultés, l'auteur a préféré la précipitation par le sulfure d'ammonium.

L'alumine précipitée est, comme on le sait, très difficile à laver. Il est indispensable que le lavage se fasse par décantation dans un verre de Bohême, de forme cylindrique, et avec de l'eau bouillante. Le lavage est terminé lorsque l'eau surnageante ne contient plus de chlorure. Le précipité est jeté sur un filtre, séché, calciné et pesé. On obtient ainsi le poids d'alumine et de sesquioxyde de fer contenu dans l'aluminium. Le fer, d'abord précipité à l'état de sulfure hydraté, s'oxyde rapidement par le lavage de la calcination.

Il est très important aussi de dessécher avec soin cette alumine avant de la porter au rouge. De plus, la calcination doit être opérée avec lenteur, parce que l'alumine desséchée, décrépite parfois quand on la chauffe fortement. Enfin la calcination doit être poussée assez loin, car l'alumine ne perd complètement l'eau qu'elle renferme que sous l'action d'une température assez élevée.

Dosage du fer. — Pour doser le fer, on prend 250 cc. de la liqueur primitive après séparation de la silice. Cette solution est réduite par l'évaporation à un volume d'environ 100 cc. On ajoute de la potasse caustique bien exempte de silice (il est important de s'assurer que la potasse ne renferme pas de silice), qui précipite d'abord le fer de l'alumine et, lorsque cette potasse est en excès, l'alumine disparaît.

On maintient le mélange pendant 10 minutes à une température voisine de l'ébullition. Le précipité est lavé cinq ou six fois à l'eau bouillante, par décantation, puis jeté sur un filtre. On reprend ce précipité par HCl étendu, et l'on recommence une nouvelle précipitation par un excès de potasse. Après lavage et filtration, on reprend encore par HCl et, cette fois, on précipite le fer par l'ammoniaque.

Le précipité est jeté sur un filtre, lavé, calciné et pesé. On obtient ainsi le poids du sesquioxyde de fer. Proportionnellement, on retranche du poids des deux oxydes obtenus dans les opérations précédentes, le poids du sesquioxyde ferrique et la différence fournit le poids de l'alumine.

Dosage du sodium. — Cette méthode de dosage est basée sur ce que l'azotate d'aluminium se détruit par la chaleur en fournissant de l'alumine à une température inférieure à celle de la décomposition de l'azotate de sodium.

On prend 5 grammes d'aluminium (renfermant ou non du cuivre) en limaille ou en lames ; on les attaque, dans un vase conique, par l'acide azotique, (dans cette attaque, il est bon de placer un petit entonnoir sur l'ouverture du vase conique, de façon à retenir le liquide pulvérisé entraîné par le dégagement de gaz et de vapeurs) étendu de son volume d'eau et à une douce température. L'attaque ne se fait pas à froid, mais il faut élever la température avec précaution, car la chaleur dégagée par la réaction peut être assez grande pour occasionner un dégagement gazeux très violent.

La solution est concentrée dans une capsule de platine, au bain-marie, puis évaporée à sec au bain de sable ou à feu nu. Le résidu est amené à l'état pulvérulent au moyen d'un pilon d'agate. On chauffe ensuite à une température qui est inférieure au point de fusion de l'azotate de sodium et jusqu'à ce que tout dégagement de vapeurs nitreuses ait cessé. On reprend ensuite par l'eau bouillante, on décante le liquide et l'on recommence trois ou quatre fois le lavage de l'alumine (la première solution filtrée abandonne souvent, après refroidissement, une quantité variable d'alumine qui se prend en gelée).

On lave en même temps le pilon et la capsule, et toutes les eaux de lavage, additionnées de quelques gouttes d'acide azotique, sont évaporées à sec. On reprend trois fois par l'eau bouillante, de façon à éliminer chaque fois une nouvelle quantité d'alumine qui se trouvait mélangée à l'azotate alcalin. Finalement, on traite par l'eau bouillante, on évapore dans une capsule de porcelaine, on filtre, on additionne le liquide d'un léger excès de HCl pur, et on l'évapore à siccité. On ajoute une nouvelle quantité d'HCl et, après évaporation, on chauffe à 300 degrés pour chasser tout excès d'acide. Le chlorure de sodium restant est dosé sous forme de chlorure d'argent. De la pesée de ce dernier, on déduit la quantité de Cl et l'on prend le poids de Na qui lui correspond (1).

Dosage du carbone. — On prend 2 grammes du métal sous forme de copeaux ou de limaille, et on les triture au mortier avec 10 grammes à 15 grammes de bichlorure de mercure en poudre additionné d'une petite quantité d'eau. Le mélange est évaporé au bain-marie dans une capsule, puis placé dans une nacelle de porcelaine qui sera ensuite chauffée dans un courant d'hydrogène pur. Cette nacelle est placée dans un tube de verre de Bohême, traversé par un courant d'oxygène bien exempt d'acide carbonique et chauffé au rouge. Le courant gazeux traverse un tube

---

(1) Se mettre à l'abri, pendant tout le dosage, des poussières de verre qui se rencontrent en abondance dans l'atmosphère des laboratoires.

de Liebig contenant une solution de potasse et deux petits tubes en U remplis de fragments de potasse fondue. L'augmentation de poids de ces différents tubes donne, en acide carbonique, la quantité de carbone contenu dans l'aluminium.

2· *Analyse des alliages de cuivre et d'aluminium.* — *Dosage du cuivre.* — Lorsque l'alliage renferme jusqu'à 6 0/0 de cuivre, on dissout 0 gr. 500 de métal par l'acide nitrique bien exempt de Cl, on étend cette solution de façon à occuper un volume de 50 cc. et le dosage se fait par la méthode électrolytique due à M. Lecoq de Boisbardran, en prenant le dispositif de M. Riche. L'intensité du courant employé est de 0,1 ampère ; l'opération dure six heures si elle est faite à 60 degrés, vingt-quatre heures si elle est faite à froid. Lorsque l'électrolyse est terminée, le cuivre, après avoir été lavé et séché, est pesé à l'état métallique.

Dosage du silicium, de l'aluminium et du fer. — Le cuivre étant éliminé à l'état de sulfure par $H^2 S$, on dose l'alumine, le fer et le silicium ainsi qu'il a été indiqué précédemment.

Conclusions. — Analyse de deux échantillons d'aluminium provenant de Kalsruch, 1893 et de Pittsburg, 1895.

Aluminium	96,12	98,82
Fer	1,08	0,27
Silicium	1,94	0,15
Cuivre	0,30	0,35
Sodium	»	0,10
Carbone	»	0,41
Azote	»	traces
Titane	»	traces
Soufre	»	néant
	100,10	99,44

Les données fournies par l'analyse sont insuffisantes pour établir seules la valeur du métal ; il faut y joindre les propriétés mécaniques : allongement, limite d'élasticité et charge de rupture.

Impuretés de l'aluminium industriel. — L'industrie de l'aluminium, fondée en France par Henri Sainte-Claire Deville, en 1854, se transforme actuellement avec une très grande rapidité. Depuis que ce métal a pu être obtenu par la décomposition de l'alumine au moyen de courants intenses, sa préparation est devenue assez pratique pour que le prix du métal soit descendu à 5 francs le kilogramme. De plus, le progrès si rapide de cette industrie permet d'espérer que le prix actuel pourra être assez facilement diminué.

Il est probable que les qualités de ce métal si léger se prêteront, dès lors, à de nombreuses applications.

Les points secondaires qui demandent de nouvelles recherches, tels que l'affinage de l'aluminium ou la préparation à bon marché de l'alumine pure, en partant de la bauxite ou du kaolin, ne tarderont pas, sans doute, à être résolus.

L'alumine industrielle a déjà quelques débouchés; outre son emploi dans l'affinage des aciers et des fontes (1), quelques-uns de ces alliages présentent des propriétés très curieuses.

Nous ajouterons seulement que l'aluminium

---

(1) Cet affinage de l'acier a été étudié, en Angleterre, par M. Hadfield, et en France, par M. Le Verrier.

produit par les différents procédés électrolytiques n'est jamais pur et que sa composition est
assez variable; tous les métallurgistes savent
combien les propriétés chimiques et physiques
d'un métal varient avec des traces de corps
étrangers. Il y aurait donc tout intérêt pour l'industrie à chercher à obtenir un aluminium aussi
pur que possible, dont les propriétés devien-
draient constantes et fourniraient toujours les
mêmes résultats.

Les impuretés de l'aluminium industriel
signalées sont au nombre de deux: le fer et le
silicium.

Le fer provient du minerai, des électrodes et
des creusets. La pureté de l'alumine et la fabrication soignée des électrodes et des creusets
semblent devoir l'écarter. M Minet a publié
d'intéressantes expériences sur ce sujet et a bien
établi quelle pouvait être l'influence fàcheuse
exercée par une petite quantité de fer.

Le silicium provient aussi, en partie, des
électrodes et des creusets, mais surtout de l'alumine employée. La présence de ce métalloïde
semble plus difficile à éviter. Bien que, dans
certains cas, ce corps simple ne présente aucune
action nuisible, nous avons pu en diminuer facilement la teneur par une simple fusion du métal
sous une couche de fluorure alcalin (1).

Mais, en dehors du silicium et du fer, il existe
couramment, dans l'aluminium industriel, deux
autres impuretés qui n'ont pas été signalées

____

(1) L'échantillon d'aluminium que nous avons utilisé
dans cette étude présentait la composition suivante:

jusqu'ici. Nous voulons parler de l'azote et du carbone.

Lorsqu'on traite un fragment d'aluminium industriel par une solution de potasse à 10 0/0, le métal est rapidement attaqué et l'hydrogène, qui se dégage en abondance, entraîne une très petite quantité de vapeurs ammoniacales. On peut en démontrer l'existence en faisant passer, bulle par bulle, l'hydrogène dans le réactif de Nessler.

Il ne tarde pas à se produire une coloration ; enfin, un précipité plus ou moins abondant. Il est très important, dans cette réaction, d'employer de la potasse absolument pure.

Lorsqu'on fait passer un courant d'azote dans de l'aluminium en fusion, on le sature de gaz, et le métal ainsi obtenu nous a présenté une petite diminution dans sa charge à la rupture et dans son allongement. La présence de l'azote fait donc varier les propriétés physiques de l'aluminium.

M. Mallet, professeur à l'Université de Virginie, avait indiqué, dès 1876, l'existence d'un azoture d'aluminium ; c'est à ce corps, légère-

Aluminium	98.02
Fer	0.90
Silicium	0.81
Carbone	0.08
Azote	traces
	99.81

Aprés fusion sous une couche de fluorures alcalins, il ne contenait plus que 0.37 de silicium 0/0.

ment soluble dans l'aluminium, que doivent être attribués ces changements de propriétés (1).

Nous avons rencontré le carbone dans les aluminiums industriels d'une façon constante et en plus grande quantité que l'azote. Lorsqu'on traite une centaine de grammes d'aluminium par un courant d'acide chlorydrique bien exempt d'oxygène, il reste un résidu gris. Cette matière, reprise par l'acide chlorydrique étendu, donne un carbone amorphe, très léger, de couleur marron, qui brûle entièrement dans l'oxygène en donnant de l'acide carbonique ; ce carbone ne contient pas trace de graphite. On peut doser ce carbone en attaquant une dizaine de grammes d'aluminium par une solution concentrée de potasse. On reprend le résidu par l'eau, puis on le sèche et, enfin, on le brûle dans un courant d'oxygène. Du poids d'acide carbonique recueilli, il est facile de déduire le poids de carbone. Nous avons trouvé ainsi les chiffres suivants : carbone p. c. : 0,104, — 0.108 et 0.080.

L'action exercée par ce métalloïde sur les propriétés physiques de l'aluminium nous semble bien caractéristique.

Pour la mettre en évidence, nous avons fait fondre au creuset un aluminium de bonne qualité : nous en avons coulé une partie dans une

(1)	Limite d'élasticité	Charge de rupture	Allongement
	—	—	—
Aluminium fondu	7.500 kg.	11.102 kg	9mm.
Aluminium saturé d'azote........	6.500 —	9.600 —	6 —

lingotière ; puis, dans la masse restante. encore liquide, nous avons fait dissoudre du carbure d'aluminium cristallisé préparé au four électrique. Quelques instants plus tard, on coulait un nouvel échantillon du métal, et l'on avait ainsi deux échantillons, l'un d'aluminium fondu, l'autre d'aluminium carburé.

On a découpé, dans ces lingots, des éprouvettes ; tandis que l'aluminium fondu présentait, par millimètre carré, une charge de rupture de 11.100 kil. et un allongement p. c. de 9 mm., l'aluminium carburé ne présentait plus qu'une charge de rupture qui a oscillé entre 8.600 et 6.500 kil. et un allongement p. c. de 3 à 5 mm.

En résumé, l'aluminium industriel, outre le fer et le silicium, contient une petite quantité de carbone et des traces d'azote. Ces différents corps modifient notablement les propriétés de l'aluminium, mais il est à espérer que l'électro-métallurgie pourra produire bientôt un métal plus pur et de composition constante.

Revêtement de l'aluminium par les autres métaux. — Un grand nombre d'expériences avaient été effectuées, jusqu'à ces derniers temps, sans beaucoup de succès. Le cuivrage, la dorure et l'argenture de l'aluminium s'obtenaient difficilement ; il semble cependant que si les recherches récentes n'ont pas complètement résolu le problème, elles indiquent la voie à suivre pour arriver à une solution complète. Parmi les travaux les plus remarquables, se rapportant à cette question, les expériences de M. Margot, préparateur au cabinet de physique de l'Université de Genève, méritent d'être citées; nous en reproduisóns ici les parties principales :

RECHERCHES DE M. MARGOT

Cuivrage galvanique de l'aluminium.

Le recouvrement de l'aluminium par d'autres métaux au moyen du courant électrique n'a donné jusqu'à ce jour que des résultats défectueux, que l'on peut attribuer en partie à la nature des bains employés qui corrodent l'aluminium, mais surtout à la présence d'une pellicule d'alumine qui fait obstacle au contact parfait des surfaces métalliques. Aussi le métal déposé sur l'aluminium par voie galvanique se présente-t-il à l'état pulvérulent, ou s'il est franchement métallique, c'est le cas du dépôt de cuivre effectué dans un bain de sulfate de cuivre, il se détache en larges écailles à la moindre flexion de la pièce ou sous la pression d'un brunissoir. La réussite du cuivrage de l'aluminium offre un intérêt considérable pour l'industrie, car, par cet intermédiaire, l'argenture, la dorure ou le nickelage de ce métal pourraient aisément se réaliser. Ce métal léger se prêtant à la création d'une foule d'objets d'utilité courante ou de luxe, serait plus vite adopté s'il se présentait sous un aspect plus engageant et à l'abri de la patine terne qu'il prend à l'usage.

Le problème à résoudre pour obtenir l'adhérence du dépôt de cuivre consiste essentiellement à débarrasser le métal de la couche d'oxyde qui le recouvre lors de la mise au bain, et d'en prévenir la formation ultérieure dans le bain de cuivrage lui-même. L'observation suivante, faite au cours des essais que nous avons entrepris dans ce but, nous a indiqué la voie à suivre.

Lorsqu'on décape une feuille d'aluminium dans l'acide chlorhydrique ou mieux dans une solution chaude et un peu concentrée de cet acide, et qu'on la plonge ensuite dans un bain de sulfate de cuivre, on remarque un dégagement de gaz très abondant et l'aluminium se recouvre instantanément d'une couche de cuivre spongieux et peu adhérent. Le même fait ne se produit pas avec l'aluminium plongé dans le bain de cuivre sans l'avoir préalablement immergé dans une solution d'acide chlorhydrique.

Ce procédé très imparfait ne donne, ainsi qu'il est dit plus haut, qu'un dépôt pulvérulent et sans adhérence : il n'en est plus de même en opérant de la manière suivante : l'objet à cuivrer, en aluminium pur, est préalablement décapé dans une solution chaude de carbonate alcalin, soude ou potasse, de façon à rendre la surface striée et poreuse. Cet état de porosité de la surface est nécessaire pour faciliter l'adhérence du métal déposé. L'objet est ensuite lavé à grande eau, soigneusement nettoyé et brossé ; puis on l'immerge pendant quelques instants dans une solution chaude et diluée de 1/10 à 1/20 d'acide chlorhydrique. Cette solution attaquant le métal, le recouvre d'une couche de chlorure d'aluminium, qui le met à l'abri de l'oxydation; puis l'objet est immergé un temps très court dans un baquet d'eau. L'excès de chlore disparaît, mais il en reste suffisamment dans les pores du métal pour que, par l'immersion dans une solution peu concentrée et légèrement acide de sulfate de cuivre il se produise un beau dépôt adhérent de cuivre sur l'aluminium, tandis qu'un dégagement abondant de gaz se manifeste. Ce premier dépôt de cuivre peut être suffisant dans bien des cas, mais il peut être continué par le courant électrique. On peut même faire les deux opérations simultanément, c'est-à-dire mettre l'objet à cuivrer en contact avec une source d'électricité de façon que le courant électrique passe à travers le bain de sulfate de cuivre au moment même où l'objet y est plongé. Cependant il est préférable d'opérer un cuivrage préalable par simple immersion dans le bain de cuivre, et, après un lavage à grande eau, de le terminer par un courant électrique. Comme on le sait, l'aluminum n'est pas attaqué sensiblement à froid par l'acide sulfurique pur ou dilué, ni même en présence d'un autre métal, et il ne précipite pas non plus le cuivre du sulfate de cuivre, ce que font par exemple le fer, le zinc et d'autres métaux avec une grande énergie ; le phénomène change entièrement de nature si la surface de l'aluminium retient des traces de chlore libre ou combiné sous la forme de chlorure d'aluminium. On peut supposer que le chlore agit comme un intermédiaire, qui provoque par suite de réactions l'attaque continue de l'aluminium. En effet, on peut admettre que le chlore se combine au métal pour former du chlorure d'aluminium, lequel est lui-même décomposé par l'acide sulfurique pour former du sulfate d'alumine soluble, tandis que le chlore mis de nouveau en liberté reforme du chlorure, d'aluminium et que le cuivre de même libéré se dépose sur l'aluminium. très heureusement pour le but à atteindre, non à l'état pulvérulent, mais métallique et adhérent. L'action chimique, une fois commencée, persiste jusqu'à décomposition complète du bain de cuivrage ; aussi, trop prolongée, devient-elle préjudiciable à la solidité du dépôt de cuivre, le métal sous-jacent continuant à être attaqué visiblement, tandis que le dégagement de gaz tend à soulever le cuivre. La première couche obtenue en quelques secondes par simple trempage, il est nécessaire de laver l'objet dans l'eau courante, et de le mettre seulement alors en communication avec le courant électrique. Le dégagement de gaz, ainsi que toute attaque nuisible, cessent complètement par la disparition des dernières traces de chlore ou de chlorure d'aluminium, et le cuivre se dépose régulièrement jusqu'à l'épaisseur que l'on juge suffisante d'obtenir.

La manière d'opérer peut donc être résumée:

1° Décapage au moyen d'un carbonate alcalin pour rendre la surface de l'aluminium striée et poreuse.

2° Après un fort lavage à l'eau courante, immersion dans une solution chaude d'acide chlorhydrique au 1/20 environ

3° Lavage superficiel à l'eau pure.

4° Mise au bain de simple trempé dans une solution peu concentrée et légèrement acide de sulfate de cuivre jusqu'à obtention d'un dépôt uniforme.

5° De nouveau lavage à grande eau pour chasser toute trace de chlore.

6° Mise au bain traversé par le courant électrique.

L'aluminium cuivreux (celui que l'on utilise pour sa grande résistance mécanique est à 6 0/0 de cuivre) se laisse aussi facilement recouvrir que l'aluminium pur. Le décapage ne doit alors pas se faire aux carbonates alcalins, mais dans une solution chaude et diluée d'acide nitrique qui produit une surface mate très belle et extrêmement blanche. Cet alliage se laisse remarquablement bien cuivrer par la méthode du simple trempage, après immersion dans le bain d'acide chlorhydrique, mais on peut aussi, sans cette précaution préalable, le cuivrer directement par voie électrique et obtenir un dépôt adhérent.

« La formation d'une couche d'oxyde qui tend constamment à se former sur l'aluminium peut être démontrée par la variante suivante d'une expérience due à Van der Weyde (1), et dont l'auteur attribue le résultat à la présence d'une couche d'oxygène sur l'aluminium.

« Si l'on emploie dans l'électrolyse du sulfate de cuivre une anode en cuivre et une cathode en aluminium, et que l'on fasse passer le courant, par conséquent, dans l'intérieur de l'électrolyte du cuivre à l'aluminium, la résistance du bain est la même que

----

(1) Van der Weyde. Du rôle de l'aluminium dans les couples voltaïques. *Lumière électrique*, 1887, t. XXIII.

si les deux électrodes étaient en cuivre, l'intensité du courant dépendant du nombre d'éléments employés et de la résistance du bain. Le cuivre se dépose donc sur l'aluminium d'une façon normale. Par contre, si l'on renverse le sens du courant, de telle sorte qu'il chemine de l'aluminium au cuivre, l'oxygène naissant se dégageant sur la lame d'aluminium, l'oxyde et forme ainsi une pellicule qui offre une résistance telle au passage du courant que celui ci cesse presque entièrement. On peut même augmenter graduellement la force électromotrice de la pile (nous avons poussé l'expérience jusqu'à 20 volts) sans produire une augmentation proportionnelle de courant avec le nombre des éléments employés. Ce n'est pas à proprement parler un phénomène de polarisation de la lame d'aluminium, cette force contre-électromotrice serait assez vite dépassée, mais bien une résistance due à la formation d'une couche d'alumine. A cette occasion M. Van der Weyde faisait observer très justement que c'est à tort que l'on trouve souvent cité l'emploi de l'aluminium pour remplacer le platine dans la pile de Grove, un phénomène identique au précédent se produisant sur la lame d'aluminium, qu'il attribue à la présence d'une couche d'oxygène mais non d'oxyde, ainsi que nous le supposons ici. L'expérience montre, en effet, que la pile de Grove ainsi modifiée ne produit plus qu'un très faible courant électrique.

Dorure et argenture. — Cette question n'a pas fait beaucoup de progrès depuis 1892, année

où a paru notre premier volume sur l'aluminium.

Voici cependant un procédé qui, d'après M.
Lejeal, donnerait d'assez bons résultats, lorsqu'on se contente de déposer une couche d'argent relativement mince.

La pièce à argenter est chauffée environ à 300
degrés, puis on frotte avec un tampon saupou-
dré de chlorure d'étain ; il se produit une couche d'étain adhérente sur laquelle l'argent se dépose assez bien.

La Société Vienne frères a proposé un bain
qui réussirait également ; la *Lumière Electri-
que* du 11 juillet 1891 en a fait la description
suivante :

Les pièces à dorer sont tout d'abord décapées
à l'eau forte ou acide azotique. On chauffe vers
70 et 80 degrés jusqu'à complet blanchiment.

A la place d'acide nitrique on pourrait employer, pour décaper tout autre corrosif donnant
les mêmes résultats ; mais l'acide nitrique paraît le meilleur et le plus pratique.

On finit de décrasser les pièces à la ponce
fine, de la façon connue. Les pièces ainsi pré-
parées, on les pose successivement dans les
bains d'argent et d'or, de composition suivante :

Bains d'argent

Argent vierge......... 20 gr.
Cyanure de potassium. 60 gr.
Eau distillée......... 1 kilogr.

Bains d'or

Or.....................	7 gr.
Sulfite de soude.......	49 gr.
Cyanure de potassium.	23 gr.
Phosphate de soude...	23 gr.
Eau distillée..... ...	1 kilogr.

Ce bain est employé à la température de 20 à 35 degrés. Il est évident que l'on peut remplacer le cyanure de potassium par une quantité d'acide prussique produisant une action équivalente.

Nous avons proposé, M. Margot et moi, d'argenter l'aluminium, après avoir déposé, sur ce dernier métal, une couche de cuivre mince et très adhérente au moyen de la méthode indiquée par M. Margot et décrite plus haut.

On peut aussi revêtir l'aluminium d'une couche de cuivre, de nickel et, d'une façon générale, d'une couche de tous les métaux qui peuvent être appliqués sur le cuivre.

Méthode d'argenture directe de l'aluminium (MINET). — Je crois que l'on pourrait arriver à argenter directement l'aluminium en prenant quelques précautions.

Si l'on n'arrive que très difficilement à argenter l'aluminium directement, cela tient à ce que l'on opère d'habitude avec un bain de galvanoplastie neutre ou alcalin.

Dans ces conditions l'aluminium tend à se recouvrir d'une couche d'oxyde qui ne se redissout pas et s'oppose au dépôt de l'argent.

On obtiendrait de bons résultats en employant les procédés de préparation des pièces et de décapage décrits par M. Margot pour le cuivrage et en utilisant comme bain une solution de fluorure double d'argent et de sodium, légèrement acidulée par l'acide fluorhydrique.

L'objet en aluminium est préalablement décapé dans une solution faible et chaude de carbonate alcalin, pour rendre sa surface striée et poreuse ; puis lavé à grande eau et plongé dans une solution chaude et diluée d'acide fluorhydrique avant d'être fixé dans le bain en fluorure d'argent.

L'acide fluorhydrique contenu dans le bain, dissout l'alumine qui a pu se former sur la surface de l'objet ; le dépôt d'argent s'opère très bien par le passage d'un faible courant.

Lorsqu'on a à argenter une grande pièce en aluminium, on évite en partie les diverses opérations de décapage et de nettoyage, en établissant dans le bain d'argent cette pièce au pôle positif au début du passage du courant.

Le fluor se porte sur l'objet et produit un décapage électrique très énergique. Lorsqu'on considère le décapage comme suffisant, on inverse le courant et l'argent se dépose alors sur l'objet qui correspond maintenant au pôle négatif avec une adhérence suffisante pour résister au brunissoir.

Dépôts métalliques divers sur l'aluminium. — M. Golting a fait connaître un procédé pour l'obtention des dépôts métalliques sur l'aluminium. Ce procédé consiste à plonger l'aluminium qu'on veut recouvrir dans une solution concentrée du métal à déposer, en le frottant à l'aide d'une substance formant, avec l'aluminium et la solution saline une chaîne voltaïque dans laquelle l'aluminium joue le rôle de pôle négatif.

Le dépôt s'opère d'autant plus facilement que l'aluminium est rendu plus électro-négatif. Quand ce métal est fortement négatif, le dépôt du métal étranger peut s'accroître par immersion simple dans une solution de ce métal.

Pour obtenir un dépôt de cuivre par exemple, il faut plonger l'aluminium dans une solution moyennement concentrée de sulfate de cuivre et frotter dans la liqueur avec de la craie en poudre.

Le dépôt se fait alors plus régulièrement sur l'aluminium et y est adhérent.

Dès qu'on a obtenu une mince couche de cuivre, il suffit de plonger la pièce dans une solution étendue de sulfate de cuivre pour voir le dépôt s'accroître régulièrement.

Pour obtenir un dépôt d'étain, l'aluminium doit être plongé dans une solution moyennement concentrée de sel stannique (du chlorostannate d'ammoniaque, par exemple) en évitant de le toucher à l'aide d'un instrument de cuivre, car alors le dépôt s'opère sur ce métal. Cette dernière propriété permet d'obtenir deux dépôts superposés de cuivre et d'étain.

M WEIGNER a indiqué un procédé de galvanisation de l'aluminium, qui permettrait de déposer à la surface du métal une couche galvanique résistante et adhérente.

La pièce à galvaniser est soumise au mordançage dans un bain composé d'acétate de cuivre dissous dans le vinaigre, d'oxyde de fer, de soufre et de chlorure d'aluminium, et, au sortir de ce bain, est frottée avec une brosse douce en fils de laiton.

Il se forme une couche métallique qui débarrasse la pièce d'aluminium de sa pellicule grasse, en bouche les pores et aplanit la surface.

Après un lavage à l'eau pure, la pièce est plongée dans un bain galvanique ; on relie l'anode et la cathode avec une pile de faible tension, suivant la méthode habituelle.

On maintient le courant fermé jusqu'à la formation sur l'aluminium ou sur son alliage, d'une plaque métallique, d'or, de nickel, de cuivre, de laiton, etc., de l'épaisseur voulue.

Alliages colorés d'Aluminium

Recherches de M. MARGOT

On doit aux travaux de l'ingénieur américain Hunt et du chimiste anglais Roberts-Austen, la connaissance d'un remarquable alliage formé de 78 parties d'or et de 22 parties d'aluminium ayant une coloration pourpre à reflets rubis. On a signalé récemment cet alliage comme susceptible d'applications à la bijouterie et à la frappe de la monnaie, car si les proportions en sont altérées, la coloration pourpre disparaît entièrement. Cependant il y aurait de sérieuses réserves à formuler sur l'emploi pratique de cet alliage, vu qu'il ne paraît pas posséder les qualités exigées pour supporter le travail du burinage et de l'estampage. Opérant sur une petite quantité de substance, nous avons bien obtenu l'alliage à teinte pourpre, mais la texture en est cristalline et il se pulvérise au moindre choc du marteau.

La curieuse coloration que présente cet alliage particulier d'or et d'aluminium montre que ce dernier métal se comporte différemment dans ses combinaisons métalliques que ne le font les métaux usuels, lesquels forment des alliages dont la coloration dérive visiblement de celle des composants. Si les métaux alliés sont blancs, on obtient des alliages dont la teinte est encore blanche; ce sera, par exemple, le cas des alliages faits avec le zinc, l'étain ou l'argent. Avec l'alu-minium, il en sera encore de même s'il est allié à ces mêmes métaux, c'est-à-dire que la teinte ne change aucunement. Par contre l'aluminium allié à des métaux blancs peu fusibles, tels que le platine, le palladium et même à un certain degré avec le cobalt et le nickel, peut parfois donner naissance à des alliages fortement colo-rés. Alliés à l'aluminium dans les proportions citées ci-dessous, le platine peut donner un al-liage ayant la couleur de l'or, le palladium un alliage rose cuivré, le cobalt et le nickel des alliages plus ou moins jaunâtres. Ce sont d'ail-leurs les seuls métaux sur lesquels nos essais aient porté; mais il est admissible de supposer que l'aluminium puisse former d'autres combi-naisons colorées avec les métaux de la famille du platine, l'iridium, par exemple, et probable-ment aussi avec le chrome, le titane et des mé-taux à point de fusion élevé.

Lorsqu'on opère sur une masse minime de substance, la formation de ces alliages d'aluminium avec les métaux peu fusibles s'effectue néanmoins facilement au chalumeau à gaz, en plaçant les fragments à fondre au fond d'un petit creuset taillé dans un bloc de charbon. A la température du rouge vif, la combinaison s'effectue brusquement ; elle est accompagnée d'un dégagement de chaleur assez intense pour que le culot métallique en fusion devienne blanc éblouissant et due, en partie, à une combustion partielle de l'aluminium. Cette expérience faite avec le platine peut donner lieu à une explosion qui projette en tous sens des gouttelettes de métal, aussi faut-il prendre quelques précautions

Ce mode d'opérer auquel nous avons dû restreindre ces essais, peut être critiqué. car il entraîne forcément la production d'une certaine dose d'alumine, laquelle, on peut du moins le présumer, reste partiellement incorporée dans la masse métallique. Il est donc possible que les propriétés indiquées ci-dessous et même la coloration de ces alliages fussent modifiées, s'ils étaient faits en quantités plus considérables à l'abri de l'oxydation.

1° *Aluminium, 28 parties. Platine, 72 parties.*

Cet alliage possède une belle coloration jaune d'or, laquelle peut en faisant varier les proportions dans de faibles limites prendre une teinte violacée, verdâtre et parfois cuivrée. Cet alliage est cassant, dur, à structure cristalline. La combinaison or-jaune semble la moins instable.

Quant aux autres il se produit une désagrégation de substance assez rapidement, pour qu'au bout de quelques jours on retrouve les fragments de l'alliage transformés en poudre grisâtre.

2° *Aluminium et palladium*. Ces deux métaux alliés dans des proportions à peu près semblables à celles de l'alliage précédent, produisent parfois un alliage ayant une très belle coloration rose cuivrée ; si l'on sort des proportions voulues, la teinte passe au gris d'acier. La texture de cet alliage est cristalline, il est dur, très fragile, mais ne désagrège pas avec le temps.

3° *Aluminium , 20 à 25 parties. Cobalt, 75 à 80 parties.*

Cet alliage, dont la teinte est jaunâtre, a, lorsqu'il vient d'être formé, la dureté de l'acier trempé, une structure cristalline, et de même que les précédents, il se pulvérise sous le choc du marteau. Il offre encore moins de stabilité que l'alliage du platine, car, au bout de peu de jours, il se transforme presque entièrement en poudre ayant une teinte violacée sensible.

4° *Aluminium, 18 parties. Nickel, 82 parties.*

Cet alliage possède une coloration jaune-paille assez marquée ; il a presque la dureté de l'acier trempé et peut prendre un très beau poli. Il diffère totalement des précédents par sa résistance au choc du marteau et par sa parfaite stabilité. La cassure à grain serré est semblable à celle de l'acier ou du bronze des cloches.

Ces alliages sont intéressants du fait de leurs colorations variées, en particulier ceux d'or. de platine et de palladium, mais ils ne paraissent pas pouvoir être utilisés, à cause de leur défaut de malléabité et, pour plusieurs d'entre eux, de leur désagrégation spontanée. Il faut probablement les considérer comme de véritables combinaisons chimiques : leur nature cristalline, le fait que certaines colorations n'apparaissent que pour des proportions parfaitement définies des métaux alliés, qu'ils se forment toujours avec une élévation notable de température, et que, d'autre part, la combinaison effectuée est instable, tout indique que l'on se trouve en présence d'un arrangement moléculaire différent de celui qui constitue l'alliage simple ou mélange de substances métalliques.

Quelle peut être l'origine de la coloration que présentent plusieurs de ces alliages d'aluminium ? Remarquons qu'en général la coloration se manifeste surtout dans les alliages d'aluminium faits avec les métaux dont le point de fusion est élevé, et qu'on ne constate rien de semblable dans les alliages d'aluminium avec les métaux fusibles, tels que le zinc, l'étain ou même avec l'argent.

On peut admettre dans le premier cas que la combinaison ne s'effectuant qu'à une température très élevée et donnant lieu à une combustion partielle de l'aluminium, produit des cristaux microscopiques d'alumine qui, restant incorporés dans le métal, lui communiquent et sa nature cristalline et sa dureté, et peut-être la coloration constatée dans certains cas. Ce dernier point est douteux, car si l'on examine au microscope, même avec un fort grossissement, la poudre métallique résultant de la désagréga-

tion des alliages de platine, d'or ou de cobalt, on
constate qu'elle ne diffère en rien par son aspect
de fragments plus volumineux ; elle possède à
tous égards une nature métallique évidente,
l'éclat d'or du premier, pourpre du second, jaunâtre du troisième de ces alliages, et on ne peut
y déceler la présence des cristaux d'alumine pré-
sumés ; peut-être aussi à cause de leur extrême
petitesse, échappent-ils à l'observation.

Soudure de l'aluminium. — La solution
de ce problème a fait l'objet d'un nombre
considérable de recherches parmi lesquelles il
convient de citer celles de M. Herbin qui s'est
appliqué surtout à la confection d'objets de
bijouterie et d'orfèvrerie ; les recherches de
M. Charpentier-Page qui a réussi à souder des
tubes sur une assez grande longueur ; celles de
MM. Bourgoin et Spring qui pratiqueraient avec
succès la soudure autogène de l'aluminium sans
nuire aux qualités mécaniques du métal ; les
études de MM. Delécluse, Ludovic Olivers,
Joseph Richard, Nicolaï.

Nous avons donné déjà, en 1892, quelques formules de soudure et des fondants qui en faci-
litent l'application, nous ne reproduirons ici
que les mélanges métalliques qui constituent les
soudures préconisées depuis cette époque.

Ils sont peu nombreux, car ceux qui s'occupent de ces questions évitent d'en donner la
composition.

Du reste, la difficulté du problème réside
moins dans la composition de la soudure que
dans le véhicule ou fondant de cette soudure.

M. Novel, de Genève. — M. Lejeal a essayé des pièces soudées par M. Novel qui donnaient de très bons résultats. Sur quatre échantillons essayés à la traction, trois ont cassé en dehors de la soudure. La composition de la soudure et le tour de main sont gardés par l'inventeur.

M. Wagner préconise la soudure de composition suivante :

Plomb	165 parties
Etain	100 »
Zinc	9 »

qui donnerait au fer à souder une adhérence parfaite.

M. Charpentier-Page possède une soudure (zinc, étain, aluminium) avec laquelle il obtient de bons résultats. Nous avons donné (page 11) les prescriptions recommandées par cet ingénieur pour bien conduire l'opération. M. Charpentier-Page est en mesure de livrer cette soudure au commerce.

Deux soudures. — On réussirait très bien avec les mélanges suivants :

Etain	48 parties
Zinc	27 »
Plomb	23 »
Aluminium	2,25 »

Zinc	5 parties
Etain	2 »
Plomb	1 »

Les fondants employés le plus souvent sont la vaseline ou la paraffine ; ou encore un mélange de : 3 parties de *baume de Copahu*, 1 partie de térébenthine de Venise, additionnée de quelques gouttes d'acide minéral ou végétal faible (phosphorique, urique).

MM. DELÉCLUSE ont fait un travail très intéressant sur la soudure de l'aluminium et sur la manière de conserver à l'aluminium toute sa malléabilité pendant le façonnage des objets en ce métal.

Voici d'abord comment M. Alphée Delécluse présente sa soudure :

Propriétés de ma composition. — L'alliage que je prépare et que je livre au commerce, permet de souder par le fer ordinaire, le four à braser et les autres procédés de soudage, les métaux suivants : aluminium sur aluminium (laminé ou fondu), ainsi qu'aluminium sur fer, cuivre, zinc ou argent et alliages.

Mode d'emploi. — 1° Pour les pièces légères, on opère comme suit: pour souder aluminium sur aluminium, il suffit de décaper soigneusement, à la lime, les parties des pièces que l'on veut réunir. On peut, pour cette opération, se servir du fer ordinaire en cuivre rouge des ferblantiers, en ayant soin de le tenir bien propre et de le chauffer à la température de 100 degrés environ.

Ma composition, maniée par un ouvrier habile, se conduit sur les pièces à peu près aussi facilement que l'étain anglais dont se servent les ferblantiers.

Ce mode d'emploi exige des ouvriers compétents en la matière, car la plus sérieuse difficulté à vaincre, c'est la grande conductibilité calorique de l'aluminium et de ce fait il arrive souvent que quand on veut souder un côté, on désoude l'autre.

2° Pour les pièces de résistance qui doivent être brasées, il est nécessaire de procéder comme suit : les parties à réunir doivent être décapées soigneusement à la lime et étamées avec la composition au moyen du fer à souder ordinaire. Après cette opération, l'on superpose les pièces et on les fait chauffer (jusqu'à fusion de la soudure) par n'importe quel procédé, fer ordinaire, étaux chauds, fours à braser, nouveaux procédés électriques, etc., en ayant soin de faire pression sur les parties à braser pendant tout le temps que dure le chauffage et le refroidissement des pièces.

Il est à remarquer que, plus il y a pression sur les pièces pendant l'opération, plus de résistance l'on obtient, et par conséquent moins d'apparence de soudure.

3 Pour souder ou braser l'aluminium sur un autre métal, l'on décape, comme précédemment, l'aluminium et le métal employé, à la manière ordinaire, c'est-à-dire à l'acide chlorhydrique ou à l'eau régale, en ayant soin d'essuyer ce dernier avant l'opération, et l'on opère conformément aux méthodes n° 1 ou n° 2, suivant la résistance à obtenir.

Voici quelques résultats obtenus par mon procédé : Des plaques d'aluminium soudées par recouvrement de 25 millimètres carrés de section (25 millimètres de largeur sur 1 millimètre d'épaisseur) ont résisté à la charge de 500 kilogrammes, soit 20 kilogrammes par millimètre carré de section.

L'aluminium a cédé à la naissance de la brasure, tandis que cette dernière est restée intacte.

Essais de traction faits le 6 novembre 1894 à la « Société d'Escaut et Meuse », à Valenciennes, sur des plaques soudées par biseautage en sifflet.

DÉSIGNATION DES BARETTES D'ESSAI	SENS DE LA BARETTE	SECTION EN millimq.	CHARGE DE RUPTURE	LIMITE D'ÉLASTI-CITÉ, CHARGE	RÉSISTANCE PAR millimq.	ALLONGEMENT P. 100
Aluminium sur aluminium			kg	kg	kg	
Biseau de 1 c/m......	long	52,0	580	400	11,1	2,75
Biseau de 3 c/m......	long	56,0	800	440	14,3	6
Biseau de 2 c/m......	long	86,7	1060	750	11,97	4,75

MM. Armand et Alphée Delecluse auraient également réussi, comme nous le disions plus haut, à donner à l'aluminium une malléabilité comparable à celle du cuivre rouge.

Ils sont arrivés, au moyen d'une préparation *spéciale* à obtenir un allongement de 19 0[0, alors que le métal primitif ne s'allonge que de 3 0[0 comme l'indique le tableau suivant:

Nature du métal	Résistance p. mlm. c. kil.	Allongement pour cent
Aluminium naturel....	22.20	2.50
— préparé...	13.10	19.50
— naturel ...	18.30	3.00
— préparé...	13.25	19.00

Pour mieux faire saisir l'importance du nouveau procédé, les inventeurs donnent un exemple probant.

Un disque d'aluminium ordinaire de 38 mm. de diamètre et 0,5 m. d'épaisseur, soumis à l'emboutissage, n'a pu former qu'un creux de 7 mm. ; en essayant d'aller au-delà on a déterminé la rupture.

Un deuxième disque de mêmes dimensions en aluminium préparé, a subi un emboutissage de 22 mm. sans rupture.

M. Spring a montré dans quelques expériences récentes que deux morceaux d'aluminium ; soigneusement préparés, pressés ensemble et chauffés à une température de 420° pendant une période de huit heures indiquaient des signes de soudure.

En plaçant un morceau entre les mâchoires d'un étau, l'autre morceau peut être tourné sans que le joint se brise.

On obtiendrait des résultats analogues avec d'autres métaux quand leurs surfaces, propres et très nettes, se trouvent pressées les unes contre les autres, et soumises à une chauffe prolongée, à une température dans de nombreux cas, bien inférieure à leur point de fusion.

Ainsi, quand deux morceaux de platine sont traités de la sorte, à une température de 400° environ, qui est inférieure de 1600° au point de fusion de ce métal, l'adhérence se produit.

On n'a pas encore remarqué d'action soudante avec les métaux cassants comme l'antimoine et le bismuth.

M. Bourgoin s'est spécialisé dans la formation

d'alliages légers d'aluminium très résistants et en même temps très rigides ; il a réussi également un certain nombre de soudures, les unes qu'il applique à la manière des soudures à l'étain, les autres qui peuvent être considérées comme des soudures autogènes. Nous reproduisons ici quelques-uns des résultats obtenus par ce métallurgiste

Désignation	Résistance à la rupture par m. q.	Allongement p. cent.
Alliage léger........	26 k. 920	2.94
Cassés hors les repères.		
Soudure autogène...	11 k. 630	5.50
— —	9 k. 710	7.20

Cassés en lignes brisées, les jonctions étant droites et bout à bout.

Soudure douce......	6 k. 330	Les soudures
— —	7 k. 500	sont faites bout-à-bout.

Rupture sur la ligne de soudure, mais avec arrachement.

Ces déterminations ont été effectuées au laboratoire d'essais de Physique de M. Enault, et paraissent très satisfaisantes. M. Bourgoin assure que ses soudures ne se détériorent pas avec le temps, et l'on voit qu'elles offrent déjà assez de résistance pour que l'aluminium puisse être employé à certaines applications mécaniques, comme la construction des bicyclettes par exemple.

M. Ludovic Olivers avait remarqué que l'aluminium peut être étamé. au moyen d'une soudure appropriée et en frottant les parties à souder au moyen d'une brosse métallique enduite de cette soudure liquide.

Cette brosse enlève l'oxyde qui se trouve à la surface de l'aluminium et qui est un obstacle à la réussite d'une bonne soudure. La soudure liquide, répandue sur la surface à souder, met cette dernière à l'abri de l'air et peut, dès lors, s'unir à cette surface.

Dans la pratique, l'aluminium est chauffé à une température de 230 à 250° en le plaçant sur une plaque de fonte, chauffée par un four.

Le morceau de soudure est frotté sur l'aluminium sur lequel il fond.

On le réunit alors au joint en employant une brosse en fils métalliques, ainsi qu'on l'a dit plus haut.

Des tôles de fer et de cuivre, etc., ont été recouvertes de la sorte avec de l'aluminium, au moyen du même procédé.

M. Otto Nicolaï, compose sa soudure avec du zinc, de l'étain, ou tout autre alliage généralement employé dans ce but. Mais l'auteur obtient l'adhérence voulue en recouvrant les superficies à réunir avec du chlorure de cadmium ou de l'iodure de cadmium en poudre fine.

M. Joseph Richards a trouvé que l'addition d'un peu de phosphore aux soudures connues les améliorait, surtout au point de vue de leur prise sur l'aluminium.

Le zinc et l'étain, réunis en certaines proportions, avec addition d'un peu d'aluminium et de traces de phòsphore, réunissent presque toutes les conditions requises pour une bonne soudure. Ainsi, en fondant ensemble

Aluminium	1 partie
Phosphore à 10 0/0	1 »
Zinc	8 »
Etain	32 »

on a cbtenu d'abord d'assez bons résultats, mais en soumettant cet alliage à une seconde fusion, on a constaté qu'un alliage plus fusible se séparait par liquation et que cet alliage était supérieur au mélange primitif.

Soumis à l'analyse, on lui a reconnu une combinaison voisine de celle correspondant à la formule $Sn^4 Zn^3$ et finalement, c'est la soudure préférée par M. J. Richards.

La composition des différents alliages étudiés est donnée dans le tableau suivant :

	Al.	Zn.	Sn.	Ph.
Soudure primitive	2.38	19.04	78.34	0.24
Portion liquatée	»	»	71.63	»
Soudure $Sn^4 Zn^3$	»	29.30	70.70	»
Soudure actuelle	2.38	26.19	71.19	0.24

La proportion de zinc est, dans leur dernier cas, inférieure à celle de la formule ; mais, en raison des analogies physiques du zinc et de l'aluminium, l'addition de ce dernier métal compense l'insuffisance apparente du premier.

Quant à l'étain, comme il est plus exposé à des pertes par oxydation pendant l'emploi de la soudure, on en introduit un léger excès.

La soudure actuelle a été déjà employée, avec avantage dans l'assemblage de pièces en aluminium, entrant dans la formation de cadres de bicyclette.

M. S. Taylor, de Birmingham, propose une soudure de composition assez complexe : argent, 12 parties ; cuivre, 4 ; aluminium, 4 ; zinc, 8 ; plomb, 12 ; et enfin étain, 60 parties.

Le plomb peut être, en tout ou partie, remplacé par du cadmium. Pour préparer cet alliage, on fond d'abord l'argent, de préférence dans un creuset de plombagine, on ajoute le cuivre et on mélange au moyen d'une tige d'acier. Dans la masse fondue, on porte les autres métaux indiqués et dans l'ordre mentionné plus haut. L'alliage, bien brassé, est coulé en lingots.

Cuivre Aluminium

Les alliages légers de cuivre-aluminium ont reçu de nombreuses applications et fait l'objet de recherches intéressantes tant au point de vue de leur structure moléculaire (Guillemin) et de leurs propriétés mécaniques, que de leur résistance aux agents chimiques.

Parmi les principaux expérimentateurs qui se sont spécialisés dans cette étude, il faut citer : M. A.-F. Yarrow, qui, après avoir examiné les propriétés du cuivre-aluminium a signalé plusieurs particularités relatives à la construction du torpilleur de deuxième classe faite par le gouvernement français ; M. Victor Guilloux, qui a fait en France les premières applications de l'aluminium aux constructions navales et qui s'est attaché à étudier la manière dont ce métal et ses alliages se comportent à l'eau de mer ; M. Charpentier-Page, qui le premier, a façonné dans son usine du Valdoie, des plaques de dimensions importantes destinées aux constructions navales, et à qui l'on doit aussi une étude sur l'application de l'aluminium à l'électricité ; l'usine de Froges et les forges de Sedan qui ont donné une grande impulsion aux applications industrielles de l'aluminium ; M. Joseph, M. Richards, M. le capitaine de genie Houdaille, dont les recherches ont trait à la résistance de l'aluminium aux agents chimiques et aux causes de son altération.

La plupart de ces travaux ont été poursuivis depuis l'année 1892, c'est-à-dire après l'apparition de notre premier ouvrage ; ils trouvent donc naturellement leur place ici.

RECHERCHES DE M. A.-F. YARROW

Comme il est fort probable que l'aluminium sera appliqué avant peu à la construction des navires de ce genre, pour lesquels la légèreté des matériaux présente des avantages spéciaux, l'auteur a pensé qu'il pourrait être intéressant d'exa-

---

(1) Communication faite par cet ingénieur à la 36ᵉ session de l'*Institute of navals Architects* en avril 1895.

miner les propriétés de l'aluminium et de signaler plusieurs particularités relatives à la construction du torpilleur de deuxième classe faite pour le gouvernement français.

Les conditions imposées par l'amirauté française étaient telles qu'il fallait renoncer à l'usage des matériaux ordinairement employés. C'est pour cela que l'on offrit de construire le torpilleur en aluminium ; la proposition fut acceptée en laissant au constructeur la plus grande liberté dans l'exécution, à la condition que le navire achevé, donnât complète satisfaction et fût conforme aux conditions imposées.

A la suite de nombreux essais, les constructeurs employèrent, pour la coque, des tôles d'aluminium de 50 0[0 plus épaisses que des tôles en acier pour le même usage ; et comme l'aluminium est à peu près à volume égal, trois fois plus léger, il s'ensuit que le poids de la coque se trouve réduit de moitié.

Les tôles en aluminium pur semblent être tout à fait insuffisantes comme résistance, et quoiqu'elles puissent être beaucoup durcies par le laminage à froid et en les employant sans recuit, un tel traitement ne parut pas offrir assez de sécurité au constructeur.

Le tableau suivant donne le résultat de quatre essais sur des tôles d'aluminium pur. Il montre que la résistance varie entre onze et treize kil. par millimètre carré.

I. — Résistance des toles en aluminium pur

Sens du laminage	Epaisseur des tôles	Limite élastique	Résistance	Allong. $^o/o$ sur 250 m$\lceil$m
—	—	—	—	—
	m$\lceil$m	kil.	kil.	
Longueur .	2.4	6.8	11.8	25.1
Travers...	2.4	9.0	12.1	9.2

Il fallut donc chercher un alliage léger et suffisamment résistant. On réussit avec l'aluminium allié à 6 0[0 de cuivre.

La résistance de cet alliage peut varier avec le laminage. S'il est *laminé doux*, c'est-à-dire recuit après le dernier laminage, on obtient une résistance de 18 à 20 kil. $^{m/m2}$ avec un allongement notable ; s'il est *laminé dur* la résistance est grandement augmentée mais l'alliage devient fragile.

Le constructeur adopte finalement l'alliage à 6 0[0 de cuivre laminé *moyennant dur* et donnant 22 à 25 kil. de résistance avec une malléabilité suffisante pour que les tôles puissent être amenées à la forme voulue par le martelage à froid sans criques.

La charpente de la quille était faite en cornières du même alliage.

Les tôles et les cornières étaient toutes façonnées à froid et on ne rencontre aucune difficulté inhérente à cette manière d'opérer.

Les résultats des essais effectués sur les tôles employées sont relatés tableau II. L'auteur signale tout spécialement l'élévation de la limite élastique par rapport à la charge totale.

II. — RÉSISTANCE DES TOLES EN ALUMINIUM AVEC 6 0/0 DE CUIVRE

Sens du laminage	Épaisseur des tôles	Limite élastique	Résistance	Allong. 0/0 sur 250 m/m
	m/m	kil.	kil.	
Longueur .	2.75	22.0	25.0	3.7
Travers...	2.75	23.0	26.0	3.0
Travers (re-cuit)....	2.75	6.0	18.0	20.9

Toutes les parties exposées à l'action de l'eau de mer ou de l'eau des cales furent rivetées avec des rivets d'aluminium et les autres parties, telles que le pont, furent, pour la plupart, rivetées avec du fer doux.

En vue d'essayer la résistance des joints rivés et de juger de leur étanchéité, on construisit des cylindres en aluminium-cuivre présentant les dimensions suivantes : Longueur 300 $^{m/m}$; le corps du cylindre fut fait avec de l'aluminium à 6 0/0 de cuivre et les bouts en tôle d'acier. La partie cylindrique était constituée par trois tôles à recouvrement rivetées longitudinalement au moyen de deux rangées de rivets d'aluminium de 6 $^{m/m}$ de diamètre. On remplit le cylindre avec de l'eau et on éleva la pression à 7 kil. par centimètre carré. Le cylindre demeura parfaitement étanche. On éleva ensuite la pression à 14 kil. et les fuites deviennent générales. Enfin à 24 kil. le joint longitudinal céda avec cassure de la tôle entre les rivets.

Dans l'eau de mer, en l'absence de toute action galvanique, la corrosion des tôles de 3 $^{m/m}$ non peintes, n'atteint pas 4 0[0 de leur poids en une année.

Les deux principaux ennemis qui s'opposent à l'emploi de l'aluminium sont la chaleur et les alcalis. A une température relativement faible, l'aluminium se recuit et perd sa résistance, tandis que les alcalis agissent très activement sur lui. En conséquence, on doit éviter de construire avec l'aluminium toutes les parties qui sont soumises à une élévation de température, de même qu'on doit éviter de l'employer pour les condenseurs qui peuvent être nettoyés avec de la soude.

L'aluminium aux températures élevées s'oxyde avec une rapidité exceptionnelle. Aux basses températures, il ne s'oxyde pas aussi vite et la couche d'oxyde qui se forme à sa surface préserve de l'oxydation le reste du métal.

En ce qui concerne la machinerie de ce petit navire, le bronze d'aluminium et le bronze manganèse ont été employés toutes les fois que cela a été possible.

Les machines étaient de la force de 276 à 300 chevaux indiqués aux essais. D'après le contrat, le navire construit devait avoir une longueur de 18 mètres avec une largeur de 2 m. 75. Avec une charge de 3 tonnes à bord, il devait fournir une vitesse de 18 nœuds 3/4 pendant un essai de pleine vitesse de 2 heures. Le poids total du navire ne devait pas excéder 11 tonnes.

Aux essais officiels, la vitesse moyenne obtenue pendant deux heures fut de 20 nœuds 1/2. On reconnut que le poids du navire était de 10 tonnes. Si l'on compare cette coque en aluminium avec une coque en acier de mêmes dimensions, on reconnaît que l'on a gagné environ 2 tonnes 1/2, ce qui est énorme quand il s'agit d'un navire qui, machinerie comprise, ne pèse que 10 tonnes.

La machinerie pèse environ 18 kil. par cheval-vapeur, y compris l'eau de la chaudière et du condenseur.

La vibration aux diverses pressions est inappréciable.

Les recherches relatives à la production d'alliages légers d'aluminium, plus forts et plus convenables pour les besoins de l'ingénieur constituent un très vaste champ d'investigations.

Si l'on considère les alliages lourds d'aluminium, c'est-à-dire ceux dans lesquels l'aluminium ne forme qu'une faible proportion de l'alliage, le cuivre allié à l'aluminium tient la première place.

Un accroissement d'aluminium dans le bronze augmente la résistance de l'alliage et diminue l'allongement.

L'auteur pense que, pour les moulages de bronze d'aluminium pour hélices et autres pièces moulées, on pourait modifier la composition de façon à obtenir un alliage qui serait plus résistant, avec un peu moins d'allongement.

Le tableau III montre les résultats d'expériences faites pour déterminer la flexion, sous une charge, graduellement augmentée, de 8 métaux et alliages différents ; la distance entre les supports étant de 250 m/m et les barres essayées ayant 25 m/m de côté.

Les résultats de ce tableau permettent de reconnaître que le bronze d'aluminium sous des efforts considérables, conserve exceptionnellement bien sa forme : il convient donc pour de nombreux usages.

On peut préparer du bronze manganèse plus résistant que celui dont le tableau III donne les résultats.

TABLEAU III

Désignation	Traction		Limite 0⁏0 de Résistance
—	Limite élastique	Résistance	—
—	kil.	kil.	0/0
Bronze aluminium fondu	1857	3700	49.3
Bronze manganèse fondu	1866	3624	48.7
Métal fondu............	983	1705	57.6
Aluminium fondu......	955	1293	74.2
Fonte.................	1825	1825	100.0
Fonte.................	1605	1605	100.0
Acier doux............	1606	3046	52.8
Acier doux	2326	3874	59.9

Désignation	Flexion sous des charges de			
	906 k.	1812 k.	2718 k.	3624 k.
	m⧸m	m⧸m	m⧸m	m⧸m
Bronze aluminium fondu	0.77	2.4	6.6	24.7
Bronze manganèse fondu	0.62	2.7	11.4	»
Métal à canon..........	1.10	»	»	»
Aluminium fondu.......	1.10	»	»	»
Fonte	0.75	»	»	»
Fonte	1.00	»	»	»
Acier doux.............	0.47	2.9	27.5	»
Acier doux.............	0.47	1.1	6.2	»

La *Manganèse bronze Company* assure qu'elle peut fournir un métal présentant 54 kil. de résistance avec 15 0|0 d'allongement sur 50 millimètres en opérant sur des éprouvettes découpées à froid dans les pièces de métal moulé.

Etant donné qu'une augmentation de l'allongement correspond toujours à une diminution de la résistance, l'auteur estime que l'allongement de 15 0|0 est le maximum de ce que doivent demander les ingénieurs, en particulier quand il s'agit d'un métal qui doit être substitué à la fonte, laquelle, pratiquement, ne présente pas d'allongement.

M. Yarrow tient à signaler une difficulté relative à l'exécution des essais, au sujet desquels on n'a pas adopté de dimensions-types pour les éprouvettes.

Dans ces conditions, il est très difficile de comparer les résultats.

Par exemple, si on spécifie une longueur d'éprouvette sans indiquer le diamètre, les résultats n'ont que peu de valeur en ce qui concerne l'allongement, car ce dernier augmente en même temps que le diamètre.

Cette conclusion ressort clairement de l'examen des résultats du tableau IV.

On notera que la contraction de la section de rupture est pratiquement constante, ce qui, en l'absence d'une longueur d'éprouvette fixée pour l'allongement, fournit la meilleure appréciation de la ductilité.

IV. — Expériences montrant l'effet des différences de diamètre sur le 0[0 d'allongement, la longueur des barrettes étant
la même et les barrettes étant découpées
dans la même barre d'acier.

	Dimensions	Résistance par m[m 2	Allong. 0[0 sur 50 m[m	Contraction 0[0
	m[m	kil.		
Diamètre.	6.2	39.7	24.0	71.6
	12.5	39.5	36.8	67.3
	18.6	39 2	42 0	67.0
	24.8	39.0	47.0	67.1

Recherches de M. Victor Guilloux

Ingénieur de la Marine

**Observations sur la façon dont l'alliage cuivre-
aluminium s'est comporté dans les diverses
applications qui en ont été faites à la construction navale.**

Depuis deux ans, un certain nombre de bateaux, dans la construction desquels entraient
des matériaux d'aluminium, ont été mis en
service :

Le torpilleur *La Foudre*, construit par M.
Yarrow et dont la coque entière est en aluminium ;

Le yacht *Vendenesse*, de construction com-
posite ;

Cinq chalands démontables de 15 m. de long ;

Cinq chalands de 12 m., démontables en morceaux de 30 kg ;

Cinq pirogues démontables de 12 m. de long.

Ces chalands et pirogues sont entièrement en aluminium, sauf la quille, l'étrave et l'étambot, qui sont en acier zingué. Ils ont été construits par M. H. Lefèvre pour le compte du Ministère des Colonies et devaient servir à la navigation fluviale du Congo, de Madagascar et à la flottille du Haut-Oubanghi ;

Le yacht américain *Defender* ;

Le torpilleur de haute mer, *Le Forban*, dans lequel, d'ailleurs, l'aluminium n'a été employé que pour des détails de second ordre ;

Quelques petits naphta-launches, en Suisse et en Allemagne.

Dans les quelques pages qui suivent, nous avons réuni toutes les observations que nous avons pu recueillir sur la façon dont l'aluminium s'est comporté dans ces différentes constructions. Malheureusement elles ne sont suffisamment étendues que pour deux bateaux ; les deux premiers construits, le torpilleur de M. Yarrow et le *Vendenesse*. Il nous a été impossible d'obtenir aucun renseignement sur le *Defender*, jusqu'à présent le plus grand de tous les bateaux dans la construction desquels l'aluminium a été employé et celui soumis aux plus grands efforts.

Torpilleur de M. Yarrow. — Nous avons examiné ce torpilleur au mois de juillet de l'année dernière, à Cherbourg, c'est-à-dire quatre mois après son arrivée dans ce port. Il se trouvait en magasin presque depuis cette époque.

Son séjour dans le magasin n'avait été interrompu que par une mise à l'eau pour un essai réglementaire.

Notre examen a été grandement facilité par cette circonstance que les ouvriers de l'arsenal étaient occupés à gratter la coque pour en renouveler la peinture. Nous avons constaté les faits suivants :

A part les points où les bords en bronze des tuyaux étaient rivés sur le bordé, le bordé situé en dessous de la flottaison était pour ainsi dire indemne, sauf toutefois à l'angle de la tôle quille et dans les fonds. A ces endroits la peinture avait été enlevée par ragage, sur les chantiers, pendant les opérations de halage et de mise à flot, et l'aluminium s'était attaqué. L'arête de la tôle quille surtout paraissait avoir souffert. Elle portait la trace de ravages profonds et anciens que l'oxydation avait encore approfondis.

La portion de bordé située au-dessus de la flottaison présentait de nombreuses et légères traces d'attaque. La différence de résistance entre le bordé situé en dessus et en dessous de l'eau, s'explique très simplement par le fait que, sous l'eau, la carène était enduite d'une sorte de peinture ou goudron qui adhérait bien à l'aluminium, tandis qu'au-dessus de l'eau la peinture employée, probablement à base de céruse, n'avait point, sinon l'adhérence, du moins l'imperméabilité nécessaire.

Aux endroits où se trouvent les brides du tuyautage, le métal paraissait assez attaqué. L'oxydation se continuait d'ailleurs en magasin, avec peut-être plus d'intensité qu'à flot, ainsi qu'en témoignaient les nombreuses bulles d'hydrogène qui recouvraient ces parties.

Au sec, l'oxydation de l'aluminium ne s'arrête pas, elle s'accroît même, si le magasin est humide. En effet, l'alumine formée est très hygrométrique et le chlorure de sodium mêlé à l'alumine et cause de l'attaque ne s'élimine point. Pour conserver un bateau en aluminium au sec, il faut débarrasser toutes les parties avariées de l'oxyde déjà produit et les peindre, alors il ne bouge plus. Cette précaution avait été complètement négligée dans le cas du torpilleur en question.

Le pont du bateau était garanti sur la plus grande partie de sa surface par une toile caoutchoutée collée sur le métal. Cette toile fut enlevée en plusieurs endroits en notre présence, le pont fut toujours trouvé parfaitement sain. Les parties du pont non recouvertes par la toile et peintes avec la même peinture que le bordé de carène situé au-dessus de l'eau, présentaient des traces d'oxydation. Certaines parties des roofs et des capots étaient également très attaquées. Une tôle surtout présentait des traces d'oxydation très profondes, mais aussi très localisées. A l'intérieur, le métal était parfaitement sain dans toutes les parties verticales exposées à l'air. Dans les fonds, sous les planchers, les varangues, les membrures et les tôles de bordé présentaient une oxydation uniforme, sauf sous la machine. Ces fonds avaient été peints au minium, matière qui favorise dans une large mesure l'oxydation de l'aluminium.

Les coutures du bordé de carène paraissent

saines. Celles des capots, réunies à clins et uniquement par un rang de rivets, étaient au contraire fortement oxydées, l'alumine produite avait écarté les tôles.

Toutes les pièces en aluminium fondu employées dans la machinerie, grilles de protection du condenseur, vannes du condenseur, étaient très abîmées et hors de service. Le tiroir cylindrique du petit cylindre paraissait n'avoir que très peu souffert.

En résumé, au moment où nous l'avons visitée. l'état général de la coque du bateau n'avait rien d'alarmant, mais il nécessitait des réparations immédiates, grattage complet et enlèvement de toute alumine produite, peinture, changement de morceaux de tôle des roofs les plus abîmées, renforcement de la tôle quille.

Malheureusement, la carène entière du bateau étant construite en aluminium, il aurait fallu, pour gratter et peindre convenablement, dériver tous les fonds, c'est-à-dire démonter complète-le bateau.

La Marine hésita, paraît-il, devant l'importance de ce travail.

Nous n'avons eu depuis cette époque aucun renseignement précis sur l'état du petit torpilleur en question. D'après les bruits qui courent, la coque serait aujourd'hui en très mauvais état et à remplacer entièrement. Cette rapide usure a, bien entendu, sa cause initiale dans la nature même de l'aluminium, mais elle a été singulièrement facilitée par les circonstances.

L'aluminium peut résister à l'attaque de l'eau de mer à condition qu'il soit recouvert

d'une peinture et que cette peinture soit constamment entretenue en bon état. Or l'attention
de la marine n'ayant pas été appelée sur ce
point, cette précaution fut omise. L'entretien
de la peinture était d'ailleurs rendu très difficile
par le genre de construction même du bateau.
De plus, si l'oxydation de l'aluminium demande
un certain temps avant de se produire, elle
augmente très vite avec le temps, une fois commencée. Elle doit donc être combattue au fur et
à mesure qu'elle se produit, si l'on veut éviter
des surprises. Cette précaution fut également
omise par la Marine, qui ne s'inquiéta que
beaucoup trop tard de l'entretien du bateau.

Vendenesse. — Le *Vendenesse*, construit avec
des matériaux identiques à ceux du torpilleur
de M. Yarrow, a fourni, à la mer, une carrière
longue et sérieuse. Il s'est beaucoup mieux
conservé, sans toutefois avoir donné, sous ce
rapport et pour des causes diverses, des résultats entièrement satisfaisants.

Le *Vendenesse* a été mis à l'eau à Saint-Denis en décembre 1893 et conduit au Havre, où il
séjourna dans le bassin du Commerce jusqu'en
mai 1894. A cette époque, il fut armé et navigua
en Manche jusqu'en octobre. Il revint alors au
Havre où il fut désarmé. Puis il remonta la
Seine jusqu'à Argenteuil et y fut halé à terre dans
le courant de décembre. Après avoir subi quelques réparations, il fut remis à l'eau en mars et
réarmé à Meulan. Il descendit ensuite au Havre
et navigua en Manche jusqu'en octobre. Il fut
désarmé au Havre et remonta la Seine jusqu'à
Meulan où il fut halé à terre.

Nous avons eu l'occasion de visiter le *Vende-nesse* un certain nombre de fois pendant ce laps de temps : une première fois pendant son séjour dans le bassin du Commerce, le bateau fut alors passé en cale sèche ; une seconde fois, après son premier armement au Havre, le *Vendenesse* se trouvait à mer basse sur le gril d'échouage du port de Honfleur ; une troisième fois, à sa première mise à terre à Argenteuil ; enfin à sa deuxième mise à terre à Meulan.

La première visite en cale sèche, faite trois mois environ après la mise à l'eau du bateau, montra que la coque était parfaitement saine à l'intérieur. A l'extérieur, à part quelques endroits où la peinture avait été totalement enlevée par ragage, soit au moment du lancement, soit pendant la descente de la Seine, le bordé n'avait subi aucune atteinte. Quelques têtes de rivets commençaient à s'oxyder. Les parties dénudées présentaient une oxydation à peu près uniforme, sans grande importance, et quelques attaques locales plus profondes. Cette oxydation était en somme peu de chose ; pourtant elle était le résultat de l'action de l'eau, du bassin du Commerce du Havre, sur de l'aluminium non recouvert de peinture, action encore renforcée par le voisinage du doublage en cuivre des nombreux yachts au milieu desquels se trouvait amarré le *Vendenesse*.

La peinture extérieure de la coque du *Vende-nesse* fut entièrement grattée. Les parties oxydées furent aussi complètement que possible débarrassées de l'alumine produite. La coque fut repeinte et le bateau regagna son mouillage dans le bassin du Commerce. Depuis, les portions de surface du bordé qui s'étaient oxydées dans cette première période de vie active du bateau se comportèrent d'une façon absolument identique au restant du bordé.

Deux mois plus tard, lorsque nous visitâmes le bateau en cale sèche à Honfleur, la peinture fut trouvée en parfait état, sauf aux endroits où des coquillages avaient réussi à s'attacher à la coque. Celle-ci n'avait pas bougé. A l'emplacement des coquilles, l'aluminium apparaissait aussi brillant que s'il eût été neuf.

Au cours de cette visite, nous constatâmes également un commencement d'oxydation du pont. La partie en aluminium du pont du *Vendenesse* se rive à recouvrement sur une gouttière en acier. Un peu d'alumine s'était formée entre l'aluminium et l'acier, soulevant légèrement le bout de la tôle d'aluminium. De plus, le linoleum qui recouvrait la partie en aluminium du pont paraissait décollé en beaucoup d'endroits. Pendant la traversée du Havre à Portsmouth qui suivit la visite à Honfleur, il fut clairement constaté que l'eau courait librement entre le pont et le linoléum. Le métal n'ayant été recouvert d'aucune peinture avant l'application du linoléum, il fallait donc s'attendre à une usure rapide du pont.

Lorsque le *Vendenesse* fut halé sur cale à Argenteuil, il fut visité avec le plus grand soin. Les boiseries furent entièrement démontées, la coque grattée à vif, tant à l'extérieur qu'à l'intérieur.

Le bordé fut trouvé à l'extérieur absolument

dans le même état qu'au passage au bassin du Havre. A l'intérieur, il était tout à fait sain, sauf en de rares endroits sous des menuiseries où l'eau coulait d'une façon continue, le water-closet et le cock-pit par exemple. L'attaque qui s'était produite en ces points n'avait d'ailleurs aucune importance.

Le pont était oxydé sur toute sa surface et recouvert d'une épaisse couche d'alumine mélangée à des débris de linoléum et de colle de fer. Cette matière fut recueillie avec soin, desséchée, puis pesée et analysée. Le poids total du mélange séché fut trouvé de 8 kilos, dans lesquels entraient environ 5 kilos d'aluminium. Ce poids rapporté à la surface du pont, 20 mètres carrés, correspond à 1/10 de millimètre d'usure répartie sur l'entière surface.

Malheureusement, l'oxydation était loin d'être régulière. Certaines tôles étaient attaquées uniformément sans formation d'aucune cavité, d'autres étaient attaquées de cette même façon à une extrémité avec une oxydation plus grande à l'autre et formation de cavités d'ailleurs peu profondes. La tôle la plus attaquée se trouvait à l'extrême arrière. Dans la région particulièrement oxydée se trouvait une prise d'air en cuivre. Le plus curieux est que la tôle symétrique par rapport à l'axe longitudinal et sur laquelle était également rivée une prise d'air était presque indemne. Des échantillons, pris dans ces tôles et dans les parties les plus avancées, furent limés à l'étau limeur jusqu'à faire disparaître toute trace d'oxydation, c'est-à-dire qu'on enleva une épaisseur de métal égale à la profondeur de la plus profonde des cavités formées.

L'épaisseur des tôles, primitivement de 3 millimètres, tomba à 1^{mm},6 pour la tôle la plus avariée, laquelle était de beaucoup la tôle la plus attaquée sur le pont ; celle de la tôle symétrique ne tomba qu'à 2^{mm},80.

La première tôle, de 15 décimètres carrés environ, fut remplacée. La deuxième dut l'être également pour faciliter ce travail. On changea également les abouts en pointe sur la gouttière qui se trouvaient les plus oxydés. En tout, on remplaça 1^{mq},5 de tôle du pont. A cette occasion, le phénomène de la continuation de l'oxydation au sec fut clairement constaté. Dès la mise au sec, le pont avait été grossièrement gratté, pour permettre les pesées dont nous avons parlé précédemment. Au bout de quelque temps, il s'était recouvert d'une mince couche d'alumine pulvérulente qui augmentait tous les jours. Cependant, le bateau était sous un hangar, à l'abri de la pluie. Pour arrêter l'oxydation, il fallut gratter au moyen de râpes, de façon à enlever complètement l'alumine et peindre. Pendant ce temps, le bordé dont la peinture était grattée et qui était exposé à l'air, dans les mêmes conditions que le pont, ne bougeait pas, parce qu'il n'y avait eu aucun commencement d'attaque.

Les phénomènes d'oxydation les plus curieux et en même temps les plus nuisibles qui furent constatés avaient leur siège dans les coutures. En certains points, il s'était produit de l'alumine entre les tôles et les couvre-joints. L'alumine humide foisonne énormément, elle occupe un volume environ dix fois plus grand que le volume du métal attaqué. Ce foisonnement avait écarté les tôles des couvrejoints, en exerçant un effort de traction suffisant pour gonfler la tôle entre les rivets, allonger les rivets et renfoncer les têtes dans les trous fraisés. Le plus curieux à constater est que l'étanchéité du bateau n'en souffrit jamais, l'alumine ainsi comprimée formant un joint parfait.

Ce phénomène ne s'était produit aucunement dans les coutures d'aluminium sur acier jonctionnant le bordé en aluminium avec le galbord, la quille et l'étambot. Il ne s'était pas davantage produit à la jonction de la partie en aluminium du pont avec la gouttière en acier. Cette couture présentait en abord un bâillement très ouvert et rempli d'alumine, mais la partie oxydée n'atteignait pas le premier rang de rivets.

Très probablement cette oxydation existait d'une façon plus ou moins prononcée dans toutes les coutures. Mais elle n'était apparente que sur une longueur d'environ un dixième de l'ensemble des coutures. Cette oxydation n'était pas due à de l'eau introduite dans des parties relâchées à la suite de fatigue, car les parties avariées ne présentaient aucune symétrie d'un bord à l'autre, et leur répartition n'avait aucun rapport avec les régions de la coque qui avaient à subir la plus grande fatigue. Les coutures horizontales etaient d'ailleurs beaucoup plus abîmées que les coutures verticales.

Toutes les coutures qui paraissaient avariées furent dérivées, les bords internes des tôles furent grattés à vif, de même que les couvre-joints. Ceux-ci ayant dû être en partie coupés pour rendre le démontage possible, on en profita pour remplacer les parties les plus avariées. On constata : 1° que l'oxydation avait son point de départ, soit de la couture extérieure, soit du bord supérieur du couvre-joint et que, de là, elle s'était propagée dans l'intérieur de la couture du bordé ; 2° que c'était tantôt la tôle, tantôt le couvre-joint qui s'étaient attaqués ; que l'at-taque simultanée des deux n'existait qu'à l'état d'exception et qu'en ces points l'oxydation était très peu prononcée. Ce fait, assez singulier, ne peut s'expliquer que par une action galvanique entre les différents matériaux d'aluminium. Cette hypothèse était parfaitement admissible, étant donné le mode de fabrication des matériaux du *Vandenesse*. Chaque tôle, chaque cornière avait, pour ainsi dire, été obtenue, ou tout au moins tirée d'un lingot obtenu par une opération spéciale. Aucune homogénéité ne devait exister entre les différents matériaux. L'expérience vérifia entièrement cette manière de voir.

Des échantillons furent pris dans les tôles du pont et les morceaux de couvre-joints rempla-cés, ainsi que dans des rognures provenant de la construction du *Vandenesse* et des chalands en aluminium en construction dans le chantier où ce yacht se trouvait en réparation. Ces échantillons furent plongés dans une solution de NaCl et le circuit fermé sur un galvanomè-tre qui indiquait la force électromotrice de la pile ainsi formée.

Dans ces essais, les échantillons pris dans les parties oxydées jouèrent toujours le rôle de pôle négatif par rapport aux échantillons choisis dans les parties plus saines. Mieux le métal avait résisté à l'oxydation, plus il se montrait électropositif. Ces expériences faites avec beaucoup de soin par M. Minet au laboratoire des Arts et Metiers, mettent ainsi en lumière deux faits importants :

1° Plus l'aluminium est électropositif, mieux il résiste à l'eau de mer.

2° Lorsqu'on assemble au hasard des matériaux d'aluminium, commercialement de même composition chimique, on risque de former pile. Sur le *Vendenesse*, les forces électromotrices constatées furent couramment de 0 volt 04, 0 volt 05, elles atteignirent 0 volt 102. La force électromotrice de la pile Zn — Al est de 0 volt 30 avec des métaux purs. Celle de la pile Fe — Al est d'environ 0 volt 19 ; celle de la pile Cu— Fe, de 0 volt 45. Tous ces chiffres se rapportent au NaCl comme liquide excitateur.

Etant donné le voltage également possible du couple aluminium-zinc, il semble très étonnant que les mêmes phénomènes d'oxydation ne se soient pas produits sur le zinc dans les coutures d'aluminium sur acier zingué. La cause doit être recherchée dans la moins grande facilité d'accès de l'eau salée, facteur nécessaire à l'oxydation.

En effet, dans la pratique, les coutures des tôles d'aluminium sont très difficiles à étancher ; le matage ne tient pas. On n'obtient l'étanchéité que par un rivetage serré fait sur un joint, papier enduit de peinture ou l'équivalent. De plus, à cause du grand coefficient de dilatation de l'aluminium, les coutures sont soumises à des efforts de dilatation et de contraction dus aux différences de température. A certains moments, les cans de tôle baîllent de façon à laisser un petit vide ; à d'autres, ils forcent l'un contre l'autre. Ces variations détruisent vite l'adhérence qui existe entre les lèvres des tôles et des contre-joints. Au bout d'un certain temps, l'eau s'y introduit fatalement. A mesure que l'oxydation se produit, l'alumine forme coin et permet à l'eau de pénétrer plus avant.

Dans le cas des coutures d'aluminium sur acier, les variations dont nous avons parlé sont bien moins grandes, parce que seule la lèvre de la tôle d'aluminium peut s'ouvrir, parce qu'elle est mieux tenue que dans le cas d'une couture sur aluminium et surtout parce que au moins dans le cas du *Vendenesse,* ces coutures, reliées à la partie rigide de la charpente, servaient de point de départ aux allongements ou raccourcissements dus aux changements de température. Telles sont, à notre avis, les causes qui ont préservé les coutures d'aluminium sur acier de l'oxydation.

Dans le cas du *Vendenesse,* l'oxydation était singulièrement facilitée par le fait que la face interne des tôles de bordé, ainsi que celle des couvre-joints, n'avaient pas été peintes avant revêtage. Le métal n'avait, pour ainsi dire, aucune protection.

Lors de la réparation qui suivit la visite à Argenteuil, on peignit avec le plus grand soin, et à plusieurs couches, les faces internes des coutures délivrées, ainsi que les faces internes des couvre-joints. Lorsque la peinture fut parfaitement sèche, on fit le rivetage sur du papier enduit d'un mastic spécial, incapable de faire corps avec la peinture. On mastiqua de même le bord supérieur des couvre-joints, de façon à permettre aux eaux de condensation de s'écouler facilement.

La jonction du pont et de la gouttière d'acier fut nettoyée à l'aide d'un outil à crochet, on n'enleva les rivets qu'aux endroits où les tôles devaient être changées. Après ce nettoyage, on remplit l'espace libre de mastic, on rabattit le bord de la lèvre et l'on mata soigneusement. Le pont fut simplement recouvert de trois couches de peinture.

Ce séjour du *Vendenesse* à Argenteuil donna lieu à une expérience intéressante, suggérée par l'opinion qui s'était formée que, non seulement l'eau de mer attaquait chimiquement l'aluminium, mais qu'elle modifiait la texture du métal demeuré sain, en lui faisant perdre ses qualités initiales de résistance.

Cette opinion avait pris naissance à la suite d'essais mécaniques faits par le Ministre des Colonies sur des barrettes découpées sur une tôle de 2^{mm} qui avait séjourné trois mois dans le port du Havre, placées de façon à être couvertes et découvertes à chaque marée.

La tôle, une fois nettoyée, ne paraissait pas avoir diminué d'épaisseur. Cependant, les essais avaient montré une diminution de résistance considérable.

Des barrettes d'essai furent découpées dans les morceaux de tôle du *Vendenesse* avariées et nettoyées à l'étau limeur, comme nous l'avons dit précédemment. Les essais faits simultané ment au laboratoire des Arts et Métiers et au laboratoire central de la Marine montrèrent que la résistance était exactement la même que celle des tôles neuves. Plus que probablement, la tôle d'essai du Ministère des Colonies était perforée ou à peu près en de nombreux endroits. Si l'on avait essayé de la nettoyer à l'étau limeur, on ne serait probablement pas parvenu à obte nir une planchette saine.

Nous n'eûmes pas l'occasion de visiter le *Vendenessé* pendant sa seconde campagne, mais l'examen du bateau à Meulan, lorsqu'il fut halé à terre, fut des plus instructifs et des plus intéressants. Le bordé extérieur n'avait pour ainsi dire pas souffert par l'extérieur, sauf au portage des pattes des porte-haubans. A l'intérieur, les traces d'attaques avaient reparu aux mêmes endroits que la première fois, mais bien moins prononcées, à cause de la meilleure qualité de la peinture employée. Le pont montrait une oxydation prononcée partout où les tôles s'étaient fortement attaquées la première fois. Les tôles qui avaient bien résisté la première année étaient indemnes, de même que les morceaux remplacés à Argenteuil.

Les coutures de la carène offraient les mêmes phénomènes déjà constatés après la première campagne ; mais, autant que nous avons pu nous en assurer, les coutures qui avaient été réparées à Argenteuil étaient indemnes. De même, les coutures d'aluminium sur acier étaient indemnes, en particulier celle du pont sur la gouttière d'acier. Les coutures qui avaient le plus souffert étaient celles du pont : toutes leurs lèvres étaient soulevées, mais l'oxydation paraissait s'être arrêtée à peu de distance. Ce soulèvement s'explique, car les effets dus à la dilatation de l'aluminium sont bien plus prononcés sur le pont que sur la coque.

Le mauvais état du pont était en grande partie dû au lavage et au briquage journalier que lui faisait subir l'équipage malgré les ordres reçus. La peinture primitive dut disparaître rapidement et être remplacée par des peintures quelconques, passées d'une façon défectueuse. Le peu d'entrain des marins pour le grattage est bien connu.

Pour que le *Vendenesse* pût entreprendre une troisième année de navigation, il aurait fallu reprendre les coutures avariées et changer quelques mètres carrés de tôle du pont, en un mot faire une réparation analogue à celle faite l'année précédente à Argenteuil. De plus, il était certain que chaque année des réparations identiques auraient été nécessaires jusqu'à ce que toutes les coutures aient été refaites et les parties particulièrement oxydables des tôles du pont remplacées. Comme, d'autre part, le bateau fait en aluminium d'après un plan destiné à la construction en bois, n'a donné aucun résultat en régates, son propriétaire, M. le comte de Chabanne La Palice, préfère le démolir et utiliser les matériaux à la construction d'un autre yacht, également en acier et aluminium. Si, comme il faut le souhaiter, M. de Chabanne met son projet à exécution, l'expérience sera très intéressante, parce que ce seront les tôles et les cornières mêmes du *Vendenesse* qui serviront à la construction de ce bateau. Pour diminuer les risques, l'aluminium sera simplement employé dans la virure supérieure du bordé de carène, le pont, la cloison intérieure, une partie des membrures et des barrots.

Chalands et pirogues du Ministère des Colonies. — Les renseignements précis manquent malheureusement sur les résultats donnés par ces différentes constructions. Tout ce que nous avons pu apprendre est que l'*Edgar-Monteil*, petit chaland à rames construit par M! Lefèvre, un peu avant le *Vendenesse,* navigue encore sur le Niger et n'a jamais donné lieu à aucune observation. Les pirogues de la mission du Haut-Oubanghi ont été montées et ont donné toute satisfaction, tant par leur solidité que par leur facilité de transport. D'ailleurs, tous ces bateaux naviguent en eau douce. Pour eux, le moment critique est le débarquement et le séjour sur la plage, jusqu'à leur départ pour l'intérieur. S'ils échappent à l'oxydation causée par les embruns et l'humidité saline pendant cette période, ils peuvent durer très longtemps, l'eau douce n'ayant presque aucune action sur l'aluminium.

Conclusions. — Les résultats donnés par les différentes constructions en aluminium établissent nettement que l'aluminium est parfaitement propre, au point de vue des qualités mécaniques, à faire des carènes étanches et solides. Jamais *le Vendenesse* n'a fait une goutte d'eau, ni présenté de traces de fatigue. Sur le torpilleur de M. Yarrow, les phénomènes dus à l'échauffement du pont et des roofs n'ont produit aucun mauvais résultat; l'enveloppe de cheminée et les capots au-dessus de la chaudière étaient en parfait état de conservation. Les phénomènes d'oxydation, qui se sont produits sur toutes les coques allant à la mer, montrent que l'aluminium est un métal délicat, irrégulier et surtout mal connu, et que, dans aucun cas, il n'a été choisi et employé comme il convenait. Nous estimons qu'il serait prématuré de condamner, dès à présent, son emploi, et qu'en profitant à la fois de l'expérience acquise et des progrès faits dans la métallurgie du métal, de nouvelles expériences de construction pourraient être de nouveau tentées avec de grandes chances de succès.

Le torpilleur de M. Yarrow ne saurait constituer une expérience concluante. Ce bateau a été construit comme un bateau en acier, sans aucune adaptation particulière facilitant les soins et l'entretien que nécessite l'aluminium. On a songé à lui donner cet entretien trop tard. La construction même du bateau le rendait très difficile, très dispendieux, sinon impossible.

Le *Vendenesse* se prêtait à cet entretien un peu mieux que le torpilleur, mais il portait en lui-même des vices de construction qui rendaient sa conservation encore trop difficile. Toutefois le bordé extérieur a été conservé en bon état, avec la seule précaution d'échouer le bateau tous les mois ou tous les deux mois et de repeindre les parties dénudées.

Le pont s'est sans doute beaucoup abîmé la

première année. Mais pendant plus de six mois l'eau de mer a séjourné entre le linoléum et le métal non recouvert de peinture. Cet accident est dû, partie à une construction défectueuse, partie à l'esprit de routine des marins.

Nous avons indiqué précédemment que le bordé en aluminium du pont venait se river à recouvrement sur une gouttière d'acier. Le linoléum s'arrêtait au ras de l'aluminium le bord était maintenu par une bande de laiton tenue par des rivets d'aluminium. Malgré toutes les recommandations, l'équipage se servait d'eau de cuivre pour le briquage de cette bande. Cette eau détruisit rapidement les têtes de rivets, de sorte que, au bout de peu de temps, la bande de laiton n'exerça plus aucun serrage sur le linoléum. L'eau de mer s'introduisit dans le joint, détruisit peu à peu la colle de fer et pénétra rapidement jusqu'au milieu du pont. Il semble parfaitement possible de trouver un dispositif qui éviterait le retour d'un pareil accident.

La détérioration du pont survenue pendant la deuxième campagne est encore en grande partie due à la routine des marins. On ne peut réussir à les empêcher de briquer un pont. Le mauvais résultat obtenu montre qu'il faut revenir à l'idée primitivement adoptée de couvrir le pont, soit de linoléum, soit de toile caoutchoutée, mais en prenant les précautions nécessaires pour éviter l'introduction de l'eau entre le pont et ce revêtement. En somme, le seul phénomène de caractère grave qui se soit produit sur le *Vendenesse* est l'attaque des coutures. Avec quelques précautions, on pourrait l'empêcher à l'avenir.

Nous avons à peu près réussi en peignant les surfaces en contact avant rivetage. L'emploi de tôles d'aluminium de mêmes qualités électro-chimiques annulerait probablement cette oxydation d'une façon complète.

Il faut encore ajouter que les tôles du torpilleur et celles du *Vendenesse* sont de qualités très inférieures à celles que l'on fabrique actuellement. Comme nous l'avons déjà dit plus haut, l'homogénéité manquait non seulement d'une tôle à l'autre, mais encore dans la même tôle.

L'ensemble des faits précédents, ainsi que l'expérience personnelle que nous avons pu acquérir dans les diverses constructions d'aluminium nous permettent d'énoncer quelques règles générales pour l'avenir.

1° *Choix du métal.* — Le métal choisi devra être, autant que possible, exempt d'impuretés. Tandis que l'aluminium chimiquement pur s'use au contact de l'eau de mer, d'une façon à peu près régulière, comme le cuivre par exemple, l'aluminium du commerce se pique localement. Les essais au galvanomètre dont nous avons parlé précédemment ont montré qu'à mesure que le pouvoir électro-négatif de l'aluminium augmente, sa résistance à l'eau de mer diminue. Tous les échantillons pris dans les parties avariées du *Vendenesse* jouaient le rôle de pôle négatif par rapport aux échantillons pris dans les parties saines. Ces essais ne permettent pas encore de déterminer, d'une façon nette, le voltage par rapport au zinc, au-dessous duquel il ne faut pas descendre. Une excellente manière d'opérer consisterait à prendre un échantillon de tôle ayant bien résisté à l'attaque de l'eau de mer et de n'accepter que des lingots jouant la rôle de pôle + par rapport à cet échantillon. Ce serait l'indice le plus sûr de leur pureté et de leurs qualités de résistance aux agents chimiques.

2° Traitement du métal. — Une fois que les lingòts auront été choisis, il sera nécessaire de les mélanger par fusions fractionnées, de façon à envoyer à l'usine de laminage pour une construction donnée, un ensemble de lingots dans lesquels entrera une fraction de tous les lingots primitifs. Cette manière de faire donnera évidemment des matériaux offrant une certaine homogénéité.

Les lingots passeront ensuite au laminoir et seront autant que possible soumis à des opérations identiques. On sait que, par des opérations successives de recuit et d'écrouissage, on peut obtenir des matériaux possédant des qualités mécaniques très différentes. A notre avis, pour que ces matériaux possèdent l'ensemble des qualités nécessaires à une construction, il faut les écrouir jusqu'à ce que leur allongement descende à 5 et 6 pour cent environ. Tous les alliages produits jusqu'à présent et qui donnent des résistances et des allongements à la rupture élevés (25 kg. et 20 pour cent ; 30 kg. et 15 pour cent) sont des métaux très recuits. Ils sont extrêmement mous, dénués de toute élasticité à la flexion et impropres à entrer dans une construction. En un mot, dans le cas de l'aluminium, les chiffres de résistance et d'allongement à la rupture n'ont pas, avec l'ensemble des autres qualités mécaniques, la même relation que dans le fer. Les aluminiums écrouis à faible allongement se travaillent d'ailleurs très bien à froid et s'emboutissent très bien sous les chocs.

Une fois les tôles, cornières, bandes pour couvre-joints, laminées et écrouies au point voulu, il sera très avantageux de les échantillonner encore une fois au point de vue électrochimique, de façon à éviter de mettre en contact des matériaux susceptibles de former pile.

Les précautions à prendre en cours de construction sont très simples. Elles se bornent à éviter d'une façon absolue le contact du cuivre, et à peindre toutes les surfaces d'aluminium, faces extérieures des membranes, cales pour rivets, bandes pour couvre-joints, etc.

Une carène construite avec des matériaux ainsi préparés offrirait de sérieuses garanties contre l'oxydation. Nous estimons que, moyennant un entretien continu et de très peu d'importance, elle pourrait durer très longtemps.

Cette opinion est basée sur la constitution physique de l'aluminium et la façon dont les tôtes s'attaquent à l'eau de mer. Le métal produit par électrolyse est un métal spongieux, dont les pores renferment des sels du bain. de l'alumine, du chlorure et du fluorure de sodium. Cette texture est encore bien plus prononcée sur d'autres métaux également obtenus par électrolyse. Nous avons eu entre les mains un morceau de magnésium dont les pores étaient perceptibles à l'œil nu et visiblement remplis de sels. Pendant le laminage, les pores superficiels se bouchent et, à la surface extérieure, il se forme une sorte de croute à peu près compacte. Cependant nous avons souvent observé, à la surface de certaines tôles, un grand nombre de stries dentelées parallèles à l'axe du laminoir et qui montraient la discontinuité de cette surface.

Entre les faces extérieures à peu près compactes d'une tôle, l'intérieur demeure spongieux. Tant que l'eau de mer n'y pénètre pas, c'est-à-dire que la croûte n'est pas traversée ou détruite, l'attaque se produit d'une façon régulière sans grand dommage. Dès que l'eau, au contraire, arrive à la partie spongieuse, elle pénètre les pores, la surface d'attaque augmente beaucoup: le métal s'attaque en profondeur, par cheminement pour ainsi dire. Sur le *Vendenesse*, les portions des tôles de pont qui présentaient les stries, indices d'une croûte insuffisante, se sont toutes rapidement et profondément attaquées. Il a été presque impossible de les assainir complètement.

Il est donc très important de préserver la surface extérieure. Cela est relativement facile, parce quelle ne s'attaque que très lentement.

Le bon entretien d'un bateau en aluminium exige donc qu'il soit mis au sec souvent, que la peinture soit entretenue en excellent état; qu'à chaque mise au sec, tous les endroits présentant quelque trace de commencement d'attaque soient immédiatement grattés au vif, martelés et repeints. Nous sommes persuadés que ce travail, exécuté d'une façon suivie, serait très peu de chose.

La construction devra, bien entendu, être adaptée le plus possible aux nécessités de cet entretien. L'aluminium ne devra être employé que dans les parties où il pourra être visité et repeint, aussi bien à l'intérieur qu'à l'extérieur. Ces conditions nous paraissent assez faciles à réaliser sur des bateaux de petite taille, vedettes, petits torpilleurs, yachts à voile, ne possédant que des emménagements sommaires. C'est d'ailleurs sur ces bateaux que l'emploi de l'aluminium présente le plus d'intérêt, au point de vue de l'accroissement de la puissance motrice et de la vitesse.

Nous ne croyons pouvoir terminer cette étude, sans adresser nos plus sincères remercîments à M. le comte de Chabannes La Palice.

Sachant les risques d'une tentative aussi nouvelle, il n'a pas hésité à entreprendre la construction coûteuse et pleine d'aléas du *Vendenesse*. Le bateau une fois construit, il s'est prêté de bonne grâce aux essais et expériences relatés dans ce livre.

La générosité et le désintéressement, dont M. le Comte de Chabannes La Palice a fait preuve en ces circonstances, doivent lui valoir l'estime et la reconnaissance de tous ceux qui s'intéressent aux progrès de l'Art naval

Recherches de M. Charpentier-Page

Application des alliages
de cuivre-aluminium à l'électricité

Il me semblait intéressant d'avoir une étude aussi complète que possible sur les résultats que l'on pourrait obtenir en électricité avec les fils d'aluminium et et de connaître dans quelles conditions se trouvent modifiées les propriétés de ce métal lorsqu'on l'allie à d'autres métaux susceptibles de lui donner la résistance qui lui fait défaut pour l'utiliser avantageusement à l'état pur.

Je me suis donc livré à toute une série d'expériences répétées et suivies qui peuvent constituer une espèce de gamme fondamentale susceptible de servir comme base aux différentes branches qui se rattachent à l'électricité et aider ceux qui font des recherches dans cette voie.

J'ai donc cru utile do grouper, dans cette petite note, toute la série de ces expériences qui ont été faites, pour la plupart, avec l'obligeant concours du Laboratoire technique d'électricité de la Càblerie à la Société Alsacienne de constructions mécaniques (Usine de Belfort) que je suis heureux de remercier.

De l'ensemble des différents tableaux qui suivent, il se dégage clairement ce principe que la conductibilité des alliages d'aluminium est à peu près proportionnellement inverse à l'augmentation de résistance mécanique et que lorsqu'on allie deux métaux dont la conductibilité est réciproquement 60 et 100, une faible quantité de l'un des métaux incorporé dans l'autre, altère notablement les propriétés physiques et donne une conductibilité notablement inférieure à

celle du plus mauvais conducteur dont le tableau ci-
après donne un résumé très éloquent :

	Conductibilité électrique	Résistance mécanique
Cuivre...............	100	25 k^{os}
Aluminium pur.......	62	23
Alumin. 97. Cuivre 3..	49	35
Alumin. 94. Cuivre 6..	44	43
Alumin. 90. Cuivre 10.	13	64

Il ressort clairement de ce résumé que l'aluminium,
qui est fréquemment employé en métallurgie comme
désoxydant, ne vaudrait absolument rien pour purifier
le cuivre destiné à l'électricité et son emploi pour
cette opération exposerait à de graves déceptions.

De même, il ne serait pas prudent d'avoir une
usine fabriquant ensemble des fils de cuivre et d'aluminium, car il serait matériellement impossible d'éviter
les mélanges dans le traitement des déchets et on
obtiendrait pour le cuivre comme pour l'aluminium,
des produits fatalement de qualité inférieure.

L'énumération de ces différentes considérations conduit à conclure que l'aluminium, en télégraph e ou en
électricité, n'aura que des applications restreintes et
limitées, en supposant même que le métal se comporte
bien au point de vue atmosphérique soit comme dilatation, soit comme durée, point sur lequel de prochai-
nes expériences permettront d'être complètement
fixé.

En admettant que le prix des fils d'aluminium soit
de 5 fr. le kilogr., cela correspond à du cuivre qui
vaudrait 1 fr. 65, prix qui permettrait de rivaliser si
la conductibilité était équivalente, mais comme celle-
ci n'est que d'environ 42 0/0, il faudrait donc employer
une section un peu plus du double que celle du cuivre, et alors le prix se trouve tellement modifié qu'il
n'est plus possible de songer à substituer un métal
à l'autre. Par contre, avec des fils d'alliage d'alumi-

nium donnant une résistance mécanique de 40 kilog. mininum, la conductibilité est équivalente à celle des fils de bronze phosphoreux et comme le poids est au moins 3 fois moindre, on aurait des lignes plus légères et dont le prix serait sensiblement le même ; c'est donc dans cette voie que l'application de l'aluminium pourrait trouver quelques nouveaux débouchés. Peut-être cette étude sommaire en fera-t-elle surgir d'autres! Je le souhaite bien vivement, mon but étant surtout de vulgariser les emplois de ce nouveau métal et je serai toujours fier et heureux d'y avoir contribué pour ma faible part.

N. B. — C'est à la suite de ces expériences que l'administration des Postes et Télégraphes a décidé d'établir une ligne d'essai dont l'exécution a été confiée à l'usine de Valdoie. Cette ligne sera prochainement installée à Paris afin de pouvoir se rendre compte de sa durée aux actions atmosphériques.

ALUMINIUM PUR

Fil recuit. — Diamètre 2 millimètres

Densité 2,688

Résistance élect. par mètre.......ohm.	0.00919
Résistance élect. par kilomètre et par millimètre carré..................ohms	28.86
Les essais faits à une température de 22° correspondent pour le cuivre à 17,9 ohms, la conductibilité comparée est de........	62 0|0

ESSAIS MÉCANIQUES

	1er Essai	2e Essai	3e Essai
Longueur d'essai.......	110	110	110
Allongement en millimètres	36	35	34.5
Charge à la rupture. kgs.	32.70	33.2	33.2
Charge par millimètre carré............kgs.	10.5	10.57	10.57
Allongement 0/0.......	32.7	31.8	31.3

Moyenne de la charge de rupture...kgs   10.920

Moyenne de l'allongement 0/0. ....   31.9

Conductibilité : 62 0/0 du cuivre.

ALUMINIUM PUR

Fil dur. — Diamètre 2 millimètres

Densité 2,694

Résistance élect. par mètre........ohm   0.00928

Résistance élect. par kilomètre et par millimètre carré...................ohms   29.15

Les essais faits à la température de $22°$ correspondent pour le cuivre à 17.9 ohms, la conductibilité comparée est de.........   61.4 0/0

ESSAIS MÉCANIQUES

	1re Essai	2e Essai	3e Essai
Longueur d'essai.......	110	110	110
Allongement en millimètres	4.5	4.5	4
Charge à la rupture. kgs.	72	72.7	72.5
Charge par millimètre carré............kgs	22.90	23.14	23.05
Allongement 0/0........	4	4	3.6

Moyenne de la charge de rupture...kgs   23.030
Moyenne de l'allongement 0/0.........   3.87
Conductibilité : 61.4 du cuivre.

ALUMINIUM 97. — CUIVRE 3

Fils recuits. — Diamètre 2 millimètres

Densité 2,737

Résistance élect. par mètre........ohm   0.01141
Résistance élect. par kilomètre et par
millimètre carré....................ohms   35.83
Les essais faits à la température de 22°
correspondent pour le cuivre à 17,9 ohms,
la conductibilité comparée est de........   49.99 0/0

ESSAIS MÉCANIQUES

	1er Essai	2e Essai	3e Essai
Longueur d'essai.......	110	110	110
Allongement en millimètres................	23.5	23.5	25
Charge à la rupture. kgs	64.50	64.5	65.10
Charge par millimètre carré..........…kgs	20.54	20.38	20.76
Allongement 0/0.	21.3	21.3	22.7

Moyenne de la charge de rupture...kgs   20.560
Moyenne de l'allongement 0/0........   21.7
Conductibililité : 49.99 du cuivre.

ALUMINIUM 97. — CUIVRE 3

Fils durs. — Diamètre 2 millimètres

Densité 2,742

Résistance élect. par mètre........ohm $\quad$ 0.01145
Résistance élect. par kilomètre et par millimètre carré...................ohms $\quad$ 35.96
Les essais faits à la température de 22° correspondent pour le cuivre à 17.9 ohms, la conductibilité comparée est de......... $\quad$ 49.77

ESSAIS MÉCANIQUES

	1er Essai	2e Essai	3e Essai
Longueur d'essai.......	110	110	110
Allongement en millimètres...............	5	4	4.5
Charge à la rupture. kgs	111	111	109
Charge par millimètre carré............kgs	35.3	35.3	34.7
Allongement 0/0.......	4.5	3.6	4

Moyenne de la charge de rupture... kgs $\quad$ 35.100
Moyenne de l'allongement 0/0......... $\quad$ 4.03
Conductibilité : 49.77 du cuivre.

ALUMINIUM 94. — CUIVRE 6 S. M.

Fil recuit. — Diamètre 2 millimètres

Densité 2,818

Résistance élect. par mètre.......ohm $\quad$ 0.01205
Résistance élect. par kilomètre et par millimètre carré...................ohms $\quad$ 37.84
La résistance du cuivre à la même température, 19°, étant 17.6 la conductibilité comparée est de. .... $\quad$ 46.5 0/0

ESSAIS MÉCANIQUES

	1er Essai	2e Essai	3e Essai
Longueur d'essai.......	105	105	105
Longueur à la rupture..	122	124	146
Charge à la rupture.kgs	78	75	73.5
Charge par millimètre carré. ....kgs	24.8	23.8	23.4
Allongement total.....	17	19	21
Allongement 0/0.......	16.2	18	16.8

Moyenne de la charge de rupture....... 24

Moyenne de l'allongement 0/0......... 17

Conductibilité 46.5 0/0 du cuivre.

ALUMINIUM 94. — CUIVRE 6 S. M.

Fil dur. — Diamètre 2 millimètres

Densité 2,827

Résistance élect. par mètre........ohm   0.01290

Résistance élect. par kilomètre et millimètre carré.......................ohms   40.51

La résistance du cuivre à la même température, 19° étant de 17,6, la conductibilité comparée est de....................   43.14 0 0

ESSAIS MÉCANIQUES

	1er Essai	2e Essai	3e Essai
Longueur d'essai.......	105	106	105
Longueur à la rupture..	108	108.5	108
Charge à la rupture.kgs	142	135	135
Charge par millimètre carré...............	45.200	42.900	42.900
Allongement total......	3 m/m	2.5 m/m	3 m/m
Allongement 0/0.......	2.8	2.3	2.8

Moyenne de charge à la rupture....... 43.66

Moyenne de l'allongement 0/0......... 2.6

Conductibilité 43.44 0/0 du cuivre.

ALUMINIUM 94. — CUIVRE 6

Fil dur. — Diamètre 2 millimètres

Densité 2,827
Essais faits par l'administration des postes
et télégraphes

Conductibilité. 41.8 0/0
Charge par millimètre carrè..... ..kgs   42
Allongement à la rupture........... ..   1.1 0/0
Nombre de pliages sur un arrondi de
6 millimètres. ....   4 et 5

ALUMINIUM 10 0/0. — CUIVRE 90

Fil dur. — Diamètre 1,6 millimètres
Densité 8,2

Résistance élect. par mètre........ohm   0.668
Résistance élect. par kilomètre et par
millimètre carré. ....ohms   133.60
Température d'essai 18°.
Le cuivre ayant 17.5 ohms la conducti-
bilité comparée de l'alliage est de........   13.15 0/0

ESSAIS MÉCANIQUES

	1er Essai	2e Essai
Longueur d'essai....	0.100	0.100
Longueur à la rupture...........	130	128
Charge à la rupture..........kgs	129	128
Charge par millimètre carré......	64.500	64
Allongement pour 0/0.............	30	28 ·
Moyenne de la charge de rupture. kgs		64.250
Moyenne de l'allongement.............		29 0/0

Conductibilité 13.15 0/0 du cuivre.

Graphiques des courbes de traction de fils d'aluminium à 6 0/0 de cuivre.

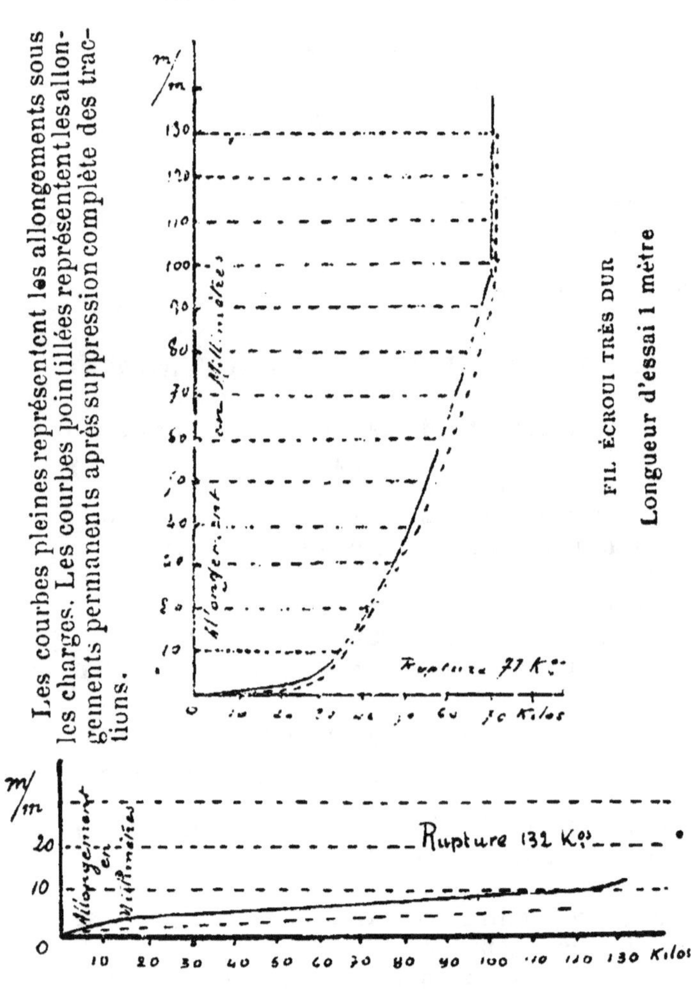

ALLIAGE SPÉCIAL D'ALUMINIUM

Fil recuit. — Diamètre 2 millimètres

Densité 2,96

Résistance élect. par mètre........ohm   0.01577
Résistance élect. par kilomètre et millimètre carré. ....ohms   49.5
La résistance du cuivre à la même température 15° étant 17.4 la conductibilité
comparée est de......................   35.1 0/0

ESSAIS MÉCANIQUES

	1er Essai	2e Essai	3e Essai
Longueur d'essai.......	105	105	105
Charge de rupture...kgs	100	98.85	97
Charge par millimètre carré............kgs	31.847	31.480	30.89
Allongement..........	24.5	23.5	25.50
Allongement 0/0.......	23.3	22.4	25.20

Moyenne de la charge de rupture......   31.406
Moyenne de l'allongement 0/0..........   23.97
Conductibilité 35.1 0/0 du cuivre.

ALLIAGE SPÉCIAL D'ALUMINIUM

Fil dur. — Diamètre 2 millimètres

Densité 2,98

Résistance élect. par mètre........ohm   0.01598
Résistance élect. par kilomètre et par
millimètre carré............... ...ohms   50.17
La résistance du cuivre à la même température, 15° étant 17.4 la conductibilité
comparée est de.....................   31.6 0/0

ESSAIS MÉCANIQUES

	1^r Essai	2e Essai	3e Essai
Longueur d'essai........	105	105	105
Charge de rupture..kgs	140	139	137.650
Charge par millimètre carré............kgs	44.57	44.26	43.82
Allongement...........	3.5	3.5	2.9
Allongement 0/0.......	3.3	3.3	2.7

Moyenne de la charge de rupture...... 44.18
Moyenne de l'allongement........... 3.10
Conductibilité 34.6 0/0 du cuivre.

Mars 1896.   VALDOIE.

Expériences à la flexion. — M. Charpentier-Page a fait également des essais à la flexion sur une barre en aluminium, dont il a bien voulu nous communiquer les résultats.

La barre avait une largeur de 75 mm. et une épaisseur de 10 mm. Elle était encastrée à une extrémité. Un plateau pouvant recevoir des poids était suspendu à 0,300 mètres de l'encastrement et pesait, lui-même, 1.500 grammes.

Après chaque flexion, le plateau était déchargé ; la barre revenait exactement au zéro du point de départ.

Le tableau qui suit donne la flexion obtenue en regard de la charge :

Charges successives en kil..	6,5	11,5	16,5	21,5	26,5
Flexion en mm..........	1	2,5	4	5,2	
Charges successives en kil.	31,5				
Flexion en mm...........	7	8			
Charges successives en kil.	36,5	41,5	46,5	51,5	56,5
Flexion en mm............	9,5	11	12	13	14
Charges successives en kil..	66,5	71,5			
Flexion en mm............	16	17,5			

Nickel-Aluminium
et Nickel-cuivre-aluminium

Tissier fit quelques essais d'alliages d'aluminium et de nickel. D'après lui, 3 p. 100 de nickel donneraient à l'aluminium de la raideur et de la dureté ; l'alliage obtenu serait facile à travailler.

Un alliage analogue a été fabriqué au laboratoire de M. Le Verrier, au Conservatoire des Arts-et-Métiers.

Cet alliage facile à travailler, même à chaud, n'a pas donné de brillants résultats aux essais mécaniques.

	Charge à la rupture	Allongement pour 100
1° Forgé à froid avec recuit.	14 k. 7	6
2° — au rouge sombre..	16 »	5.5
3° — — cerise faible.	16 3	11.5

Il s'est bien comporté au laminage.

Les alliages au nickel-aluminium ont fait l'objet, de la part de M. A. E. Hunt, ingénieur-directeur de *la Pittsburgh C°*, de recherches très intéressantes.

Au dernier meeting d'ingénieurs tenu à New-York, M. Hunt en présenta quelques spécimens, sous la forme de feuilles laminées de un quart de pouce ($6^{mm}25$) environ d'épaisseur.

Dans une de ces feuilles, une cavité de $15^{mm}5$. avait été mandrinée à froid, jusqu'à 50^{mm} de diamètre.

L'autre feuille ; une bande de $7^{cm}5$ de largeur sur 60^{cm} de longueur, avait été courbée en son milieu, de telle façon que la flèche atteignait 5cm.

Il fut constaté que la force employée pour obtenir cette courbure était la même que celle nécessaire pour obtenir le même effet sur une pièce similaire d'acier pesant 32 kilogs; et, après que le spécimen eut été placé sur le parquet et que M. C. Hunt eut appuyé dessus jusqu'à ce qu'il fût redressé, il reprit sa forme primitive, aussitôt la charge enlevée.

En d'autres termes, il parut parfaitement élastique dans les limites données.

Cet alliage est d'une belle couleur blanche et remarquablement léger.

Aucune information relative aux proportions de l'aluminium et du nickel ne fut donnée pour cet alliage, mais il est probable qu'il ne contient qu'une faible quantité de ce dernier métal, et autant qu'on peut en juger, il paraît utilisable dans les cas où l'on désire la légèreté jointe à la solidité.

D'un autre côté, M. Joseph Richards a fait quelques expériences sur la résistance aux agents chimiques, sur des alliages d'aluminium au cuivre, maillechort, nickel, titane, dans lesquels le cuivre, le maillechort et le nickel entraient dans la proportion de trois centièmes, le titane dans la proportion de deux centièmes.

Ajoutons que, dans ces diverses expériences, la résistance à la corrosion de ces alliages était comparée à celle que présentait l'aluminium à 99 pour 100.

Nous devons dire que l'alliage au nickel est

celui qui, dans la plupart des cas, résiste le le moins bien.

C'est ainsi qu'il faut classer les différents métaux par ordre de résistance, suivant l'agent chimique considéré :

KOH	HCl	AzO^3H
Aluminium-pur.	Titane-Alum.	Alum-pur.
Titane-Alum.	Alum-pur.	Titane-Alum.
Cuivre-Alum.	Cuivre-Alum.	Cuivre-Alum.
Nickel-Alum.	Maillechort Alum.	Nickel-Alum.
Maillechort-Alum.	Nickel-Alum.	Maillechort-Al.

NaCl	Acide acétique.
Alum-pur.	Alum-pur.
Maillechort-Alum.	Titane-Alum.
Titane-Alum.	Cuivre-Alum.
Cuivre-Alum.	Maillechort-Alum.
Nickel-Alum.	Nickel-Alum.

Le maillechort-aluminium ne résiste pas sensiblement beaucoup mieux que le nickel-aluminium, sauf dans l'attaque par le chlorure de sodium, pour laquelle il vient immédiatement après l'aluminium pur.

Il y aurait donc avantage à employer le maillechort-aluminium, soit dans les constructions navales, soit dans la confection des campements militaires.

Ajoutons que les constantes mécaniques de maillechort-aluminium sont sensiblement les mêmes que celles du cuivre-aluminium, et que, chose intéressante à noter, les objets façonnés avec le maillechort-aluminium, sont susceptibles de prendre un très beau poli.

Le maillechort le plus propre à la confection de ces sortes d'alliages, est celui dit *type de la guerre*, composé de 80 parties de cuivre, 20 parties de nickel.

Parmi ceux qui ont plus spécialement étudié les alliages en maillechort, et les ont préconisés des premiers, il convient de citer M. Naudin.

Nickel-étain-aluminium

Ces alliages s'obtiennent en faisant fondre d'abord de l'aluminium pur ; quand le métal est fondu, on enlève les impuretés, scories d'alumine et corps étrangers qui peuvent se trouver à sa surface ; puis on met dans le creuset du nickel pur du commerce, en plaques minces, laminées de préférence ; le nickel dont le point de fusion est 1500°, dans les conditions où il se trouve ainsi, fond entre 800° et 900°

L'alliage des deux métaux s'opère avec une grande facilité.

Il suffit de bien brasser le mélange. Quand, en brassant, il ne se produit plus d'étincelles bleuâtres, on ajoute alors de l'étain dans les proportions ci-dessus :

N° 1. Alliage à 85 p. aluminium, 15 étain et 2 nickel.

N° 2. Alliage à 90 p. aluminium, 10 étain et 3 nickel.

N° 3. Alliage à 90 p. aluminium, 10 étain et 4 nickel.

Ces alliages doivent être employés, autant que possible, après une deuxième fusion qui se fait à une température légèrement inférieure à celle de la fusion de l'aluminium, 600° environ.

Ces trois alliages seraient beaucoup plus durs que l'aluminium, et se travailleraient bien mieux à la lime, à l'outil ou au tour ; ils seraient élastiques, très ductibles et resteraient entièrement inoxydables.

Leur densité varie de 2,87 à 2,90.

Pour la fonte, on obtiendrait d'excellents résultats avec le n° 2 dont le retrait à la coulée dans le sable ne serait que de 8 à 9 millimètres par mètre.

L'alliage n° 3 pourrait, en outre, être employé avec avantage pour les pièces qui doivent être laminées, tirées au banc, ou tréfilées.

Un fil de cet alliage, tiré à un dixième de millimètre, serait très résistant et très sonore.

Son élasticité et sa résistance seraient bien supérieures à célles du laiton, et cet alliage se travaillerait mieux.

Ces alliages se souderaient directement, soit à l'aluminium, soit à eux-mêmes, soit à d'autres métaux avec une soudure composée de 4 parties argent, 8 p. zinc, 5 p. étain, pour la soudure tendre ; 5 parties argent, 8 p. zinc et 5 p. étain pour la soudure forte.

Cette soudure pourrait supporter le martelage et l'étirage pour les tubes.

Nickel-fer-aluminium

Ces alliages se font par le même procédé, en faisant fondre 4 parties de nickel dans 90 parties d'aluminium et en ajoutant 1 ou 2 parties de fer.

Cette combinaison s'obtient à une température plus élevée que les alliages de nickel-étain-aluminium à 1000° environ.

L'alliage à une partie de fer serait très dur et très malléable; il se laminerait et pourrait subir un martelage énergique; son élasticité serait très grande et il resterait inoxydable.

Un alliage de 85 parties d'aluminium, 10 parties d'étain, 4 parties de nickel et 2 parties de ferro-nickel, aurait une dureté et une malléabilité bien inférieures à celles de l'alliage précédent.

Il se travaillerait bien à la lime, se laminerait, mais il serait cassant sous un martelage énergique, ce qui réduirait ses modes d'emploi.

Tous ces alliages se fondent par les mêmes procédés, dans les mêmes conditions et dans les mêmes proportions.

Cobalt-Aluminium

Suivant les essais affectués par M. Lejeal, les alliages au cobalt, semblent montrer que ce dernier métal a une action analogue à celle du fer.

On a pu laminer facilement un alliage de 6 p. 100 de cobalt, le lingot avait 8 mm. d'épaisseur et a été amené à 2 millimètres sans recuits intermédiaires.

Un alliage à 3 p. 100 de cobalt a donné d'assez bons résultats aux essais mécaniques.

	Charge de rupture par m|m	Allongement p. 100
Métal écroué.......	22 k.	4
Métal recuit.......	16 k. 5	20

Manganèse-Aluminium

Michel a obtenu un alliage de ces deux métaux, en fondant.

Chlorure de manganèse..........	2 parties
Chlorure de potassium et de sodium	6 —
Aluminium......................	4 —

En dissolvant le culot métallique dans l'acide chlorhydrique, Michel sépara une partie insoluble qui avait la densité 3,4, et qui correspondait à la formule $MnAl^3$.

Manganèse-Cuivre-Zinc-Aluminium

Après une longue série d'essais et de recherches, M. de Susini aurait trouvé une combinaison de certains métaux ayant entre eux des affinités chimiques de constitution qui permettraient de rendre l'aluminium, un métal capable des applications les plus diverses, tant au point de vue de la résistance que du laminage. La formule est représentée par $Al^9 ZnCuMn$: Aluminium-Zinc-Cuivre-Manganèse.

En variant les proportions de ces divers métaux on arriverait à réaliser des alliages répondant à tous les besoins industriels et formant de véritables métaux nouveaux.

Pour obtenir l'alliage, on prépare à part le zinco-cupro-manganèse par la fusion de ces métaux dans un creuset en plombagine, et pour réaliser le mélange final, on fond l'aluminium ; et quand il est au rouge, on y ajoute les quantités d'alliage nécessaire, pour produire les numéros suivants qui répondent aux divers besoins de l'industrie.

Désignation	Aluminium	Manganèse	Cuivre	Zinc
Nᵒ 1	97	1 à 3 0/0	1.5	0.5
Nᵒ 2	98	1 à 5 0/0	2.5	1
Nᵒ 3	92	2 à 8 0/0	4.5	1.5
Nᵒ 4	90	10 0/0		

Titane-Aluminium

Wœhler, Michel et Lévy, étudièrent ces alliages. Celui qu'obtint Michel correspondait à la formule $Al^3 Ti$ et contenait environ 65 0/0 d'aluminium.

M. Lévy a obtenu un autre alliage qui donnait à l'analyse :

Aluminium	70 92
Titane	26 80
Silicium	2 17

Un alliage à 7 0/0 de titane a donné des résultats curieux au point de vue de la photomicrographie. Le métal est sillonné de coups de sabre.

M. Brown propose l'emploi d'un alliage à

3 0/0 de titane qui serait presque aussi dur que le fer.

Nous avons vu au paragraphe du nickel-aluminium que les alliages à 2 0/0 de titane sont ceux qui après l'aluminium pur offrent la plus grande résistance à la corrosion.

Tungstène-Aluminium

Michel a obtenu un alliage correspondant à la formule $Al^4 \cdot W$. ; cet alliage défini avait une densité de 5.58 et contenait 37 p. 100 d'aluminium ; il rentrerait plutôt dans la catégorie des alliages lourds.

Voici quelques essais effectués au laboratoire de M. Le Verrier, sur un alliage tungstène-aluminium, renfermant 7.5 p. 100 de tungstène.

	Résistance à la rupture	Allongement p. 100
Métal coulé........	15 k. 500	1.5
— laminé écroué	25	4
— recuit.......	18	10
— — ...	15 k. 900	14

Il existe, en outre, tout une série d'alliages légers où l'aluminium est allié à plusieurs métaux parmi lesquels on compte le tungstène ; et ce serait à ce dernier métal qu'il faudrait attribuer les propriétés caractéristiques de ces alliages.

Parmi ces alliages, nous citerons le wolframinium et le partinium.

Wolframinium. — Ce nouvel alliage est dû à MM. Reinhard et Isidore Roman ; sa résistance est très grande. Voici ses constantes mécaniques :

-	Charge à la rupture	Allongement p. 100
Métal écroui.	36 k. 7	2 k. 14
Métal recuit..	26 k. 5	15 k. 24

Il se compose des métaux suivants avec des proportions données à titre d'exemple :

Cuivre...........	0.375
Étain............	0.105
Antimoine.......	1.442
Tungstène.......	0.038
Aluminium......	98.040
	100.000

On peut substituer le manganèse ou le nickel au cuivre, à l'étain ou à l'antimoine.

On mélange les métaux, dans l'ordre où ils sont donnés en ajoutant une petite quantité d'aluminium, successivement à chacun de ces métaux pour agir comme fondant et faciliter le mélange.

La Société Locke, Lancester, and W. et R. Jonshon et Sons de Londres, s'est rendu acquéreur des alliages de M Romans.

Cette Société livre ces alliages sous la forme de lingots, feuilles, barres, tubes et cornière.

Le wolframinium présente l'avantage de pouvoir se couler facilement au sable et en coquille.

Parmi les autres propriétés de ce nouvel alliage, il faut signaler sa couleur, qui rappelle le blanc de l'argent et son poli, qui est comparable à celui du nickel.

La résistance aux liquides et aux différents réactifs serait comparable à celle de l'aluminium pur, dont il aurait approximativement la même densité.

Partinium. — Cet alliage constituerait presque un métal nouveau, car il possèderait, suivant son promoteur, M. G. H. Partin, à l'égal de l'acier, la dureté qui lui permettrait d'être forgé, étiré, laminé, pour être réduit en feuilles, barres tubes. fils, etc.

Il s'obtient de la façon suivante :

On commence par produire un premier composé de 78 parties de cuivre, 20 parties d'étain, 2 parties d'arseniate de potasse.

L'alliage qui en résulte est pulvérisé et mélangé avec une partie de tungstène, 3 parties d'antimoine.

Ces trois métaux sont fondus ensemble de la façon ordinaire, après avoir été pulvérisés au préalable et bien mélangés.

Ce mélange est ensuite placé dans un linge que l'on a auparavant enduit d'une couche de terre à four délayée dans de l'eau, de l'épaisseur d'un centimètre environ, afin d'empêcher la volatilisation et l'oxydation.

Le tout est ensuite mis dans un creuset brasqué et chauffé au rouge vif, pendant une demi-heure environ.

L'alliage est de nouveau pulvérisé et ajouté directement à l'aluminium en fusion dans la proportion de 4 à 10 0/0.

On peut supprimer le tungstène et l'antimoine et les remplacer par une charge égale de magnésium en poudre, quand on veut augmenter la tenacité du métal sans modifier son poids spécifique.

Comme soudure de ce nouvel alliage, l'inventeur emploie et préconise celle donnée par les éléments suivants

Zinc, 60 0/0 ; étain, 30 0/0 ; nickel, 4 0/0 ; cuivre 4 0/0 ; arseniate de potasse, 2 0/0.

Zinc-aluminium

Tous les alliages de zinc et d'aluminium sont plus cassants que l'aluminium. On a essayé un alliage à 3 0/0 de zinc qui serait intéressant au point de vue de la dureté, mais qui ne présenterait aucune qualité mécanique.

Si l'on chauffe à haute température un alliage d'aluminium et de zinc, on peut complètement éliminer ce dernier par distillation.

Cadmium-aluminium

Le cadmium s'unit facilement à l'aluminium et donne des alliages très malléables, qu'on emploie surtout dans la préparation des soudures.

Bismuth-aluminium

Les alliages au bismuth sont très fusibles et s'oxydent facilement. Une très faible quantité de bismuth donne à l'aluminium une belle couleur blanche, rappelant celle de l'argent, mais le métal poli est rapidement terni à l'air.

Dès que la proportion de bismuth arrive à 1 p. 100 les alliages deviennent cassants.

Antimoine-Aluminium

Suivant M. D. A. Roche, et contrairement à l'opinion qui avait été généralement admise, l'aluminium se combine facilement avec l'antimoine et en toutes proportions, et cela par divers procédés.

C'est ainsi qu'on peut fondre ensemble de l'aluminium, avec un composé d'antimoine: le trichlorure, l'oxyde etc. Ce dernier avec ou sans charbon.

L'opération est facilitée par un fondant tel qu'un chlorure alcalin.

Mais le procédé le plus simple et qui donne les meilleurs résultats, consiste à combiner directement les deux métaux par voie de fusion ; l'opération se fait au four Perrot et à une température peu élevée.

Les alliages à faible teneur en antimoine (inférieure à 5 0/0), ont une dureté, une tenacité et une élasticité beaucoup plus considérables que l'aluminium et sont en même temps très malléables ; c'est toujours M. D.-A. Roche qui parle. Leur couleur est un peu moins blanche que celle de l'aluminium pur, mais leur éclat est plus vif et plus argentin, et résiste mieux à l'action des agents atmosphériques.

Si l'on élève la teneur en aluminium, la dureté augmente, mais la ténacité et l'élasticité diminuent très vite et l'alliage devient friable ; la cristallisation propre de l'aluminium disparaît de plus en plus, et vers 10 0/0 l'alliage est formé de paillettes cristallines brillantes ; ceci est d'ailleurs absolument identique à ce qui se passe avec un grand nombre d'alliages d'aluminium tels que les alliages avec le chrome, le nickel, le cobalt, le tungstène, etc.

On remarque, en même temps que le point de fusion de l'alliage s'élève avec la teneur en antimoine, et son altération devient de plus en plus grande jusqu'à ce qu'on arrive à un alliage de composition :

Aluminium 18,37 0/0
Antimoine .... 81,63 »

Cet alliage qui répond à la formule Al Sb ou $Al^2 Sb^2$ est un véritable antimoniure d'aluminium. Pour l'obtenir le mieux est de fondre dans un creuset, au four Perrot, de l'antimoine puis de brasser le bain avec une baguette d'aluminium, en ayant soin d'élever la température au fur et à mesure que l'aluminium se combine ; la masse devient de plus en plus pâteuse puis, brusquement, se solidifie.

Après refroidissement on la sort facilement du creuset sans qu'il soit indispensable de casser celui-ci.

L'antimoniure d'aluminium se présente sous forme d'une masse gris foncé homogène à cassure gris noirâtre cristalline.

Il est absolument infusible aux plus hautes

températures que donne le four Perrot, et son point de fusion paraît même supérieur à celui des aciers doux. .

C'est là un fait remarquable, puisque les deux métaux qui le constituent fondent à des températures relativement basses: l'antimoine à 440°, l'aluminium à 625° centigrades.

La composition de l'antimoniure d'aluminium n'est pas rigoureusement constante; elle varie un peu avec les conditions de la préparation, mais ne diffère jamais que de quelques millièmes de celle donnée plus haut.

L'antimoniure d'aluminium n'est pas altéré par l'air sec à la température ordinaire; à haute température, l'antimoine se volatilise lentement et si l'on n'évite pas complètement l'accès de l'air ou des gaz du foyer, l'aluminium s'oxyde.

L'air humide, même à froid, l'oxyde profondément; en très peu de temps, on voit l'alliage se déliter en formant une croûte noirâtre contenant de l'alumine en même temps qu'il dégage de l'hydrogène antimonié.

L'eau froide décompose cet alliage comme l'humidité de l'air, en donnant lieu à un dégagement lent et régulier d'hydrogène antimonié.

La chaleur rend cette attaque beaucoup plus vive; il en est de même si l'on ajoute un alcali caustique; il se forme alors un aluminate et l'hydrogène antimonié est mêlé d'hydrogène libre.

L'acide chlorhydrique, même étendu, attaque énergiquement cet alliage; il se dégage de l'hydrogène contenant beaucoup d'hydrogène antimonié ; tout l'aluminium se dissout à l'état de chlorure, et l'antimoine qui n'est pas passé à l'état d'hydrogène antimonié se trouve en partie dissous à l'état de $SbCL^3$, et en partie inattaqué sous forme de poudre noire.

Si l'on prépare des alliages encore plus riches en antimoine, on remarque que leur point de fusion s'abaisse très rapidement, ainsi que leur altérabilité à l'air humide, sans toutefois qu'elle devienne jamais nulle.

Un phénomène semblable avait été signalé par Wœhler, pour des combinaisons de i'aluminium avec le bore, le silicium, l'arsenic, le tellure, le phosphore.

M. Roche l'a également observé sur un alliage formé de plomb 75 0/0, antimoine 24 0/0, aluminium 1 0/0.

Les alliages d'aluminium et d'antimoine se combinent facilement avec d'autres métaux et en diverses proportions, pour former des alliages complexes dont plusieurs sont susceptibles d'applications industrielles importantes.

M. Roche cite aussi les alliages légers : nickel-antimoine-aluminium, tungstène-antimoine-aluminium, remarquables par leur dureté, leur élasticité et leur ténacité ; argent-antimoine-aluminium, avec ou sans nickel ou cuivre, susceptible d'un fort beau poli ; puis, parmi les alliages lourds : les fers et surtout les aciers-aluminium-antimoine, avec ou sans nickel, chrome, etc., d'une finesse de grain extraordinaire, absolument sans soufflures, extrêmement durs et tenaces.

Silicium-Aluminium

Il a été parlé, à diverses reprises, dans le cours de cet ouvrage, des alliages silicium-aluminium. Sont-il appelés à quelque avenir? Nous avons dit que, lorsque la proportion de fer n'excède pas 5 à 7 millièmes et que les proportions de silicium varient entre 1 et 12 0/0, les alliages au silicium deviennent de plus en plus résistants et atteignent rapidement 23 à 25 kilos de résistance par mètre carré, en conservant 10 0/0 d'allongement.

Malheureusement, ils se détériorent facilement à l'air ou au contact de la plupart des agents chimiques, de sorte qu'on ne pourrait guère les employer que recouverts de peinture.

A côté de cela ils présentent un avantage qui, dans certains cas, les rend intéressants ; ils peuvent se produire à un prix de revient très inférieur à celui de l'aluminium pur, étant donné que la principale dépense en matières premières, entrant dans leur préparation, est constituée par de la bauxite blanche, matière sans valeur appréciable relativement au prix de l'aluminium.

J'avais pensé, pour propager l'emploi du silicium-aluminium, à le revêtir d'une couche de cuivre qui le protègerait contre l'attaque de l'air.

On pourrait ainsi faire des objets moulés et estampés, que l'on cuivrerait après et qui, finalement, pourraient être argentés ou dorés suivant leur usage.

Mais, dans ma pensée, cette utilisation de l'aluminium, sous la forme d'un alliage au silicium ne devait être que provisoire ; il est clair, en effet, que la véritable solution serait de produire l'aluminium pur, à un prix peu sensiblement plus élevé que le silicium aluminium.

Toutefois, pendant que le prix de l'aluminium pur reste dans les environs de 4 francs, alors que le prix du silicium aluminium n'est guère que de 2 francs, il y aurait, peut-être, intérêt à chercher à utiliser cet alliage ; il aiderait, sans doute, à une plus grande extension de l'aluminium.

Alliages légers et de Densités diverses

Argent aluminium

Ces alliages sont préparés en fondant ensemble les deux métaux. Une petite quantité d'argent dans l'aluminium semble améliorer ses propriétés mécaniques ; elle le rend plus blanc et apte à recevoir un beau poli.

Avec 5 pour cent d'argent, l'aluminium serait aussi malléable que le métal pur. Sa densité est de 2.80. On a essayé d'appliquer cet alliage à la fabrication de certains objets d'orfèvrerie.

M. Carrol emploie un alliage composé de :

Aluminium......... 90 à 93
Argent ... . 9 à 6
Cuivre............. 1

Cet alliage se prête, paraît-il, très bien à la gravure. L'addition de cuivre a pour but, d'après M. Carol, de donner au métal un grain plus serré.

A partir de 10 pour 100 d'argent, les alliages deviennent cassants ; cependant on a employé, sous le nom de *Tiers-Argent*, un alliage composé de 2/3 aluminium, 1/3 argent qui pouvait s'estamper, et se graver plus facilement que les alliages d'argent et de cuivre.

Etain-Aluminium

Les alliages d'étain ont surtout été étudiés au point de vue de la fabrication des soudures.

Bourbouze avait préconisé un alliage à 10 0/0 d'étain ; son principal intérêt était de pouvoir se souder aussi facilement que le laiton.

Il a une grande importance au point de vue des appareils d'optique, son coefficient de dilatation par la chaleur étant inférieur à celui de l'aluminium.

Il est plus blanc que l'aluminium ; sa densité est égale à 2.85. Son inaltérabilité aux agents atmosphériques serait égale, sinon supérieure à celle de l'aluminium.

M. Riche a fait une étude très intéressante des alliages d'étain-aluminium.

Frappé des nombreux inconvénients que présentent les alliages de plomb et d'étain actuellement en usage pour la fabrication des vases et enveloppes destinés aux produits alimentaires, M. A. Riche s'est proposé de rechercher s'il ne serait pas préférable de remplacer ces alliages par d'autres formés avec des métaux inoffensifs.

Ses études ont d'abord porté sur le nickel ; il a prouvé que ce métal est inoffensif, et les résultats obtenus paraissent très avantageux.

Le bas prix relatif de l'aluminium a également conduit M. Riche à entreprendre des essais analogues avec les alliages d'étain et d'aluminium pauvres en ce dernier métal, car on considère qu'une faible quantité d'aluminium allié à l'étain le rend plus dur et plus élastique.

Les alliages riches en étain se coulent, se moulent et se tournent facilement et, comme ils ne s'écrouissent pas sensiblement, on en constitue sans effort des lames de $0^{mm},5$ et $0^{mm},2$ d'épaisseur.

Ces lames exposées à l'air libre dans un laboratoire sont devenues au bout d'une quinzaine de jours friables au point de se casser sous l'action de leur propre poids lorsqu'on les soulevait.

On fît un essai comparatif en plaçant pendant le même temps dans une glacière, trois lames de mêmes dimensions et composées :

La première, d'étain fin pesant 191 grammes.

La seconde, d'étain allié à 10 0/0 de plomb pesant 195 grammes.

La troisième, d'étain allié à 3 0/0 d'aluminium pesant 186 grammes.

En les retirant au bout de quinze jours, M. Riche constata que les deux premières avaient conservé leurs propriétés physiques, tandis que la dernière pesait 199 grammes, c'est-à-dire avait augmenté de 15 grammes ; elle se rompit sous son propre poids.

On fit une autre expérience en laissant pendant trois mois à froid, dans un litre d'eau de la Vanne, additionné de 10 grammes de carbonate de soude :

1° Une lame d'étain pesant 64 gr. 7.

2° Une lame d'étain allié à 2 0/0 d'aluminium pesant 65 gr. 9.

3° Une lame d'étain allié à 5 0/0 d'aluminium pesant 64 gr. 2.

4° Une lame d'étain allié à 10 0/0 d'aluminium pesant 56 gr. 5.

La première n'a subi aucune variation, tandis que le poids des autres s'est accru respectivement de 1 gr. 5, 2 gr. 3, 2 gr. 8.

Pour approfondir ce mode d'altération, on a préparé d'autres alliages et on a maintenu des lames de 0 mm. 5 ayant une égale surface, dans de l'eau distillée pendant douze jours, d'abord à froid, puis vers 50° et 60°.

Voici les résultats obtenus :

Nature de l'alliage	Poids de l'alliage avant l'opération	Poids de l'alliage après l'opérat.	Augmentation de poids
Sn + 5 0/0 Al.	75 gr. 4	78 gr. 7	3 gr. 3
Sn + 10 0/0 Al.	66 1	72 7	6 6
Sn + 15 0/0 Al.	63 6	73 7	10 1
Sn + 50 0/0 Al.	44 7	53 1	8 4
Sn + 90 0/0 Al.	30 7	31 3	0 6

Les trois premières lames sont, comme dans les expériences précédentes, recouvertes de boursouflures, et ont augmenté notablement en épaisseur ; la troisième est restée en apparence sans grande modification, elle est fragile comme les autres.

La cinquième a conservé son aspect primitif en même temps qu'elle a gardé sensiblement son poids. Néanmoins elle a été attaquée dans une faible mesure, mais l'action produite diffère de l'action sur les alliages pauvres en aluminium, par ce fait très saillant que l'alumine formée ne reste pas emprisonnée dans le métal ; il s'en dépose sur la lame qui se trouve ainsi préservée contre l'attaque ultérieure, il en flotte une certaine quantité dans la liqueur, et il s'en attache aux parois du vase, tandis que pour les alliages pauvres, la liqueur reste limpide et ne laisse pas déposer d'alumine.

M. Riche a remarqué, en outre, que les alliages d'étain et d'aluminium s'attaquent plus énergiquement par les divers réactifs que l'aluminium et l'étain isolé.

Ainsi ces deux métaux résistent à l'action de l'acide sulfurique froid (5 0/0) tandis que leurs alliages sont violemment détruits par cet acide.

L'étain n'est pas détruit par l'action des solutions alcalines ; ses alliages avec l'aluminium sont aussi fortement oxydés par ces solutions que l'aluminium lui-même.

En résumé, la décomposition de l'eau par les alliages d'aluminium, doit donner à réfléchir à ceux qui cherchent de nouveaux emplois à ce métal.

On a donné une foule de recettes pour la soudure de l'aluminium, dit M. Riche; un grand nombre d'entre elles ont l'étain pour base et ont causé des déceptions qui s'expliquent clairement, d'après ce qui vient d'être dit.

Il paraît rationnel de renoncer à l'emploi des alliages d'étain même riches en aluminium pour les soudures; il pourrait se former des liquations qui auraient pour résultat d'accroître en certains points, la teneur en étain et de constituer des alliages attaquables par l'eau.

De même dans la fabrication des vases en aluminium pour les cantines des armées : il semble de toute importance d'éliminer l'étain des soudures, si l'on en pratique. et, d'une manière générale, d'éviter l'introduction de l'étain dans ces ustensiles.

M. Riche a également préparé des alliages d'aluminium avec 75 0/0 de zinc, d'antimoine, de plomb et d'argent : les deux premiers s'attaquent sensiblement par l'eau distillée froide, et les deux derniers ne résistent pas complètement à l'eau pure chauffée ; il faut donc être très prudent dans l'addition du zinc et de l'antimoine à l'aluminium pour les usages où ces métaux sont en contact avec l'eau.

Nous savons déjà que les alliages qui résistent le mieux sont ceux à 3 0/0 de titane ; ce sont ceux-là qu'il faut adopter dans la fabrication des vases destinés à contenir des produits alimentaires, aussi bien que dans les constructions navales.

Chrome-alumininium

Wœhler obtint un alliage au chrome en réduisant par l'aluminium, le chlorure violet de chrome. Il se formait un chlorure d'aluminium qui était volatilisé. La composition de cet alliage correspondait à peu près à la formule AlCr.

Aluminium.....................	31.60
Chrome.....................	68.40
	100.00

M. Lejeal a obtenu par un procédé analogue un alliage contenant 11 0/0 de chrome. Cet alliage était très cassant et cristallin ; il était impossible de le travailler.

Il a fallu descendre à 3,5 0/0 pour arriver à un alliage pouvant supporter le martelage et le laminage et encore ce métal était-il criqué après ces opérations.

Cet alliage a donné :

	Charge de rupture par mmq.	Allongement pour 100
Métal écroui........	12^k,6	12
Métal recuit.,.......	12^k,3	7

Mercure-aluminium

Le mercure froid et la vapeur de mercure n'attaquent pas l'aluminium qui s'amalgame au contraire assez facilement dans le mercure bouillant.

L'aluminium semble s'unir au mercure dans une seule proportion qui répondrait, d'après MM. Baïlle et Fery, à la formule $Al^2 Hg^3$. Ces opérations ont, en effet, trouvé à l'analyse :

Mercure........... 91.23
Aluminium........ 8.74

M. Krouchkoll a signalé la grande oxydabilité de l'aluminium amalgamé.

On trouvera dans notre premier ouvrage les principales propriétés de l'amalgame d'aluminium.

Plomb-aluminium

Ces deux métaux ont peu d'affinité entre eux, si on laisse refroidir lentement un mélange de plomb et d'aluminium, on peut presque séparer les deux métaux.

Un essai fait dans ces conditions a donné à M. Lejeal :

A la partie supérieure du culot :

Plomb........ 9.78
Aluminium.... 90.22

A la partie inférieure du culot :

Plomb......... 94.49
Aluminium.... 5.51

M. Peligat a réussi à coupeler un morceau d'aluminium impur et à séparer tout le plomb.

Préparation de quelques alliages légers d'aluminium par voie de réaction chimique.

M. Charles Combes, a fait sur ce sujet, une étude très intéressante qu'il a présentée à l'Académie des Sciences dans la séance du 25 juin 1896, et que nous reproduisons ici.

« Lorsqu'on veut préparer les alliages d'aluminium avec des métaux dont les oxydes sont difficilement réductibles et qu'il n'est pas aisé de se procurer à l'état de pureté, tels que le chrome et le manganèse, par exemple, il est souvent avantageux de procéder par voie de réaction chimique. Il en est de même si l'on ne dispose pas d'un fourneau capable d'atteindre les hautes températures nécessaires pour fondre les métaux peu fusibles.

« On sait que l'aluminium peut réduire les oxydes d'un grand nombre de métaux, ce que la Thermochimie prévoit ; mais la réduction s'effectue mal parce que l'aluminium fondu ne mouille pas les oxydes infusibles.

« Aussi M. Moissan a-t-il proposé récemment de projeter un mélange de limaille d'aluminium, avec l'oxyde que l'on se propose de réduire, à la surface d'un bain d'aluminium, maintenu en fusion. D'après l'auteur, l'oxyde est réduit à cause de la grande chaleur développée par la combustion d'une partie de la limaille.

« Ce procédé n'est guère avantageux et je ne m'y suis pas arrêté pour les raisons suivantes :

« On ne peut se procurer facilement de grandes quantités de limaille d'aluminium et l'on a tous les inconvénients de la manipulation des corps en poudre.

« La réaction n'est pas quantitative, une partie de la limaille d'aluminium est brûlée.

« La réaction produit de l'alumine, corps infusible qui ne se sépare pas nettement du métal et qui, en tout cas, est perdue.

« Il en est autrement si l'on réduit par l'aluminium un sulfure ou un chlorure métallique, ce qui est possible dans un grand nombre de cas.

« La réaction se passe à la température de fusion de l'aluminium ; avec un sulfure, il se produit du sulfure d'aluminium, qui monte à la surface du bain métallique et s'en sépare très nettement. Avec un chlorure, il se produit du chlorure d'aluminium qui se volatilise. Ces deux substances peuvent d'ailleurs être recueillies et utilisées pour régénérer l'aluminium.

La réaction est immédiate et intégrale, en sorte qne l'on peut calculer à l'avance le taux de l'alliage.

Les données thermochimiques permettent, dans la plupart des cas, de prévoir si la réaction est possible. Elle se passe toujours s'il y a une différence positive notable entre la chaleur de formation du sulfure métallique employé et celle du sulfure d'aluminium. Ainsi, les chaleurs de formation étant pour

	Cal
$Al^{\frac{2}{3}} S$	41,4
NiS..............	19,4
ZnS..............	43,0
MnS	45,2

le sulfure de nickel réagit, tandis que les sulfures de zinc et de manganèse ne réagissent pas.

Les chlorures métalliques peuvent réagir, alors même que leur chaleur de formation est un peu supérieure à celle du chlorure d'aluminium. Ainsi $Al^{\frac{1}{3}}$ Cl exigeant 53^{cal}, 6 et $Mn^{\frac{1}{2}}$ Cl 56^{cal}, on obtient cependant un alliage de manganèse avec départ de chlorure d'aluminium.

En définitive, j'ai pu préparer dans un simple four Perrot de laboratoire, à une température peu supérieure à celle de la fusion de l'aluminium, des alliages des métaux réfractaires tels que le nickel, le manganèse, le chrome, etc.

Il est à remarquer qu'une partie au moins du sodium, que l'aluminium contient fréquemment, est éliminée par ce traitement. On constate facilement que le sulfure d'aluminium, provenant de l'opération, a une réaction nettement alcaline et l'on peut doser le sodium entraîné.

Aluminium-nickel.— On emploie la matte Bessemer raffinée de nickel, correspondant à la formule NiS et que l'on obtient industriellement très pure. Ce produit a l'avantage d'être moins cher que le nickel métallique et que son oxyde.

On fond ensemble les quantités voulues d'aluminium et de matte, ou bien on projette la matte par fragments dans le bain d'aluminium. La réaction est immédiate et se fait avec incandescence. J'ai préparé ainsi des alliages contenant jusqu'à 20 0/0 de nickel. A cette teneur, l'alliage est cassant et cristallise par refroidissement.

Aluminium-manganèse. — On projette par fragments du chlorure manganeux anhydre dans l'aluminium fondu.

Le chlorure d'aluminium se volatilise rapidement et peut être recueilli dans un appareil à condensation. A la teneur de 4 0/0, l'alliage Al Mn a une cassure à facettes cristallines còmme celle du spiegel.

Aluminium-chrome. — On emploie le sesquichlorure de chrome que l'on projette par fragments dans l'aluminium.

La réaction est très violente, l'alliage à 7 0/0 est très cassant et à structure finement cristalline. L'alliage à 13 0/0 est tout à fait cristallisé et se pulvérise au mortier.

Je continue l'étude des alliages d'aluminium dont plusieurs m'ont paru doués de propriétés intéressantes au point de vue métallurgique.

Analyse des alliages légers d'aluminium

Recherches de M. JAMES OTIS HANDY

Quoique l'industrie de l'aluminium ne soit pas aussi étendue que celle du fer, elle progresse rapidement. Production des Etats-Unis :

          1894............ 550.000 livres
          1895............ 850.000   »

The Pittsburg Réduction Company est le seul producteur américain de l'aluminium, fabriqué par électrolyse, dans des creusets revêtus de carbone, de l'alumine dissoute dans un bain de fluorures fondus.

Le produit de chaque creuset est coulé en poches de temps à autre et classé suivant les analyses faites par le *Pittsburgh ·Testing Laboratory limited*.

Une partie de l'aluminium est vendu tel qu'il est produit; une autre partie est alliée pour modifier ses propriétés physiques.

Les alliages d'aluminium avec 3 p. 0/0 de nickel ou avec 3 à 7 0/0 de cuivre et de zinc sont précieux en ce que la résistance est accrue avec une faible augmentation de la densité.

L'aluminium produit actuellement avec les meilleurs minerais contient :

99 à 99, 9 0/0 aluminium.
0.3 à 0.05 silicium(combiné ou graphitoïde).
0,3 à 0 cuivre.
0.2 à 0 fer.

La seconde classe de l'aluminium contient 96 à 98 p. 0/0 d'aluminium ; le reste est fourni par le silicium et le fer.

Outre les analyses d'aluminium, on demande aussi les analyses des alliages de cuivre, nickel, manganèse, chrome, tungstène, zinc et titane, ainsi que l'analyse des soudures d'aluminium, contenant : étain, zinc et phosphore, etc., et des matières premières de la fabrication de l'aluminium (bauxite, alumine hydratée ou calcinée, etc.).

Analyse de l'aluminium commercial (95 à 99 9 0/0 d'aluminium). Choix de dissolvants : solubilité de l'aluminium. *Acide chlorhydrique à 33 0/0*, c'est-à-dire : 1 partie HCl à 1 20 de densité, 2 partie eau, est un excellent dissolvant.

L'acide sulfurique 25 p. 0/0 dissout l'aluminium complètement par une ébullition prolongée.

L'acide azotique étendu de 1 ou 2 0/0 dissout l'aluminium par ébullition prolongée.

Mélange d'acides :
100 0/0 Acide azotique, densité 1.42.
300 0/0   —   chlorhydrique, densité 1.30.
600 0/0   —   sulfurique à 25 p. 0/0.
Est un excellent dissolvant parce qu'il dissout l'aluminium et produit en même temps une oxydation qui empêche le dégagement du silicium sous forme d'hydrogène silicié. De plus, l'acide sulfurique que contient la mixture assure la déshydration de la silice.

La solution de soude 33 0/0 est un dissolvant utilement employé quand il s'agit de séparer d'un seul coup les impuretés métalliques. Les solutions plus faibles n'agissent pas aussi rapidement et aussi complètement.

C'est dans un flacon d'Erlenmeyer que la dissolution réussit le mieux : 15 c/c de la solution sodique suffisent pour 1 gr. d'aluminium.

La lessive de soude commerciale peut être employée après filtration sur l'amiante.

Autres réactifs et solutions titrées nécessaires. Carbonate de soude chimiquement pur. — Solution saturée et filtrée.

Zinc en poudre. Pratiquement exempt de fer et de cuivre.

Acide nitrique à 15 0/0 :
15 parties acide à 1.42 densité.
85 parties eau.

Liqueur titrée de permanganate : 5 gr. 76 pour 2 litres 1 c/c = 0.005 Fe.
Solution de Cyanure de Potassium : 45 **gr.** pour 2 litres 1 c/c = 0.005 Cu.

Appareils spéciaux. Deux tubes étroits grossièrement gradués de façon à contenir : 1 gr. zinc en poudre, 2 gr. bicarbonate de soude pur.

Les capsules employées auront de préférence 112 m/m. de diamètre et seront recouvertes avec des verres de 125 m/m de diamètre flacons Erlenmeyer de 360 c/c de capacité munis de couvercles de porcelaine.

MÉTHODE

Dosage du silicium, fer et cuivre dans l'aluminium commercial.—1 gr. de perçures d'aluminium est dissous dans une capsule de porcelaine par 30 c/c. du mélange d'acides. Si les perçures sont fines, il suffit d'ajouter 15 c/c. Couvrir et laisser dissoudre à douce température en évitant une mousse trop abondante. Après dissolution, évaporer rapidement à sec jusqu'à production de fumées d'acide sulfurique et chauffer encore pendant 5 minutes. Eviter toutes projections quand le sulfate d'aluminium commence à cristalliser et à se déposer.

Reprendre à chaud par 75 à 100 c/c d'eau et 10 c/c d'acide sulfurique à 25 p. 0/0. Faire bouillir jusqu'à dissolution de tout le sulfate. Ajouter 1 gr. de poudre de zinc que l'on verse au milieu de la capsule et maintenir à 60 ou 70° c, jusqu'à ce que tout le zinc soit dissous en laissant le fer réduit au minimum et le cuivre précipité. Filtrer et laver avec eau chaude. Laisser refroidir et titrer le fer dans la liqueur avec le permanganate.

Traiter la matière restée sur le filtre par 2 fois acide azotique étendu et chaud ; recueillir les liqueurs filtrées et y titrer le cuivre avec KCy titré, après avoir ajouté du carbonate d'ammoniaque jusqu'à ce que le cuivre précipité soit redissous. La fin de la réaction est très nette. Le résidu $(Si + SiO^2)$ est calciné et fondu avec 1 gr. de carbonate de soude. Reprendre par H^2O et 25 cc. acide sulfurique à 25 0/0. Evaporer jusqu'à production pendant 5 minutes de fumées blanches. Ajouter ensuite 75 à 100 cc. d'eau et faire bouillir pour séparer la silice. Filtrer et laver. Brûler et peser le résidu qui est traité par l'acide fluorhydrique et une goutte acide sulfurique pour vérifier la pureté de la silice.

Perte = Silice. Calculer comme silicium.

Détermination du silicium cristallin graphitoïde dans l'aluminium. — Dissoudre 1 gramme d'aluminium dans 30 cc. acide chlorhydrique à 33 0/0 dans une capsule de platine et filtrer à travers un filtre de cc. mm. contenu dans un entonnoir qui a été légèrement enduit de paraffine. Laver et calciner dans un creuset de platine et volubiliser SiO^2 par addition d'acide fluorhydrique. Fondre avec 1 gr. de carbonate de soude, refroidir dans 15 cc. d'eau. Ajouter 20 ou 25 cc. acide sulfurique à 25 0/0. Evaporer jusqu'à fumées, étendre et filtrer la silice qui est pesée comme telle. Calculer Si.

Nota. - Les dosages de silicium, cuivre et fer sont journellement employés pour classer l'aluminium.

Il est admis que le sodium et le carbone existent parfois dans l'aluminium.

Dosage du sodium. — Dissoudre 1 gr. de percures dans 50 cc. acide azotique à 1.3 de densité et quantité suffisante d'acide chlorhydrique dans une capsule de porcelaine. Faire bouillir pour chasser l'acide chlorhydrique.

Faire tomber dans une capsule de platine et évaporer à sec ; chauffer sur brûleur Bunsen jusqu'à ce que les fumées nitriques aient cessé. Ecraser le résidu et le mélanger avec 1 gramme de chlorure d'ammoniaque et 8 grammes carbonate de chaux pur. Chauffer progressivement au brûleur, de façon à atteindre le rouge franc (procédé Laurence Smith). Reprendre par l'eau chaude et filtrer : rejeter le résidu. La liqueur est additionnée à froid de carbonate d'ammoniaque en léger excès, agiter vivement. Le précipité de carbonate de chaux est tout d'abord floconneux ; mais après 10 minutes, il devient cristallin. Filtrer dans une capsule de platine, rejeter le résidu et évaporer la solution à sec au bain-marie. Chauffer progressivement au rouge pour expulser les sels ammoniacaux. Dissoudre dans quelques gouttes d'eau et ajouter quelques gouttes de bi-carbonate d'ammoniaque en dissolution ; s'il se produit un précipité, on ajoute un excès et on filtre. La liqueur est évaporée à sec ; on chauffe au rouge faible et on pèse le chlorure de sodium.

Déduire, s'il y a lieu, la quantité trouvée dans un essai à blanc des réactifs : $NaCl \times 0,3932 = Na$.

Généralement, le sodium est absent, mais on en a trouvé jusqu'à 0,2 p. 0/0, ce qui est considéré comme une cause de corrosion du métal dans l'eau. M. Moissan cite quelques exemples d'aluminium variant de 0.1 à 0.4 p. 0/0. M. Moissan a même trouvé un échantillon à 4 0/0 de sodium.

Dosage du Carbone (*Méthode Moissan modifiée*). — Triturer 2 grammes de perçures dans un mortier d'agate avec 10 à 15 grammes de chlorure mercurique et 15 cc. d'eau. La réaction se produit rapidement, et on obtient un résidu gris et lourd. Par trituration, on élimine les dernières parties d'aluminium métallique. Evaporer à sec au bain-marie. Le résidu sec est chauffé dans un courant d'hydrogène pour expulser les composés mercuriques. Le résidu est chauffé à l'air pour brûler le carbone ; on reçoit l'acide carbonique dans une solution d'hydrate barytique et on sature l'excès de baryte par un acide.

L'auteur recherche un procédé plus pratique.

Azote. — On attribue à l'aluminium surchauffé à la fusion la propriété d'absorber l'azote, ce qui affaiblirait le métal.

La méthode de Moissan, pour doser l'azote, est ainsi décrite :

L'azote doit sûrement exister sous forme d'azotures et la dissolution dans la soude avec distillation subséquente, paraît être le meilleur procédé.

Nous étudierons cette méthode.

Dosage de l'aluminium dans l'aluminium métallique. — Dissoudre 1 gr. de métal dans 30 cc. acide chlorhydrique au 1/3 dans une capsule en porcelaïne et évaporer doucement à sec. Reprendre par 10 cc. acide chlorhydrique fort et 75 cc. eau à l'ébullition. Faire tomber dans un gobelet, étendre à 250 cc. et faire passer un courant d'hydrogène sulfuré jusqu'à saturation. Filtrer et expulser l'hydrogène sulfuré. Oxyder par 1 cc. acide azotique à l'ébullition pendant dix minutes. Etendre et faire 500 cc. dont on prélève 50 cc. que l'on étend et porte à l'ébullition. On ajoute alors un excès d'ammoniaque et on fait bouillir pendant vingt minutes. Laisser déposer, filtrer et laver avec de l'eau chaude. Calciner faiblement et peser rapidement. L'aluminium absorbe l'eau plus facilement que la chaux.

M. Moissan préfère la précipitation par le sulfure d'ammonium. Il prend environ 0 gr. 150 d'aluminium. Neutraliser à froid avec l'ammoniaque et précipiter par le sulfhydrate d'ammonium récemment préparé. Il laisse déposer un heure, filtre et lave à l'eau chaude, etc.

Alliages d'aluminium avec de petites quantités d'autres métaux. — *Alliages de cuivre* (3 à 30 0/0 de cuivre sans zinc ou nickel). — Dissoudre 1/2 gr. ou 1 gr. dans 15 cc. de solution sodique à 33 0/0 dans un vase Erlenmeyer ; à douce température la dissolution est complète en quelques minutes, même si le métal est en gros grains.

Etendre à 30 cc. avec eau chaude et filtrer sur un filtre de charpie. Bien laver avec de l'eau chaude.

Dissoudre le résidu détaché du filtre en le chauffant avec 3 cc. d'acide nitrique fort. Après refroidissement, ajouter du carbonate d'ammoniaque jusqu'à redissolution du précipité et titrer avec K C y .

On prépare un alliage à 20 0/0 que l'on emploie pour fabriquer les alliages faibles.

Alliages de Nickel. — On emploie l'alliage à 3 0/0 de nickel ce qui augmente la résistance de l'aluminium de plusieurs kilogs par mmq. on dissout 1 gr. de métal dans la solution sodique comme ci-dessus. On filtre et dissout dans l'acide azotique, de même, puis on fait 250 cc. dont on prend 100 cc. dans lesquels on neutralise l'ammoniaque par l'addition d'acide chlorhydrique fort, puis on fait passer un courant d'hydrogène sulfuré ; filtrer et laver. Le sulfure de cuivre est calciné et pesé puis redissous dans l'acide nitrique et titré avec le cyanure.

La liqueur filtrée du sulfure de cuivre est portée à l'ébullition pour chasser l'hydrogène sulfuré, puis on peroxyde par addition d'acide azotique. Ajouter de l'ammoniaque et maintenir au voisinage de l'ébullition, sans l'atteindre, pendant quelques minutes. Filtrer, redissoudre le précipité de même. Sur le filtre, l'on a le peroxyde de fer que l'on pèse comme tel.

Dans une autre partie de liqueur de 100 cc., on ajoute la solution sodique en léger excès à la solution bouillante. On filtre et on lave complètement. Le précipité est séché, calciné et pesé comme oxydes de nickel, fer et cuivre du poids desquels on retranche Fe^2O^3 et CuO, et on obtient l'oxyde de nickel.

Alliages d'Aluminium et de Manganèse. — 1 gr. dissous dans 30 cc. acide chlorhydrique à 33 0/0. Ajoutons ensuite 25 cc. acide azotique, faire bouillir jusqu'à 10 cc. Ajouter 50 cc. d'acide nitrique fort et incolore et faire bouillir. On précipite le manganèse par addition de chlorate de potasse (Méthode de Ford William), etc.

Alliages de Chrome et d'Aluminium. — 1 gr. dans 30 cc. acide chlorhydrique à 33 0/0, ajouter ensuite 50 cc. acide sulfurique fort et évaporer jusqu'à formation de fumées d'acide sulfurique. Après refroidissement, ajouter 60 cc. d'eau et faire bouillir. Après 3 minutes, si tout le sulfate d'aluminium est dissous, ajouter du caméléon jusqu'à l'apparition d'une teinte rouge que l'on décompose par ébullition. Filtrer et dans la *liqueur jaune* titrer le chrome par le sel de Mohr et le caméléon.

Alliage d'Aluminium et de Tungstène. — *Dosage du Tungstène.* — Dissoudre 1 gr. de l'alliage dans 30 cc. d'acide chlorhydrique au tiers. Ajouter 30 cc. d'acide azotique fort et évaporer à sec. Reprendre par 30 cc. d'acide chlorhydrique fort, étendre à 90 cc. et faire bouillir pendant deux heures.

Filtrer et laver parfaitement.

Brûler $Si + SiO^2 + WO^3$

Traiter par trois gouttes d'acide sulfurique à 25 p. 0/0 et 2 cc. d'acide fluorhydrique. Evaporer doucement et repeser. On obtient ainsi : Silicium + acide tungstique (on a donc la silice par différence).

Fondre avec 1 gr. de carbonate de soude. Reprendre par 25 cc. d'eau et 25 cc. d'acide sulfurique à 25 p. 0/0. Evaporer jusqu'à production de fumées. Filtrer, laver et peser la silice (du silicium) et l'acide tungstique.

Traiter par l'acide fluorhydrique et l'acide sulfurique, évaporer et repeser, on a l'acide tungstique. La perte est égale à la silice. Ajouter le silicium et la silice combinée et retrancher de la première pesée, on a : acide tungstique. (La dernière pesée représente bien aussi l'acide tungstique).

Alliage d'Aluminium et de Titane.— Dosage du Titane. — 2 gr. de matière sont traités par 50 cc. de solution de potasse à 10 p. 0/0. Diluer à 125 cc., faire bouillir et filtrer aussi rapidement que possible, bien laver. Brûler le résidu dans un creuset de platine avec 10 gr. de bisulfate de potassium en chauffant avec précaution, en agitant fréquemment la masse fondue. Reprendre par 200 cc. d'eau, filtrer et rejeter le résidu après s'être assuré qu'il est complètement volatilisé par l'acide fluorhydrique. S'il y a un résidu, on le fond avec 4 gr. de bisulfate. Le filtrat contient l'acide titanique et le fer. Ajouter de l'ammoniaque jusqu'à formation d'un léger précipité permanent que l'on redissout dans ce qu'il faut d'acide sulfurique dilué, plus 1 cc., et diluer à 300 cc. Si la liqueur est un peu fausse (beaucoup de fer), ajouter de l'acide sulfureux et réduire.

Faire bouillir pendant une heure en ajoutant de l'acide sulfureux à l'occasion ; l'acide titanique se sépare. Filtrer l'acide titanique qui est lavé, calciné et pesé. Si l'acide titanique est jaune (fer), on peut le fondre avec 1 gr. de bisulfate de potassium et titrer le fer dans la solution par réduction par le zinc et titrage par le caméléon.

$$Ti\ O^2 \times O.\ 6 = Ti.$$

Alliage de Zinc et d'Aluminium. — *Dosage du Zinc.* — (1re méthode). Dissoudre 1 gr. de l'alliage dans 30 cc. acide chlorhydrique au 1/3 ; étendre à 200 cc. chauffer près de l'ébullition. Faire passer un courant d'hydrogène sulfuré pour précipiter le cuivre. Filtrer, brûler les oxydes. Ajouter hydrate de sodium jusqu'à neutralisation et acidifier exactement par l'acide chlorhydrique pur. Dissoudre l'alumine, ajouter 10 gr. d'acétate de sodium et 500 cc. d'eau, faire bouillir et filtrer le précipité de fer. Dissoudre et reprécipiter. Dans la liqueur filtrée, on fait passer un courant d'hydrogène sulfuré qui donne du sulfure de zinc lequel est filtré, calciné et pesé comme oxyde de zinc.

(2ᵉ méthode). Dissoudre 1 gr. de perçures dans la solution sodique à 330/0. Filtrer et laver parfaitement avec de l'eau chaude. Faire tomber zinc + fer + silicium + cuivre, etc., dans un ballon avec 25 cc. d'eau. Ajouter 5 cc. acide chlorhydrique et faire bouillir. Etendre à 150 cc. avec eau chaude et faire passer un courant d'hydrogène sulfuré. Filtrer, chasser l'hydrogène sulfuré, réoxyder et neutraliser avec hydrate de sodium, acidifier légèrement, ajouter 10 gr. acétate de soude et 300 cc. d'eau, faire bouillir et filtrer. Si le précipité est faible la redissolution est inutile. Faire passer un courant d'hydrogène sulfuré et recueillir le sulfure de zinc qui est calciné et pesé à l'état d'oxyde de zinc.

$$ZnO \times 0.8032 = Zn$$

Analyse des soudures pour aluminium. — Ces soudures contiennent généralement du phosphore de l'étain et du zinc ; souvent on donne à analyser la pièce soudée. L'analyse comporte tout d'abord la séparation des éléments et il est difficile de savoir si l'aluminium fait partie intégrante de la soudure. Les parties détachées sont traitées par la solution sodique et on sépare, par filtration, le résidu qui est séché, pesé et analysé. Dissoudre 0 gr. 200 ou 0.300 dans un gobelet au moyen de 20 cc. acide nitrique fort. Si c'est nécessaire, ajouter 5 cc. acide chlorhydrique fort pour compléter la décomposition. Evaporer à sec, après refroidissement, reprendre par 25 cc. acide azotique à 1.13 de densité et faire bouillir. Filtrer. Le résidu contient tout l'étain, la majeure partie du phosphore et parfois un peu de zinc.

Pulvériser le résidu et le fondre avec 2 gr. bicarbonate de soude et 2 gr. de soufre dans un creuset de porcelaine pendant 1/2 heure. Refroidir, reprendre avec 150 cc. d'eau bouillante, filtrer et laver. Le résidu peut contenir un peu de sulfure de zinc que l'on dissout dans l'acide azotique, et on ajoute au premier filtrat. La solution de $Na^2 S$ contient l'étain et le phosphore. Ajouter de l'acide chlorhydrique jusqu'à acidité, chauffer doucement et faire passer hydrogène sulfuré, filtrer le sulfate stanneux et le laver, puis calciner et peser comme acide stannique (Sn). Le filtrat est porté à l'ébullition pour chasser l'hydrogène sulfuré, et ensuite oxydé par 2 cc. d'acide azotique à l'ébullition. Séparer le soufre par filtration, et dans le filtrat (100 cc. environ) ajouter de la soude jusqu'à réaction alcaline, puis de l'acide azotique pour acidifier. Chauffer à 85° C et ajouter 50 cc. liqueur molybdique, agiter pendant cinq minutes, filtrer et peser le précipité jaune qui, multiplié par 0,0163, donne le phosphore.

Les filtrats des deux attaques sont évaporés à sec, repris par l'acide chlorhydrique. On neutralise par l'hydrate de sodium, on ajoute 10 gr. acétate de soude pour séparer le fer. Si le précipité est abondant, on a la preuve que l'aluminium existe dans la soudure. Dans la liqueur, on précipite le zinc par l'hydrogène sulfuré, etc. Le précipité d'acétate basique d'aluminium et de fer est dissous dans l'acide chlorhydrique, on étend à 250 cc. et on précipite par l'ammoniaque, etc. On pèse l'alumine, on rencontre, parfois, des soudures contenant du *plomb*. Dans ce cas, la liqueur nitrique, filtrée de l'acide stannique et évaporée contient le plomb. On ajoute de l'acide sulfurique et on évapore jusqu'à production de fumées blanches. On ajoute 100 cc. d'eau et on filtre en lavant avec de l'eau à 5 0/0 d'acide sulfurique, on calcine, on ajoute une goutte d'acide sulfurique et on pèse comme sulfate de plomb.

On dose le zinc dans la liqueur filtrée.

Analyse de l'alumine. — On fabrique l'alumine avec la bauxiste ou la cryolithe, à l'état hydraté ou calciné.

Alumine hydratée. — On y dose l'eau, la silice et le carbonate de soude.

Eau. — Calciner 1 gr. d'alumine dans un creuset taré. On chauffe doucement d'abord et ensuite pendant 15 minutes le plus fort possible au chalumeau à air. La perte au feu comprend : l'eau, l'acide carbonique ou carbonate de soude. On calcule l'acide carbonique du carbonate et on retranche de la perte totale pour obtenir l'eau.

Silice. — Dissoudre l'alumine hydratée dans l'acide sulfurique à 42° Baumé qui dissout l'alumine et laisse *la silice*. L'acide sulfurique à 42° Baumé est préparé en mélangeant 900 cc. acide sulfurique fort et 1290 cc. d'eau.

Traiter 5 gr. d'alumine hydraté par 25 cc. acide à 42° B., jusqu'à ce que l'alumine paraisse dissoute. Etendre à 100 cc. et faire bouillir. Filtrer laver, calciner et fondre le résidu avec 1 gr. de bi-sulfate de potassium, reprendre par l'eau. Filtrer et peser la silice qui est traitée par l'acide fluorhydrique. La perte représente la silice.

Soude. — On la dose comme dans l'aluminium (L. Smith.). Calculer comme carbonate de soude.

Alumine calcinée. — L'eau et la soude sont dosées comme dans l'alumine hydratée.

Silice. — Fondre 1 gr. avec 10 à 12 gr. de bi-sulfate de potassium. Reprendre par l'eau et filtrer. Le résidu est calciné et fondu avec 1 gr. carbonate de soude. Reprendre par l'eau et évaporer ; on ajoute 25 cc. acide sulfurique à 25 0/0. Lorsque toute la matière soluble est dissoute ; on évapore jusqu'à fumées blanches d'acide sulfurique. On recueille la silice par filtration et on calcine. On volatilise la silice par l'acide fluorhydrique ; la perte égale la silice.

Bauxite. (Méthode adoptée en mai 1895). N'exige ni appareils, ni réactifs spéciaux.
Prendre 1 gr. 1/2 de matière finement pulvérisée et préalablement desséchée à 100° c. et conservée dans un flacon. On dissout dans une capsule de porcelaine au moyen de 50 cc. du mélange d'acides. Faire chauffer jusqu'à formation de fumées et maintenir le résidu fumant pendant 15 minutes. Refroidir, ajouter 100 cc. d'eau, agiter et faire bouillir pendant 10 minutes. Filtrer, laver, en recevant le filtrat (175 cc. environ avec lavage) dans un gobelet de 300 cc.

Calciner le résidu qui consiste surtout en silice avec un peu d'acide titanique, péroxyde de fer et alumine. Peser et ajouter quelques gouttes d'acide sulfurique et 5 cc. environ d'acide fluorhydrique. Evaporer, calciner fortement et peser. La perte de poids donne le silice. Ajouter au résidu 1 gr. bisulfate de potassium et fondre. Reprendre par l'eau et filtrer pour séparer un peu de *silice*. La liqueur filtrée est jointe à la première contenant : l'acide titanique, l'alumine et le péroxyde de fer. Faire 250 cc. et prendre 50 cc.$=$0.300 bauxite. Diluer à 390 cc. Ajouter 2 cc. acide chlorhydrique fort et de l'ammoniaque en léger excès, faire bouillir pendant 5 minutes. Laisser déposer et filtrer, laver et calciner. L'on obtient : alumine$+$peroxyde de fer$+$acide titanique.

Acide titanique. — 100 cc. de liqueur (0 gr 600 bauxite) sont neutralisés par l'ammoniaque ; ajouter un léger excès d'acide chlorhydrique et d'acide sulfurique, etc. Diluer à 400 cc. Réduire par l'acide sulfureux, etc. (comme ci-dessus).

Peroxyde de fer. — 50 cc. de solution. Ajouter 10 cc. acide sulfurique à 25 p. 0/0 et 1 gr. zinc en grenailles. Aprés réduction, titrer le fer (on a l'aluminium par différence).

Dosage du fer en opérant sur une plus grande quantité de bauxite.

1/2 gr. de matière dans un creuset de platine avec 3 cc. acide sulfurique à 25 p. 0/0 et 5 cc. acide chlorhydrique. Evaporer jusqu'à fumées,

chasser l'excès d'acide sulfurique par évaporation, faire bouillir, ajouter 10 cc. acide sulfurique à 25 p. 0/0 plus zinc et titrer le fer après réduction.

Eau et matières organiques. — On les détermine par chauffage au rouge jusqu'à poids constant.

TROISIÈME CHAPITRE

Alliages de densité moyenne

On ne connait que très peu d'alliages d'aluminium de densité moyenne, employés dans l'industrie en tant que métal ; sous la forme de soudures, au contraire on en compte un grand nombre, dont nous avons déjà donné la composition.

On trouvera d'autres formules dans le paragraphe qui est réservé aux alliages lourds.

A côté des alliages pour soudure il convient de citer quelques alliages d'aluminium colorés à base d'or, de palladium, de cobalt et de nickel, de densités moyennes et un alliage spécial, le ferro-silicium-aluminium, qui peut être employé avec avantage, comme réactif dans l'industrie métallurgique.

Alliages colorés d'aluminium

Or-Aluminium. — Dû au chimiste anglais Roberts-Austen, il renferme 22 parties d'aluminium, 78 parties d'or et présente une coloration pourpre à reflet de rubis.

On a signalé récemment cet alliage comme

susceptible d'application à la bijouterie et à la frappe de la monnaie.

Mais comme l'a fait remarqué M. Margot, il y a de sérieuses réserves à faire sur l'emploi pratique de cet alliage, attendu qu'il ne paraît pas posséder des qualités exigées pour supporter le travail du burinage et de l'estampage.

En opérant sur une petite quantité de substance, M. Margot a bien obtenu l'alliage à teinte pourpre, mais la texture en est cristalline et il se pulvérise au moindre choc du marteau.

MM. Tissier ont établi que l'on pouvait allier jusqu'à 10 0/0 d'or à l'aluminium sans que ce dernier métal perde de sa malléabilité.

Cet alliage a une couleur tirant un peu sur le brun.

L'alliage connu sous le nom de Nurnberg Gold employé dans la fabrication des bijoux de fantaisie, a la couleur de l'or et résiste très bien aux agents atmosphériques. Sa composition est la suivante :

Cuivre......................	90
Or.	2.50
Aluminium...............	7.50

Sa densité le classerait plutôt parmi les alliages lourds.

Platine-aluminium. — Dû à M. Margot, il renferme 28 parties d'aluminium et 72 parties de platine.

Cet alliage possède une belle coloration jaune laquelle peut, lorsqu'on fait varier les proportions dans de faibles limites prendre une teinte violacée, verdâtre et parfois cuivrée. Cet alliage est cassant, dur, à structure cristalline.

Palladium-aluminium (Margot). — Unis en des proportions semblables à celles de l'alliage précédent, produisent parfois un alliage ayant une très belle coloration rose cuivrée ; si l'on sort des proportions voulues, la teinte passe au gris d'acier. La texture de cet alliage est cristalline, il est dur, très fragile, mais ne se désagrège pas avec le temps.

Cobalt-aluminium (Margot). — Cet alliage, ainsi composé : aluminium 20 à 25 parties, cobalt 75 à 80 parties, lorsqu'il vient d'être formé, a la dureté de l'acier trempé, une structure cristalline et de même que les précédents, il se pulvérise sous le choc du marteau. Au bout de peu de jours, il se transforme presque entièrement en poudre ayant une teinte violacée sensible.

Nickel-Aluminium (Margot. — Composition alluminium 18 parties, nickel 82 parties. Coloration jaune paille assez marquée ; il a presque la dureté de l'acier et peut prendre un très beau poli. Il diffère essentiellement des précédents par sa résistance au choc du marteau et par sa parfaite stabilité.

Ferro-Silicium-Aluminium

On donne le nom de ferro-silicium-aluminium

à une série d'alliages de compositions suivantes :

Aluminium.	Fer.	Silicium.
90 parties	7	3
85 —	10	5
80 —	14	6

Ces alliages peuvent s'obtenir en traitant directement par l'électricité la bauxite blanche ou rouge, ou mieux un mélange des deux.

Mais, pour réussir, il y a lieu de prendre une série de précautions décrites par nous dans deux brevets, pris en France, à la date du 29 décembre 1894 et du 24 janvier 1895 ; les bauxites, blanche ou rouge, doivent subir préalablement une désagrégation partielle avant d'être employées dans l'aluminium des bains électrolytiques.

Pendant cette désagrégation la bauxite rouge perd un peu de son fer, la bauxite blanche de sa silice.

Sans cette manipulation préalable, la bauxite versée dans le bain ne serait attaquée qu'imparfaitement, l'aluminium produit serait trop impur et l'économie du procédé moins parfaite.

Cette méthode ainsi caractérisée, permet d'obtenir de l'aluminium dont la teneur varie entre 85 et 92 0/0 à un prix très bas, certainement égal à la moitié du prix de revient de l'aluminium pur, et aux deux tiers du prix du silicium-aluminium obtenu avec la bauxite blanche au moyen d'un procédé analogue.

Nous ne pensons pas que cet alliage se vende dès le début même à un prix bien supérieur à

2 francs le kilogramme ; pour des quantités considérables, ce prix baisserait encore.

Il pourrait être utilisé par les métallurgistes dans l'affinage de l'acier et de la fonte. La quantité de silicium qu'il contient (6 0/0 au maximum) ne saurait nuire en aucun cas, même lorsqu'il importerait de produire des aciers extra doux, attendu que les proportions de l'aluminium adoptées dans ces sortes d'opérations sont très faibles et excèdent rarement le millième de la masse traitée.

La quantité de silicium apportée par le ferro-silicium-aluminium à l'acier traité ne serait donc jamais supérieure à la dix-millième partie de la masse totale, quantité absolument négligeable, étant donné que les aciers les plus purs renferment de 12 à 20 dix-millièmes de silicium.

Nous savons que les métallurgistes opèrent le plus souvent avec de l'aluminium pur et qu'il leur répugne d'user d'aluminium de seconde qualité.

Cela tient sans doute à ce que le prix de l'aluminium pur n'est pas sensiblement différent de celui de l'aluminium de seconde qualité, que ce dernier ne présente pas une composition constante et contient, parfois, divers métaux comme le plomb, le cuivre, le zinc qui peuvent nuire à l'acier au lieu de l'améliorer.

Si l'on présentait aux métallurgistes un aluminium à composition rigoureusement constante ; aluminium 85 parties, fer 10 parties ; silicium 5 parties, par exemple, qui coûterait deux fois moins cher que l'aluminium, sans doute ils l'adopteraient et l'emploieraient dans presque toutes leurs réactions.

Ajoutons que, même dans l'affinage de certains aciers à bon marché et des fontes, le prix d'un réactif comme l'aluminium a son importance ; il ne saurait être employé que si les dépenses ne sont pas trop élevées, car il ne faut pas oublier, qu'en raison de la concurrence, on trouve dans l'industrie des fontes et des aciers à des prix de plus en plus bas.

Quoiqu'il en soit, nous croyons à l'avenir de l'aluminium dans la grande métallurgie ; déjà après l'avoir délaissé, certaines aciéries et non des moins importantes l'utilisent et en retirent des avantages appréciables.

Tout dernièrement M. F. Krupp a trouvé qu'un alliage en aluminium avec du ferro-manganése et du ferro-silicium convient comme addition aux aciers fondus, dans le cubilot même.

Jusqu'à présent l'aluminium était surtout employé dans les poches au moment de la coulée.

L'alliage en question renferme 5 0/0 d'aluminium, 10 0/0 de manganèse, 10 0/0 de silicium et 75 0/0 de fer.

Suivant Krupp on pourrait aussi opérer avec un alliage ne renfermant que de l'aluminium du silicium et du fer ; mais la présence du manganèse est une garantie de plus.

Le ferro-silicium-aluminium que nous préconisons est tout indiqué pour la formation de ces divers réactifs.

QUATRIÈME CHAPITRE

Alliages lourds

Bronzes et laitons d'aluminium

Les bronzes et laitons d'aluminium sont employés, depuis longtemps, à cause de leurs qualités mécaniques. Ils sont susceptibles d'acquérir un très beau poli et offrent une grande résistance aux agents atmosphériques.

Suivant la proportion d'aluminium, ces alliages présentent des propriétés mécaniques et physiques spéciales, sur lesquels nous nous sommes déjà longuement étendus dans notre premier ouvrage.

Nous ajouterons quelques nouvelles observations.

L'alliage renfermant 7,5 pour 100 d'aluminium, 92,5 p. 100 de cuivre a la couleur de l'or ; l'*Aluminium Company* a pu dorer, avec cet alliage, le bois de la vitrine qu'elle occupait à l'Exposition de 1889.

Dans la pratique, on ne dépasse guère 10 à 11 pour 100 d'aluminium. Un bronze à 19 pour 100 d'aluminium est très cassant et se polit très dif-

ficilement ; la cassure qui, dans cet alliage, est
à grains fins, tend à devenir cristalline à mesure
que la proportion de cuivre augmente.

C'est à M. Héroult que l'on doit la préparation économique de ces alliages. Dès 1887,
cet ingénieur obtenait, au four électrique, en
réduisant l'alumine par le cuivre des alliages
de cuivre-aluminium dont la teneur en aluminium variait entre 15 et 25 0/0.

Ces alliages fondus à nouveau étaient ra-
menés à la teneur en aluminium voulue au moyen
d'adjonction de cuivre.

Les bronzes d'aluminium servent à la fabrication des instruments d'optique, des coussi-
nets de machine, services de table, orfèvrerie, etc., etc.

Depuis vingt-quatre ans, l'église de Saint-
Germain-des-Prés possède douze candélabres
de 2 mètres de hauteur ; ces pièces n'ont pas
subi d'altération sensible ; la composition de
l'alliage était :

$$
\begin{array}{ll}
\text{Cuivre} \dots\dots\dots\dots & \text{95 parties} \\
\text{Aluminium} \dots\dots\dots & \text{5} \quad \text{»}
\end{array}
$$

Les bronzes renfermant environ 2,5 ; 5 ; 7,5 ;
10 pour cent d'aluminium semblent correspon-
dre à des combinaisons définies qui répondraient
aux formules suivantes :

$$
\begin{array}{lll}
Cu^4\,Al\dots & \text{9,62 pour 100 aluminium} \\
Cu^8\,Al\dots & \text{5,05} \quad\quad \text{»} \quad\quad\quad \text{»} \\
Cu^{16}\,Al\dots & \text{2,59} \quad\quad \text{»} \quad\quad\quad \text{»}
\end{array}
$$

Lorsqu'on ajoute l'aluminium au cuivre en fusion, on observe une élévation de température et ce dégagement de chaleur a été interprété par certains auteurs comme une preuve de plus de combinaison chimique.

Recherches de Kiliani. — Kiliani pensait que le dégagement de chaleur n'est pas dû uniquement à la combinaison chimique, mais à la réaction de l'aluminium sur l'oxydule de cuivre que renferment toujours les cuivres du commerce. Voici les raisons qu'il en donne :

Lorsqu'on ajoute aux 90 p. 100 de cuivre les 10 p. 100 d'aluminium, non en une fois, mais en plusieurs fois, il y a d'abord une grande élévation de température ; les dernières portions donnent ensuite lieu à un abaisssement de température, par absorption de la chaleur latente de fusion.

Or tout cuivre du commerce contient de l'oxydule et quand on le fond, la proportion d'oxydule en est augmentée.

C'est lui que l'aluminium réduit ; et, l'oxydation de l'aluminium qui en résulte se fait avec un dégagement énorme de chaleur qui suffit à expliquer le phénomène dont il est question au moins pour une grande partie.

Supposons, par exemple, que le cuivre fondu contienne 0.45 pour 100 d'oxygène, de façon que les 100 kilogrammes contiennent 4 kg. 02 d'oxydule.

La décomposition de celui-ci exige 1146 calories. D'autre part, l'oxygène qui s'en dégage se combine avec 0 kg. 507 d'aluminium pour former $Al^2 O^3$, suivant la formule :

$$3 Cu^2 O + Al^2 = 3 Cu^2 + Al^2 O^3$$

qui, en se formant, dégage 3.300 calories.

Il y a donc un excédent de

$$3300 - 1146 = 2154 \text{ calories.}$$

Or, il faut 0,1 colorie pour élever d'un degré 1 kilogramme de cuivre, et, par conséquent, dix calories pour 100 kilogrammes.

Donc 2154 calories élèveront la température des 100 kilogrammes de 215°, quantité suffisante pour expliquer l'échauffement que l'on constate.

Il faut dire qu'à côté du dégagement de chaleur résultant de la réduction de l'oxydule de cuivre par l'aluminium, la réaction entre l'aluminium et le cuivre, au moment de la formation de l'alliage, dégage aussi de la chaleur. Je n'en donnerai que comme preuve la rapidité avec laquelle une petite quantité de cuivre, en masse compacte, un cube, par exemple, se dissout dans l'aluminium fondu (Minet). On constate le même phénomène lorsqu'on laisse tomber dans de l'aluminium en fusion de petites quantités des divers métaux usuels. La réaction la plus vive a lieu avec le nickel.

M. Kiliani a étudié aussi les bronzes au point de vue de leurs qualités mécaniques et de leur résistance aux agents chimiques.

Les chiffres suivants extraits d'une brochure de Kiliani montrent les résistances comparatives des différents alliages usuels.

Composition de l'alliage	Résistace à la rupture par mmq.	Poids à égalité de résistance	Section en mmq. pour 100 k. de résistance
Bronze d'aluminium fondu 5 0/0.......	50 k.	1,33	2,00
Bronze d'aluminium fondu 7,5.........	60	1,12	1,66
Bronze d'aluminium fondu 10	65	1,00	1,34
Laiton d'aluminium fondu 1 0/0.......	40	1,78	2,50
Laiton d'aluminium fondu, 3,3.........	65	1,09	1,54
Bronze des canons (8 0⊺0 Sn)........	30	2,54	3,33
Laiton ordinaire laminé............	22	3,24	4,35
Cuivre laminé......	22	3,44	4,55
Bronze phosphore (0,38 Ph).........	30	2,39	3,33

Ce tableau fait ressortir l'intérêt de l'utilisation dans l'industrie des bronzes et laitons d'aluminium, surtout depuis que le prix de l'aluminium a baissé.

Avec l'aluminium à 4 francs le kilogramme et le cuivre à 1 franc, le kilogramme de bronze d'aluminium à 10 0/0 ne coûte plus, en matières premières que 1,30 alors qu'il présente à poids égal 3 fois et demi plus de résistance à la traction que le cuivre.

Les bronzes résistent bien même à l'eau salée et aux émanations sulfureuses

Au laboratoire de l'usine de Neuhausen, on a fait séjourner pendant quatorze heures des plaques de différents alliages dans un solution renfermant 3 p. 100 de chlorure de sodium et 4 0/0 d'acide acétique. L'usure proportionnelle a été:

Bronze à 10 pour 100 Al exempt de Si..   1.0
—   —   Al; 2.8 p. 100 Si.   2.1
Laiton 3,5 p. 100 Al..................   4.4
Bronze phosphoreux. 32.0

Les mêmes alliages dans l'eau de mer ont donné :

Bronze à 10 p. 100 Al..................   1
—   10 p. 100 Al, 2.3 p. 100 Si........   39
Laiton 3,5 p. 100 Al..................   101
Bronze phosphoreux..................   116

Recherches de M. Cowles, effectuées à Lockport.

COMPOSITION				MODE de TRAVAIL	RÉSISTANCE. PAR M/M CARRÉ		ALLONGEMENT POUR 100
CUIVRE	ALUM.	ZINC	SILIC.				
Bronz^e							
89	10	»	1	Coulé.	67 k.10		0.5
89	10	»	1	id.	50	90	3.5
89	10	»	1	Forgé au rouge	57	40	5.2
89	10	»	1	id.	61	50	2.0
89	10	»	1	Coulé au Sable	61	50	17
89	10	»	1	id.	58	90	35.50
91.75	7.50	»	0.75	Coulé en Coquille	49		32.80
91.75	7.50	»	0.75	id.	47	80	13.30
91.75	7.50	»	0.75	id.	42	80	26.20
Laiton							
71.25	3.75	25	»	id.	44	60	11.20
63.33	3.33	33.33	»	Fondu	53	90	3.50
63.33	3.33	33.33	»	id.	58	20	3.33

Ces résultats ne sont pas trop concordants. Les chiffres suivants obtenus à l'usine de Milton sont plus réguliers.

| Composition | | | Résistance à la rupture par mm.^{2} | Allongement pour 100 |
Aluminium	Silicium	Cuivre		
10 à 11	1 à 2	95 à 87	70.9 à 79.75	0 à 5
9	1.80	89.20	63 » à 70.9	4 à 8
8.50	1.50	90 »	53.55 à 59.25	8 à 17
6.50	1.50	92 »	41.1 à 50.4	18 à 25
4.50	1 »	94.50	33.20 à 39.4	30 à 35
2.25	1 »	96.75	19 » à 23 »	45 à 60

Recherches diverses. — Nous avons parlé de celles qu'avait entreprises M. Ponthière, ex-professeur à l'Université de Louvain, pour établir *l'influence du silicium sur les qualités mécaniques des bronzes* d'aluminium ; il a conclu que jusqu'à 2 pour 100 le silicium a peu d'influence sur les bronzes.

Nos lecteurs connaissent également les travaux de M. Le Chatelier *sur l'influence de la température*, et les expériences de M. Héroult sur les constantes mécaniques des bronzes d'aluminium.

Nous complèterons les chiffres plus haut cités par un tableau extrait du *Journal of the Society chemical Industry* qui donne les résultats obtenus par un grand nombre d'expérimentateurs.

Le tableau est intéressant en ce sens que l'on y compare la résistance des bronzes d'aluminium : Bronze à canons, aciers, etc.

MÉTAUX ESSAYÉS	Résistance à la rupture par mm²
Aciers pour canons trempés à l'huile, recuitset laminés......................	69.70
Aciers ni trempés, ni recuits.......	63.80
Acier fondu............................	51.30
Fer foadu : Barres petit diamètre forgéees	52.90
Barresmoyen diamètre forgées	38.40
Fer forgé........... ....,......	34.90
Fonte.................'................	21.70

Bronze pour canons

Cuivre	Etain	Zinc	
88	10	2	28.30
92	8		21.10
91.7	8.3		22.50
91	9		23.90
90	10		27.60
92	8		31.30
88	10		13 »
82	10		17.80
82	10		17.20

Acier de Firminy

Artillerie frauçaise......................	71.20

Bronze d'Aluminium

Cuivre	Aluminium	Silicium	
89	10	1	83 »
89	10	1	79 »
89	10	1	76. 1

MÉTAUX ESSAYÉS			Résistance à la rupture par mm²

Bronze d'Aluminium

Cuivre	Aluminium	Silicium	
89	10	1	80.80
89	10	1	93.10
90	10	1.	72.30
Bronze d'aluminium coulé en sable.......			63.40
91.75	7.50	0.75	50.60
Le même moulé........................			49.20
91.75	7.50	0.75	47.10
Le même laminé......................			60.20
91.75	7.50	0.75	44 »
91.75	7.50	0.75	49 »
92	7.50	0.50	33.80
Bronze d'aluminium à 5 0/0 laminé			60.10
—	10	—	...... 66.30
—	10	--	...... 67.10
—	10	—	...... 69.80
—	9	—	...... 55.90
—	9	—	...... 52 »
—	9	—	...... 52 »
—	8	—	...... 41.90
—	8.5	—	...... 52.20
—	7.5	—	....., 44 »

Recherches de M. Waldo.—*Le bronze d'aluminium.*— M. Waldo se propose de démontrer que le bronze d'aluminium n'est pas un simple alliage de cuivre et d'aluminium, comme les alliages de cuivre avec l'étain et le zinc (à l'exception du composé $SnCu^3$), mais une combinaison chimique parfaitement définie.

Si l'on prépare une série de barrettes contenant des proportions variées de cuivre et d'aluminium et que l'on détermine soigneusement la conductibilité électrique de ces barrettes, on obtiendra une courbe de conductibilité. Il parait évident que les valeurs de la conductibilité indiquées par un tel diagramme sont dépendantes de la teneur d'aluminium.

De plus, la courbe montre qu'une teneur extrêmement faible d'aluminium affecte la conductibilité d'une façon qui est hors de toute proportion avec cette teneur même.

Une autre raison est tirée directement de l'expérience de la fonderie. Si on sort du fourneau un creuset contenant de l'aluminium fondu et un autre creuset contenant du cuivre fondu, tous deux à la même température un peu supérieure à la chaleur rouge nécessaire pour déterminer la fusion, et que l'on mélange les deux métaux, la réaction est si intense qu'ils sont portés à l'ébullition et le creuset est porté à la chaleur blanche. Il y a donc là une réaction très vive qui démontre la puissante affinité chimique existant entre les deux métaux.

Une troisième raison qui fait supposer qu'une combinaison chimique est intervenue entre le cuivre et l'aluminium, réside dans ce fait que l'on n'a pas trouvé de méthode facile pour séparer l'aluminium du cuivre lorsque ces deux métaux ont été combinés.

Si on prend une grosse billette de bronze d'aluminium à 10 0/0 d'aluminium, on ne peut trouver aucune trace, quelle qu'elle soit, de ségrégation ou de grains distincts d'aluminium dans

le cuivre, ou de composition différente d'un bout
à l'autre du lingot.

Il y a des présomptions pour admettre que la
combinaison formée répond à la formule
Al Cu 4, correspondant au bronze communé-
ment appelé bronze à 10 0/0 d'aluminium. Ce
serait, d'après l'auteur, un aluminure de cuivre
et sa dissolution dans le cuivre donnerait les
diverses variétés de bronzes d'aluminium.

Pour apporter quelque clarté dans le chaos
existant au sujet des alliages de cuivre et d'aluminium, l'auteur propose de considérer l'aluminium Al Cu 4 comme un bronze d'aluminium,
lequel, lorsqu'il est dilué avec une égale quantité de cuivre, donne le demi-bronze d'aluminium ; et ainsi de suite le quart de bronze, etc.

En ce qui concerne les qualités du composé
qui est formé de cette manière, il est évident, en
raison de la haute température des points de
fusion du cuivre et de l'aluminium, que si nous
avons un véritable aluminure de cuivre formé,
nous avons ainsi trouvé l'explication de la corrosion des moules qui ne se produit dans aucun
autre alliage de cuivre.

Les alliages entre le cuivre et l'étain et le zinc
sont très différents de ce qui se produit entre
l'aluminium et le cuivre ; ce ne sont pas du tout
des unions chimiques. Dans le cas du bronze
d'aluminium, nous sommes en présence d'un
composé défini dont les propriétés mécaniques
sont analogues à celles d'un excellent acier.

M. Waldo constate que tous les aciéristes ont
reconnu que l'acier est un carbure de fer et que
celui-ci se dissout dans des masses plus ou moins

grandes de fer. Par analogie, le bronze d'aluminium est un aluminure dotant de propriétés diverses les métaux suivant les degrés de sa solution dans le cuivre fondu. Cette solution semble être parfaitement accomplie; elle est quelque peu affectée par les teneurs d'impuretés du cuivre.

L'aluminium est un des plus puissants agents de désoxydation que l'on connaisse. On dit qu'aucune trace d'oxygène ne peut exister en présence de ce métal fondu; l'auteur pense qu'il faut ajouter: aux très hautes températures.

Lorsque le bronze d'aluminium a été formé et lorsque l'union chimique a été effectuée entre l'aluminium et le cuivre, et en l'absence d'éléments perturbants, on obtient un métal présentant les qualités de fracture des meilleurs aciers et égalant l'acier en allongement, limite élastique et résistance.

Ces métaux sont non magnétiques.

Plus souvent ils sont refondus, meilleurs ils sont, pourvu qu'ils restent exempts d'oxygène, de fer et de silicium.

Le métal conserve ses propriétés initiales, même après le travail de l'outil, et, pour tous les cas où l'on recherche les propriétés non magnétiques, ou une haute conductibilité électrique, ou une régularité parfaite, c'est le métal qui convient le mieux.

Une des principales raisons pour lesquelles l'acier et le fer tiennent un si bon rang parmi les métaux utiles, c'est parce que ces métaux sont pratiquement ouvrables et qu'ils ne perdent pas leurs précieuses propriétés mécaniques dans la limite des températures de leur emploi habituel.

De l'acier, par exemple, à une température de 200° C, est encore de l'excellent acier.

De telles propriétés ne se rencontrent pas avec les alliages de cuivre, d'étain et de zinc ; mais on les retrouve chez le bronze d'aluminium.

D'après M. Waldo, la question principale est celle du lingot. Il y a de nombreux laminoirs dans le pays où l'on pourrait travailler le lingot si on le fournissait de qualité uniforme.

Comme exemple de pièces intéressantes, l'auteur a présenté à l'Institut des boulons retenant les tôles des batteries de mortiers le long de la côte. Ces boulons qui sont immergés dans l'eau de mer doivent présenter une force de 90.600 kil. chacun, rester des années en place avec la garantie qu'ils ne seront pas détériorés après qu'un certain nombre de coups auront été tirés. Il existe peu d'essais plus sévères que ceux-là.

L'auteur dit qu'on a réussi à fabriquer un métal qui dépassera de beaucoup les exigences pour les gargousses faites, comme on le sait, avec un disque de métal embouti, ce qui fournit en même temps un excellent mode d'essai du métal en feuille.

Les difficultés que l'on éprouve dans le moulage du bronze-aluminium sont très grandes. Elles sont plus importantes et moins comprises que celles rencontrées dans le moulage de tout autre métal.

La grande contraction, ainsi que les actions chimiques inexpliquées et inconnues qui se produisent, ont fait naître des projets ingénieux et compliqués pour obtenir des moulages sains.

Jusqu'ici, l'auteur a hésité à entreprendre des moulages pesant au-delà de 2 tonnes, et pourtant ce sont là de petits moulages comparativement à ceux que l'on fait maintenant dans les aciéries.

L'aluminium semble avoir une prodigieuse capacité pour occlure l'hydrogène, en sorte que la mise en liberté de ce gaz au moment de l'union de l'aluminium et du cuivre et la réaction inconnue qui peut intervenir entre l'hydrure de cuivre et l'oxygène qui existe dans les pores présentent des difficultés qui demandent à être étudiées.

Dans cette fabrication, la pureté du cuivre et de l'aluminium présente la plus grande importance

De très faibles teneurs de matières étrangères qui déjouent presque les réactifs chimiques deviennent très importantes quand on travaille à tâtons avec le bronze d'aluminium.

Finalement, le mélange mécanique doit être parfaitement fait pour assurer à la fois la combinaison chimique et la solution uniforme du bronze dans un excès de cuivre.

TABLE DES MATIÈRES

AVANT PROPOS

PREMIÈRE PARTIE

DEUXIÈME CHAPITRE

Pages

INDEX

PARIS. — IMP. H. RICHARD, 3, RUE MILTON

1897

Métallurgie
Machines

PUBLICATIONS

DE

L'ÉCOLE CENTRALE DES ARTS ET MANUFACTURES

Librairie Bernard Tignol

53 bis, quai des Grands-Augustins

Machines à vapeur.

Catéchisme des chauffeurs, des machinistes et des apprentis mécaniciens et chauffeurs ; — traitant du chauffage des chaudières à vapeur ; — des appareils de sùreté, du montage et de la conduite des machines, — 2° édit. augmentée de notes et de renseignements usuels, 1 vol. in-16, 128 p. et 19 fig. (1896).   1 fr. 50

ORTOLAN, LOTTE et LACARRIÈRE. mécaniciens principaux de la marine. — **Cours de machines à vapeur** appliquées à la navigation à l'usage des mécaniciens de la marine militaire et de la marine marchande. Gr. in-8, XII-334 p.. avec atlas de 11 pl. et légendes explicatives. (1861). 10 fr.

POILLON (L.), — **Cours théorique et pratique de chaudières et machines à vapeur.** 1re partie : générateurs ; 2e partie : machines, distributions, détentes ; 3e partie : types de machines, avantages et inconvénients; 4e partie : locomotion et navigation à vapeur, moteurs divers, etc. 1 fort vol. de 465 pages, grand in-8° avec 150 gravures et 9 planches, avec un supplément. — Combution, description des foyers pour combustibles spéciaux appareils d'alimentation et d'épuration, etc., etc. 1 vol. in-8°, avec 70 gravures et 6 planches. (Publié à 30 francs).   10 fr.

GAUDRY, ingénieur civil et ORTOLAN, mécanicien en chef de la flotte. — **Construction, conduite et entretien des machines à vapeur.** — Machines fixes, demi-fixes, locomobiles et machines marines. — Aide-mémoire du mécanicien-constructeur, du chauffeur et du propriétaire de machines à vapeur. 1 vol. gr. in-8, 250 pages, avec 49 fig. et atlas de 36 planches. (Publié à 25 fr.). 7 fr. 50

LEBEAU. — **Régulateurs appliqués aux machines à vapeur,** formules pratiques déduites de la théorie nouvelle 1 vol. in-8 (1890), fig.   2 fr.

Chaudières à vapeur. — Etude sur la combustion de la houille et sur le rendement des chaudières à vapeur.

— Mémoires extraits du *Bulletin* la *Société industrielle de Mulhou* 1858-1874 (publiés sous les auspic de la société). 2 vol. in-4. ensemb 456 p. et atlas de 19 pl. doubles et 14 tableaux in-fol.   25

QUÉRUEL (A.), ingénieur civil. — **M thodes de calculs applicables a diagrammes des machines à vapeu** avec tables de densités et de volu de la vapeur sous différentes pression 1 vol. in-8.   5

Tableaux pour l'enseigneme des machines : sept tableaux couleurs (1/2 et 1/5 de grandeur turelle), destinés à l'enseignement dessin. — Machine à vapeur de Wa — Machine à élever l'eau. — Press hydrauliques. — Moteurs hydrau ques. — Turbine. — Coupe d'u locomotive. — Élévation d'une lo motive. — Chaque tableau se ve séparément.   5

Mines — Minéralogie-Marbr

SELLE (De), professeur à l'Ecole cent le. — **Cours de minéralogie pr fessé à l'Ecole Centrale.** — néralogie : phénomènes actuels ; 18 premiers chapitres traitent des p nomènes qui ont bouleversé no globe ; les 18 chapitres suiva traitent de la minéralogie et donne la description de toutes les espèces variétés minérales considérées com indiscutables et classées par famill 1 fort vol. de 585 pages in-8 et 1 at de 147 planches comprenant 978 fi res et 27 tableaux.   12 fr.

MARSAULT. — **Etude sur le lava de la houille aux mines de Bess ges.** Gr. in-8. 56 pages.   4

BURAT. — **Epuration de la houil** Criblage, triage, lavage. In-4. 188   10

VIOLET (Adolphe) **Les Marbres les machines à travailler le ma bre, à l'Exposition de 1878,** in 1 pl.   3 fr.

TOURNIER. — **Etude pratique s l'industrie des Marbres en Fran** broché, 60 p.   3

TRAITÉ PRATIQUE
du
LAMINAGE DU FER

PAR

F. NEVEU et Léon HENRY

1 vol. in-16 avec planches
et atlas de 117 planches in-folio.

PRIX : **40** FR.

Les récentes constructions métalliques ont donné une idée saisissante de l'application et des avantages que l'on pouvait retirer du fer dans le domaine de l'architecture industrielle et privée.

Tous les métallurgistes comprendront l'importance de l'ouvrage que nous présentons au public et qui *est le seul* sur cette industrie publié en France.

EXTRAIT DE LA TABLE DES MATIÈRES

I. Principe du laminage. — Influence du diamètre des cylindres. — Influence de la vitesse des cylindres. — Influence de la nature du fer soumis au laminage. — Influence de l'état calorique du fer soumis au laminage. — Influence de la manière dont on présente le fer aux cylindres.

II. Applications des principes du laminage. — Classement des trains de laminoirs. — Règle du tracé des cannelures.

III. — Classification des trains de laminoirs. — Trains de puddlage. — Gros train n° 1. — Gros train n° 2. — Train cadet. — Train à guides. — Train mixte. — Train machine.

IV. Généralités sur les cylindres. — Classification des cylindres. — Lignes des cannelures. — Entrée des cannelures. — Sortie des cannelures. — Guidage des cylindres. — Levage des cylindres.

V. Montage des cylindres dans les cages. — Guidage du fer à l'entrée et à la sortie des cylindres. — Tracé des cannelures.

Acier. — Observations. — Dégrossisseur ogives. — Dégrossisseurs carrés. — Mises du puddlage. — Fers plats. — Gros ronds. — Gros carrés. — Feuillards. — Fers en U. — Fers à T doubles-cornières. — Fers à simple T. — Fers à paumelles. — Fers zorès. — Rails. — Fers à bourrelets. — Fers demi-ronds. — Vitrages et demi-vitrages. — Fers à nœuds pour crampons. — Petits carrés aux guides. — Petits ronds droits aux guides.

Ponts.

WINCKLER (D.-E.). — **Traité de cons-**
truction de ponts. Les poutres
droites considérées au point de vue
des forces extérieures, traduit de l'allemand par M. Ch. D'ESPINE, ingénieur, ancien élève de l'école poly-
technique de Zurich. Gr. in-8, 252 pages. 123 fig. dans le texte et 7 planches.
      10 fr.

GAUDARD (J.), ingénieur civil. — **Etude**
comparative de divers systèmes
de ponts en fer. 1 vol. gr. in-8 de
140 pages, 14 tableaux et accompagné
d'un atlas grand in-4 de 9 pl. doubles.
      12 fr.

GAUDARD (J.). — **Etude sur les con-**
ditions de résistance des ponts
tournants. In-8, 36 pages et 3 pl.
      3 fr. 50

MOLINOS et PRONNIER. — **Construc-**
tion des ponts métalliques. (Traité théorique et pratique de la). In-4,
341 pages avec figures et atlas de 48
planches. (Publié à 150 fr,). 30 fr.

LEGRAND. — **Ponts de Courbevoie**
et de la Grande Jatte, sur la Sei-
ne, en prolongement des boulevards
Malesherbes et Bineau. — 1 atlas
demi-raisin, contenant le texte, et
9 pl. (1878).   7 fr. 50

Résistance des Matériaux.

COURTIN (L.), ingénieur en chef, directeur du service des chemins de
fer de l'Etat belge. — **La Résistance**
des matériaux, mise à la portée de
toutes les personnes qui s'occupent
de la construction. In-16, 4ᵉ édit.
      5 fr.

FOREST (H.), chef du bureau des
études des ouvrages métalliques au
chemin de fer du Nord, répétiteur du
cours de travaux publics à l'Ecole
centrale. — **Recueil pratique des**
moments d'inertie, à l'usage des
ingénieurs, et des constructeurs ayant
à calculer ou à vérifier les conditions
de résistance de *tabliers métalliques,*
suivi de *courbes graphiques* représentant par mètre superficiel et suivant les portées le poids moyen des
différents tabliers métalliques établis
sur les lignes du Nord. 1 vol. in-8.
      4 fr.

M. DE MASTAING. — **Cours de mé**
canique appliquée à la résis
tance des matériaux. Leçons pro
fessées à l'Ecole centrale. Calcu
des pièces soumises aux différen
genres de résistance : extensio
compression, torsion et flexion. Gran
in-8, avec nombreuses figures dan
le texte et planche ; 1874. 15 f

GUILLAUME. — **Tableau de la ré**
sistance des fers à double T, em
ployés dans la construction des bâ
timents. In-folio.   3 f

Hydraulique

DELESSE, ingénieur en chef des mine
professeur à l'école des mines et à
l'école normale. Lithologie du fon
des mers, publiée sous les ausp
ces de MM. les Ministres de la mari
et des travaux publics, 1 vol. de tex
gr. in-8 de 480 pages avec une carte
1 vol. de tableaux de 136 pages, accor
pagnés d'un atlas de 4 pl. format g
aigle, coloriées à plusieurs teinte
      35 f

DUMAS (J) **La Science des fonta**
nes, ou moyen sûr et facile de cré
partout des sources d'eau potab
1 vol. in-8, 447 pages et 12 planch
gravées sur acier. 10 f

PHILIPS, membre de l'institut. — **Cou**
d'hydraulique et d'hydrosta
que, professé à l'Ecole centrale, rédi
par M. A. Gouilly, répétiteur du cour
Théorie du mouvement des liquide
machines hydrauliques, mouveme
des gaz permanents, etc. 1 vol. de 3
pages grand in-8, avec 123 fig., et
tables   15 f

FABRE-DOMERGUE. — **Manuel pr**
tique d'analyse micrographiqu
des eaux. In-16 ; avec figures dans
texte. 1890.   1 fr.

CHAUVEAU DES ROCHES ET D
MONT. — **Hydraulique** : Des dive
appareils servant à élever l'eau po
l'alimentation. — Distribution d'eau.
vol. 254 pages, 72 figures, 29 pl. 20

LIPMANN. — **Petit traité de so**
dage. — Etudes et recherches so
terraines par sondages à de faib
profondeurs, in 16. Grand in-8, 64 p
ges et 4 planches. 4 f

ÉCOLE CENTRALE DES ARTS ET MANUFACTURES

Portefeuille des travaux de vacances de l'Ecole centrale,
publié par la direction de l'Ecole centrale.

Les planches in-plano (55 $\times$ 70) sont cotées ; elles se vendent séparément
au prix de 1 fr. la planche simple, 2 fr. la planche double. (Tout
achat de 10 planches donne droit à 2 planches gratuites).

DÉTAIL DES PLANCHES VENDUES SÉPARÉMENT :

Constructions, Edifices, Halles, Hangars, Bâtiments divers

1-2. Ecole normale de filles à Epinal, 2 pl.   2 fr.

3-4. Asile communal, 4, rue de l'Eglise, à Paris, 2 pl.   2 fr.

5. Maison commune de Buxeuil (mairie et école), 1 pl.   1 fr.

6-7. Maison commune de Chelles, mairie et école), 2 pl.   2 fr.

8. Hôpital d'Abbeville (plans) 1 pl.   1 fr

9-10. Maison d'arrêt et de correction pour hommes à St-Michel (Hte-Garonne), 2 pl.   2 fr.

12-13. Ecole des filles, rue Marie-Antoinette, à Montmartre, 2 pl.   2 fr.

14-15. Groupe scolaire de la rue Blanche, 2 pl.   2 fr.

16-17. Douane de Paris, bâtiment de la Manutention, 2 pl.   2 fr.

18. Châlet-gare à bateaux, élévation, coupes, etc., 1 pl.   1 fr.

19-20. Habitation de plaisance, 66, boulevard Mortier (M. Galand, architecte, 2 pl.   2 fr.

21-22. Loggia Michel-Ange, à Florence, 2 pl.   2 fr.

23. Cité ouvrière du Havre, groupe de deux maisons. 1 pl.   1 fr.

24-25-26. Palais Larderel, ensemble, détails, élévation, etc., 3 pl.   3 fr.

33-34-35. Ateliers de M. Baudet, à Argenteuil (Seine-et-Oise), 3 pl.   3 fr.

36. Colonne creuse supportant un entrait et servant de tuyau de descente, 1 pl.   1 fr.

37. Usine en construction, boulevard du Chemin de fer, à Orléans, 1 pl.   1 fr.

38. Exploitation agricole de Briante, charpente, hangar, silos, etc., 1 pl. 1 fr.

39-40. Hangar d'artillerie de Douai, détails, élévation, 2 pl.   2 fr.

41-42. Halles de Rennes, façade, plan, coupes, etc., 2 pl.   2 fr.

43. Halle du marché à blé de St-Amand (Cher), 1 pl.   1 fr.

44-45-46-47-48-49. Halles couvertes de Niort, élévation, plan, coupes, etc., 6 pl.   6 fr.

185. Coupole du grand équatorial de Nice, 1 pl.   1 fr.

404-405. Château de Villersexel, façade élévation, 2 pl. dont une double. 3 fr.

412. Ecole normale d'institutrices, façade, 1 pl.   1 fr.

440-441. Orphelinat Saint-Philippe, à Meudon, plans et coupes, 2 pl. dont 1 double.   3 fr.

504-505. Marché d'Orléans, détails des combles métalliques, 2 pl.   2 fr.

512-513. Propriété de M. Bosselut, à Charenton, 2 pl.   2 fr.

515. Groupe scolaire d'Ivry, 1 pl. double.   2 fr.

Moteurs divers.

240-241. Machines Compound des *Hirondelles Parisiennes*, 2 pl.   2 fr.

242-243. Machine à vapeur Farcot Bède pour le service des eaux d'égout, à Asnières, 2 pl.   2 fr.

244. Machine à vapeur Corliss, de M. André, à Thann, 1 pl.   1 fr.

246-247. Machine à détente et à condensation, de 40 chevaux, 2 pl.   2 fr.

248. Machine de 20 chevaux, à condensation, détente Meyer 1 pl.   1 fr.

249. Changement de marche d'une machine Brothehood, 1 pl.   1 fr.

406. Machine marine à hélice de 700 chevaux, 2 pl.   2 fr.

407. Machine à soupapes, système Sulzer de 80 chevaux, pl. d.   2 fr.

416. Mouvement de changement de marche à vapeur des locomotives de 300 chevaux, système Compound, 2 pl.   2 fr.

479-480. Machine marine, à hélice, de P.-L.-M., 1 pl.   1 fr.

517. Machine Corliss, perfectionnée par M. Berger, à Thann, plan et détails, 1 pl. d.   2 fr.

Moteurs hydrauliques, Compresseurs, Turbines, Pompes.

256-257. Petit moteur hydraulique, système Schmidt, 2 pl.   2 fr.

258. Petit moteur domestique, système Lemielle, 1 pl.   1 fr.

408. Pompe de compression d'air à haute pression, système Mékarski, 1 pl. 1 fr.

409. Compresseur d'air des mines de Lens, 1 pl.   1 fr.

454. Pompes foulantes pour l'accumulateur du pont Notre-Dame, 1 pl. 1 fr.

455. Montes-charges hydrauliques de Laidlaw, à Glasgow, 1 pl.   1 fr.

458-459. Moteur hydraulique pour cabestan de 5 tonnes, port du Havre, 2 pl.   2 fr.

469. Pompe Rittinger 1 pl. d.   2 fr.

475-476. Installation des turbines de la filature Hartmann, 2 pl.   2 fr.

477. Machines hydrauliques pour l'utilisation des forces motrices du Rhône, 1 pl.   1 fr.

Hauts-fourneaux. — Fours. — Convertisseurs.

151. Convertisseur Thomas, aciéries de Dudelange (*planche double*), 1 pl. 2 fr.

194. Appareil de chargement d'un haut-fourneau, à Pont-à-Mousson, 1 pl. 1 fr.

195. Four à puddler, système Pernot, 1 pl.   1 fr.

198. Four Porion modifié, 1 pl.   1 fr.

199-200-201-202. Ateliers des convertisseurs, aciérie de Denain, 4 pl. dont 2 doubles.   6 fr.

205-206. Four à gaz avec récupérateur de chaleur, système Ponsard, forges du Bazacle, 2 pl.   2 fr.

207-208. Four à Puddler, de Maubeuge, 2 pl.   2 fr.

209. Four à Puddler, avec brasseur mécanique, système Espinasse, 1 pl.   1 fr.

211. Fonte du fourneau de Port-Brillet (Mayenne). 1 pl.   1 fr.

212-213. Fonderie et laminoirs de Biache-St-Waast, désargentation des mattes cuivreuses, four de grillage, procédé Ziervogel, 2 pl.   2 fr.

466. Poche à fonte, aciérie d'Isbergues, 1 pl.   1 fr.

508-509. Convertisseurs Clapp et Griffiths, appareils de 2 tonnes, 2 pl.   2 fr.

510-511. Convertisseur Walrand, 2 pl.   2 fr.

192-193. Four Martin pour la production de l'acier, 2 pl.   2 fr.

Appareils de levage et de pesage.

265-266-267. Grue hydrostatique, bassin d'Anvers, 3 pl.   3 fr.

268. Treuil mécanique à air comprimé, usine de Blanzy, 1 pl.   1 fr.

269-270. Treuil roulant, usine de Montzeron, 2 pl.   2 fr.

271-272. Grue à vapeur, par M. Muzcy, à Auxerre, 2 pl.   2 fr.

277. Grue pour le chargement des pierres de taille, à Lérouville, 1 pl.   1 fr.

436. Grue centrale des convertisseurs, aciérie Bessemer, 1 pl.   1 fr.

499. Grue à démouler. Ateliers Bessmer d'Eston, 1 pl.   1 fr.

Mines.

62-63. Chevalement de la fosse n° 7 des mines de Courrières, 2 pl.   2 fr.

158-159. Ventilateurs de mines, système Lemielle, 2 pl.   2 fr.

160. Perforateur Darlington-Blanzy, 1 pl.   1 fr.

161. Machine d'extraction construite par Borsig, de Berlin, 1 pl. doub.   2 fr.

162. Traînage mécanique, puits de la *Réussite*, à Anzin, 1 pl.   1 fr.

163. Mines de Sarre-et-Moselle, chantiers de l'Hôpital, 1 pl.   1 fr.
164. Mines de Bruay, pompe d'épuisement, fosse n° 3, 1 pl.   1 fr.
167-168. Mines de Bessèges, ateliers de lavage et criblage, monte-charges et lavoir Marsault, 2 pl.   2 fr.
170-171. Lavage du charbon, système Luhrig, mines de Zwickau (Saxe), 2 pl.   2 fr.
172. Chevalement métallique, puits Burnley (Angleterre), 1 pl.   1 fr.
250-251. Pompe d'épuisement des mines de Marles, 2 pl. dont une doub. 3 fr.
255. Machine à comprimer l'air, Marihaye (Belgique), 1 pl.   1 fr.
259. Pompe d'épuisement double, carrière des Fresnais, 1 pl.   1 fr.
417. Chevalement du puits Sainte-Eugénie, mines de houille de Blanzy, 1 pl.   1 fr.
418. Taquets hydrauliques et de secours des mines de Courrières, 1 pl. d. 2 fr.

Machines-Outils à Métaux.

278-279. Cisaille à queue, à vapeur, construite par Claparède, 2 pl. 2 fr.
280. Balancier à friction pour étampages et découpages, 1 pl.   1 fr.
282. Machine à essayer les métaux à la torsion, système Thomasset, 1 pl.   1 fr.
410. Riveuse à main, système Delaloë, 1 pl.   1 fr.
413. Grand alésoir vertical des usines du Creusot 1 pl. d.   2 fr.
507. Grande cisaille à tôles (usine d'Osnes), 1 pl.   1 fr.

Installation d'usines.

191. Usine à fabriquer les ressorts, 1 pl.   1 fr.
234. Hauts-fourneaux, forges et laminoirs de M. Helson, à Hautmont, 1 pl.   1 fr.
235. Plans des laminoirs, aciéries et clouteries de Mohon, 1 pl.   1 fr.
236. Plan des usines de Liverdun, 1 pl.   1 fr.
238-239. Fonderie de fer, deuxième fusion, de M. Ducommun, à Mulhouse, 2 pl. doub.   4 fr.
421-422. Halle des Bessemer de l'aciérie d'Athus, 2 pl.   2 fr.

435. Puits de réchauffage des lingots de l'aciérie Bessmer, 1 pl.   1 fr.
478. Ateliers d'aiguiserie de M. Coldemberg, à la Hoffmühl, 1 pl.   1 fr.
481. Cheminée en tôle du Creusot, 84 mètres, 1 pl.   1 fr.
506. Forges de l'Adour, plan d'ensemble, 1 pl.   1 fr.
518. Ateliers Decauville, détails d'une ferme, 1 pl.   1 fr.

Outillage, Laminoirs, Marteaux-pilons.

219-220. Soufflerie à vapeur, usine de Rans, 2 pl.   2 fr.
221. Broyeur à minerais, forge de Terrenoire, 1 pl.   1 fr.
222. Machine défourneuse à vapeur pour fours à coke, fabriquée par Haurez, 1 pl.   1 fr.
223. Groupe de 2 cubilots, fonderie de Nevers, 1 pl.   1 fr.
224. Trains de laminoirs, forges et usines de Foix, 1 pl.   1 fr.
225-226. Laminoir de Pompey, élévation, détails, 2 pl.   2 fr.
227. Petit train de laminoir, forges de Pompey, 1 pl.   1 fr.
228. Comble de la halle de laminage, des forges de Pompey, 1 pl.   1 fr.
230. Marteau-pilon à vapeur, 1 pl. 1 fr.
231. Laminoir à plomb, usine de Couëron, 1 pl.   1 fr.
434. Machinerie hydraulique des accumulateurs, aciérie Bessemer, 1 pl.   1 fr.
519-520. Broyeur de Labrousse, plans, coupes et détails, 2 pl. dont 1 double.   3 fr.
165-166. Machine à agglomérer les briquettes de 5 kilogrammes, 2 pl. 2 fr.

Hydraulique fluviale et maritime. — Outillage.

67-68. Port de la Pallice, coupe de la jetée, blocs de fondation, etc. 2 pl.   2 fr.
69-70. Barrage mobile de Sexey-aux-Forges, ensemble, détails, etc. 2 pl. 2 fr.
71-72-73. Barrage de Pose-sur-Seine, élévation, coupes, détails, etc. 3 pl. 3 fr.
74-75. Barrage de Villar (Espagne). sections, élévation, plans, etc. 2 pl. 2 fr.

76. Siphon du pont Morland. élévations, coupes, détails, 1 pl.   1 fr.

77-78. Canal de la Haute-Seine, écluse de 4 m. 420 de chute, 2 pl.   2 fr.

79-80. Construction du barrage de Poses/-Seine, ligne sur ponton, grue fixe pour embarquement des blocs artificiels, 2 pl.   2 fr.

3-84-85. Estacade de Cadix, élévation, plans, fonçages 1re pile, 3 pl.   3 fr.

87-88-89. Digue du port de Sacoa, détails de fondation. Appareil de descente des blocs de 20 mc. dans le port, plan du chantier des travaux 3 pl.   3 fr.

90-91-92. Port de Bayonne. Travaux d'amélioration de l'Adour ; jetées et passerelles métalliques sur colonnes en fonte bétonnées, viaducs, voûtes, 3, 4, 5 du Sud, 3 pl.   3 fr.

148. Port d'Anvers. construction d'une calle sèche. 1 pl.   1 fr.

402. Usine hydraulique d'Isles-les-Meldeuses, 1 pl.   1 fr.

414-415. Ascenseur des Fontinettes, élévations, coupes et détails, 2 pl. 2 fr.

429. Formes de radoub de Saint-Nazaire, coupes et plans, 1 pl.   1 fr.

437. Phare électrique de Planier, près Marseille, 1 pl.   1 fr.

446-447. Porte-écluse du 9e bassin du Hâvre, ensemble et coupes, 2 pl. doubles.   4 fr.

470-471-472. Ecluse de Bougival, plans, coupes, détails, machinerie, 3 pl. 3 fr.

484-485-486. Barrage et écluse de Pose-sur-Seine, 3 pl.   3 fr.

487-488. Canal de Saint-Louis, écluse, 2 pl.   2 fr.

Chemins de fer. Tramways. — Outillage.

136. Comble de la halle à voyageurs, station de Mulhouse, 1 pl.   1 fr.

137-138-139. Rotonde pour 30 locomotives, gare de Saintes, 3 pl.   3 fr.

140. Mur d'Arria-Aundia, assainissement de la voie, traversée des Pyrénées, 1 pl.   1 fr.

142-143-144. Gare de Châlons-sur-Marne, remise pour 30 machines, 3 pl. 3 fr.

145. Station commerciale d'Anvers, ensemble d'une halle, 1 pl.   1 fr.

153-154-155. Tramways-omnibus. Remisage des voitures, dépôt de la Villette, 3 pl.   3 fr.

403. Type de hangar à marchandises, gare des Batignolles, 1 pl.   1 fr.

467-468. Grue hydraulique à col tournant pour l'alimentation des gares, 2 pl.   2 fr.

482-483. Porte d'une remise de locomotives, 2 pl.   2 fr.

514. Agrandissement du hangar des ateliers de la Villette (planche double), 1 pl.   2 fr.

Usines à gaz.

173-174-175-176 Gaz portatif, usine de Charonne, 4 pl.   4 fr.

177. Usine à gaz de la Villette, aspirateur anglais, 1 pl.   1 fr.

178. Gazomètre télescopique de l'usine de Versailles, 1 pl.   1 fr.

179-180. Usine à gaz d'Aniche, 2 pl.   2 fr.

181-182-183. Extracteur à gaz de l'usine de Passy, 3 pl.   3 fr.

184. Four à gaz de l'usine de Reims (planche double), 1 pl.   2 fr.

186. Usine à gaz de Vervins, 1 pl. 1 fr.

187-188-189-190. Gazomètre de l'usine de Vaugirard, 4 pl.   4 fr.

496-497-498. Gazomètre télescopique de Reims, de vingt mille mètres cubes, plans, coupes et détails, 3 pl. dont 1 double.   4 fr.

Appareils électriques.

401. Machine Gramme, type C. commandée directement par un moteur Brotherhood, 1 pl.   1 fr.

473-474. Treuil électrique employé aux mines de la Perronnière, 2 pl.   2 fr.

Ponts et viaducs.

93. Pont provisoire de Poissy, élévation, plan, coupe, 1 pl.   1 fr.

94-95. Pont-sur la Meuse à Namur, reparation d'une tôle pour la construction d'une poutre, etc. 2 pl.   2 fr.

96-97 Pont de St-Germain sur la Seine, plans, détails, etc., 2 pl.   2 fr.

98-99-100-101-102. Pont-de-Buda Pesth ensemble de l'échafaudage roulant pour visite et entretien, platelage, pont de service pour les 3e et 4e travées, distribution des efforts des tôles, etc. pl.   5 fr.

103-104. Pont de Billancourt sur l

Seine, élévation, plans. détails, etc.
2 pl.   2 fr.
105-106-107-108-109. Pont de Lavarsine,
chemin de fer du Nord, plans, détails
des poutres. Épure des moments flé-
chissants et des efforts tranchants,
distribution des tôles des cornières.
5 pl.   5 fr.
110-111. Pont du chemin de fer de Saint-
Germain-sur-Meuse, élévation, coupe,
plan, etc., 2 pl.   2 fr.
112. Réparation du pont de Gien, charpente des cintres de la passerelle
1 pl. double.   2 fr.
113. Pont provisoire en bois près Bru-
ges, élévation, coupes, 1 pl.   1 fr.
114-115-116-117. Pont articulé, système
américain, détails des travées, projections, etc., 4 pl.   4 fr.
118. Pont Victoria, sur la Tamise, à
Londres, détails des fondations, 1 pl.
                                        1 fr.
119-120. Pont-roulant, élévations et coupes, 2 pl.   2 fr.
121. Pont du Pecq, coupe et élévation
des échafaudages, 1 pl.   1 fr.
122. Pont (en pierres) Antoinette sur
l'Agoût, de 50 mètres d'ouverture,
1 pl.   1 fr.
130-131. Pont tournant hydraulique, 2
pl.   2 fr.
132-133. Pont de chemin de fer, sur le
Rüpel, 2 pl.   2 fr.
134. Viaduc de Royat, construit en la-
ves, 1 pl.   1 fr.
135. Viaduc sur la Rance, 1 pl. double.
                                        2 fr.
146-147. Pont de Saumur, fonçage et
mise en place d'un caisson, 2 pl. 2 fr.
149. Pont tournant de 13 mètres d'ouverture, sur les écluses du port d'Anvers, 1 pl.   1 fr.
150. Reconstruction du viaduc du Pecq.
1 pl.   1 fr.
273-274. Pont de Lavaur, plan, coupes,
élévation, 2 pl.   2 fr.
427-428. Ponts militaires démontables,
système Eiffel, 2 pl.   2 fr.
430. Pont roulant du port de Saint-Nazaire, 1 pl.   1 fr.
431-432. Pont mobile de la Joliette, élévation et coupes, 2 pl. dont 1 double,
                                        3 fr.
433. Pont sur la Seine, près de Con-
flans, élévation, coupes et plans,
1 pl.   1 fr.
456-457. Pont du chemin de fer, sur la

Marne, à Vitry-le-François, 2 pl. 2 fr.
460. Pont en pierres de Chauvigny sur
la Vienne, 1 pl.   1 fr.
489. Passerelle provisoire à Rouen,
plan, coupes, élévation, 1 pl.   1 fr.
490. Pont en pierres, sur le Loir, ligne
de Vendôme, 1 pl.   1 fr.

Sucreries, Féculeries, Minote-ries.

64. Diffuseur cylindro-conique de 20
hectolitres, 1 pl.   1 fr.
169. Moulins à cylindres de MM. Brault
et Teisset, 1 pl.   1 fr.
283. Râpe de la féculerie de Louis et
Kremer, à Tomblane, près Nancy,
1 pl.   1 fr.
284-285-286. Râperie à 2 tables de Juilly
(Seine-et-Marne), élévation, plans,
coupes, 3 pl.   3 fr.
287-288-289. Sucrerie de betteraves de
MM. Masy, Descamps et installation
de la diffusion, système Riedel, batte-
rie de 10 diffuseurs de 20 hectolitres,
3 pl.   3 fr.
292. Beffroi à courroies, système Dar-
blay, minoterie de M. Caron, à Mont-
villiers (Seine-Inférieure), 1 pl. 1 fr.
293. Presse à vis ou table préparatoire
pour sucreries, pelleteur 1 pl.   1 fr.
294-295. Sucrerie du Quesnoy (Nord),
plans, etc., 2 pl.   2 fr.
297. Presse continue, système Dujardin,
1 pl.   1 fr.
298. Presse continue, système Flament
et Douffet, 1 pl.   1 fr.
424-425. Diffuseur de 25 hectolitres, système Cail, 2 pl.   2 fr.
438. Pompe à pulpe, distillerie Clau-
don, 1 pl.   1 fr.
449-450-451-452-453. Pompe à air d'un
appareil à triple effet de la sucrerie
d'Étrépagny, 5 pl.   5 fr.
299. Turbine Frémaux pour le clair.
cage des sucres. 1 pl.   1 fr.
300. Pompe à pulpe, système Flament
et Doufflet, 1 pl.   1 fr.
439. Rape à betterave. distillerie Clau-
don, 1 pl.   1 fr.

Distributions d'eau.

50-51 Beffroi de 20 mètres pour réservoirs d'eau, gare de Tours 2 pl. 2 fr.
52-53. Distribution des eaux de Châlon-

sur-Saône ; plans d'ensemble des pompes. etc. 2 pl.   2 fr.

54. Elévation d'eau de Laval ; plans d'ensemble des pompes, etc. 1 pl.   1 fr.

55-56-57. Distribution d'eau d'Orléans, plans, réservoirs, coupe, 3 pl.   3 fr.

58-59. Réservoir d'eau de St-Dizier, coupe, plan, 2 pl.   2 fr.

491. Distribution d'eau de la ville de Strasbourg, 1 pl.   1 fr.

Blanchisseries, Filatures.

317. Lessiveur rotatif à vapeur, 1 pl.   1 fr.

318. Essoreuse à grand diamètre, blanchisserie de Courcelles, 1 pl.   1 fr.

319. Filature de laine établie à Vienne (Isère), 1 pl.   1 fr.

423. Défibreurs de Rioupéroux, 1 pl.   1 fr.

464-465. Manufacture de drap Balzan et fils, à Châteauroux, 2 pl.   2 fr.

Scieries, Papeteries.

81. Scie à recéper, 1 pl.   1 fr.

322-323. Scieries des moulins Packam, à Eu (Seine-Inférieure), 2 pl.   2 fr.

324-325. Pile de papeterie, élévation, coupes, plans, 2 pl.   2 fr.

326. Papeterie de M. Bonnemaison, à St-Martory (Haute-Garonne), 1 pl. double.   2 fr.

500-501-502-503. Papeterie du Theil, installation, machines, transmissions, 4 pl. dont une double.   5 fr.

Transmissions.

262. Manchon d'embrayage reliant les moteurs hydrauliques aux machines à vapeur, usine de Thaon, 1 pl. 1 fr.

263. Transmission du mouvement de la halle des outils, usine de Grafenstaden, 1 pl.   1 fr.

264. Appareil de tension de cable télédynamiques, 1 pl.   1 fr.

461-462-463. Appareils de transmissions multiples avec désengageur circulaire. Plans, coupes, élévation et détails, 3 pl. dont une double.   4 fr.

Céramique, Verrerie, Chaux, Ciments.

302. Machine américaine pour la fabrication des tuyaux à tulipe en terre cuite, ateliers Harvey et Adamson, 1 pl.   1 fr.

304-305-306-307-308. Presse à vapeur pour le moulage du verre, 5 pl. 5 fr.

309 310. Fours à chaux de Ville-sous-la-Ferté (Aube) 2 pl.   2 fr.

Brasserie, Distillation, Produits chimiques.

65-66. Installation de digesteurs, plan, élévation, 2 pl.   2 fr.

303. Machine américaine pour la fabrication des creusets en plombagine, 1 pl.   1 fr.

311-312-491-492-493. Brasserie Schneider, à Kœnigshoffen, plans, coupes des bâtiments et des chaudières, 5 pl.   5 fr.

313-314. Distillation des schistes, bitumeux, installation des fours, 2 pl.   2 fr.

426. Causticateur Lespermont, 1 pl.   1 fr.

442-443. Four Mendheim pour la fabrication de la strontiane, 2 pl.   2 fr.

444-445. Gazogènes de la raffinerie Say, 2 pl.   2 fr.

494-495. Distillerie de maïs, appareils à rectifier et plans, 2 pl.   2 fr.

PRINCIPES

DE LA

CONSTRUCTION

DES

TURBINES

ET DES

POMPES CENTRIFUGES

PAR

Lucien VALLET

Ingénieur Constructeur

1 vol. in-8 et atlas de 15 pl.

PRIX : **15 FR.**

Tout à la fois théorique et pratique, cet ouvrage expose d'une manière complète les principes relatifs à la construction des turbines, de manière à obtenir de ce moteur le maximum d'effet utile.

Il donne la théorie et la méthode pour la détermination exacte de la forme des aubes et des trajectoires. Les deux cas principaux : turbines à débit constant et turbines à libre déviation, à débit variable, y sont traités avec tous les développements nécessaires.

IRRIGATION

DU

MIDI DE L'ESPAGNE

PAR

M. AYMARD

Ingénieur des Ponts et Chaussées

In-8, 320 pages et atlas de 16 planches in-f°

PRIX : **18 FR.**

(*Publié à 30 francs*)

Tout le monde sait que des résultats merveilleux ont été obtenus dans le Midi de l'Espagne, contrée autrefois aride et dévastée par les torrents ; mais peu de personnes connaissent les travaux qui ont amené ces résultats, et pourraient dire par quelles combinaisons administratives on a pu grouper et réunir en faisceau toutes les volontés qui ont concouru à créer l'état de choses existant et qui concourent encore aujourd'hui à le maintenir et à l'améliorer.

L'ouvrage de M. Aymard est tellement rempli de faits et présente, sur une foule de points, des renseignements si détaillés et si étendus, qu'il est presque impossible de l'analyser. En adoptant, pour rendre compte de sa mission, la forme d'un itinéraire, il s'est attaché, dans chacune de ses stations, à bien maintenir la division qui était imposée dans l'ensemble de son travail. Il donne une description détaillée des travaux à l'aide desquels on a créé les irrigations.

L'auteur a aussi consacré un chapitre fort complet à l'alimentation des villes qu'il a visitées.

Chemins de fer.

FLAMACHE (A) HUBERTI (A) STÉVARD (A). — Traité d'exploitation des chemins de fer 1re *partie* : Route voie appareils de la voie. — 1 fort vol. in-8, 347 pages avec figures dans le texte et 23 pl.   20 fr.

Tome II. — 1re *partie* ; Signaux. — 1 fort vol. in-8 212 p. avec figures dans le texte et 17 pl.   15 fr.

Tome II. — 2e *partie* : Stations. — 1 fort vol. in-8, 112 p., 39 pl.   15 fr.

Tome III. — Matériel roulant, in-8, 180 p., 24 planches.   20 fr.

MARIDET. — **Calcul des voies** ou applications de la trigonométrie aux calculs des branchements, traversées, communications et raccordements des voies dans les gares. Un vol. gr. in-8 ; nombreuses fig. dans le texte et plusieurs tableaux.   5 fr.

MAX DE NANSOUTY, ingénieur. — **Le Chemin de fer glissant à propulsion hydraulique**, de L.-D. Girard, modifié par A. Barre ; description complète, in-16 avec des figures.   1 fr. 50

RICHOUX, ingénieur au chemin de fer du Midi et des Charentes. — **Etudes sur les changements de voies.** — Changements à deux voies, raccordements de voies, changement à trois voies ; — des aiguilles ; — calculs des changements de voies, etc. 1 vol. gr.in-8, 60 p. avec 7 fig. dans le texte et 3 pl. in-folio obl.   5 fr.

VUILLEMIN ingénieur en chef, GUÉBARD, ingénieur et DIEUDONNÉ, inspecteur du matériel et de la traction, des chemins de fer de l'Est. **De la résistance des trains et de la puissance des machines**, in-8 br. avec pl. hors texte.   10 fr.

COSSMANN. — **Les chemins de fer:** Etudes sur l'exploitation. Plans de gares et stations. Appareils de sécurité. —Signaux, sonneries, freins.—Voie et matériel roulant : rails, éclisses, voitures et wagons, 1 gros vol. in-8, 244 p., 858 fig., 38 planches. 1880. Prix réduit.   8 fr.

Tables diverses.

HUGHES (R.-G.). — **Tables** donnant, en mètres cubes, les volumes des terrassements dans les déblais et remblais de chemins de fer, canaux, routes etc., 1 vol. in 4 oblong, avec tableaux et planches.   10 fr.

SERGENT. — **Tables à l'usage des constructeurs,** donnant, par la connaissance de la corde et de la flèche, le rayon, l'angle au centre, etc. In-12. (1882).   1 fr 50.

SERGENT. — **Traité de mesurage, métrage, jaugeage de tous les corps.** 2 vol. in-8 et atlas in fol. 7e édition. Publié à 50 fr. Prix réduit.   10 fr

PÉRONNE. — **Guide pratique pour le tracé des courbes sur le terrain.** 1 vol. in-18. 66 pages, avec tables et figures dans le texte.   3 fr.

GOUVERNEUR. — **Tables des mesures des lignes et des surfaces** calculées en fonction du rayon. In-4 cart. 2e édition 1867.   5 fr.

THEYS. — **Tables de sinus,** pour le levé des plans de mines et pour faciliter quelques opérations trigonométriques, calculées jusqu'à 100 mètres. 3e édit. (1884).   6 fr.

Métallurgie.

CADY (J.). — **Traité pratique de filetage,** à l'usage de tous les mécaniciens. 6e édition, in-18, 1892. 2 fr.

DIDIER-GOYARD. — **Nouveau tarif du poids des fers,** des fontes de toutes dimensions, du plomb en feuilles et en tuyaux et du zinc. In-8. 1 fr.

MONTUPET (A.), ingénieur constructeur de chaudronnerie. — **Cours pratique de Chaudronnerie.** 1 vol. in-8, de 278 pages, avec 44 planches hors texte.   7 fr. 50

DENY (E.), ingénieur. — **Etudes expérimentales sur l'effet utile dans le martelage.** 1 vol. in-8 avec figures et planches.   4 fr.

MAX DE NANSOUTY. — **La Tour Eiffel,** description complète 1 beau vol. in-16, 24 fig. et 2 pl. doubles.   2 fr. 50

DELALOE. — **Charpentier en fer.** (Manuel pratique du). in-8, 1897, figures et planches.   6 fr.

FLACHAT, BARRAULT (A.), et PETIET (J.), ingénieurs. — **Traité de la fabrication de la fonte et du fer,** 2 vol. in-4, ensemble 1439 p. avec atlas gr. in-folio de 92 planches dont 6 doubles. (Publié à 200 fr).   50 fr.

L'ALUMINIUM

FABRICATION

EMPLOIS

PAR

Ad. MINET

2 volumes

PRIX : 9 FR.

EXTRAIT DE LA TABLE
DES MATIÈRES

Principes et méthodes employés en métallurgie. Principes et méthodes appliqués en électrométallurgie. Description des procédés de fabrication de l'aluminium. — *Méthodes chimiques* : Sainte-Claire Deville, Netto, Knowles, Gerhard, Wilde, Webster, Baldwin, Faure, etc. — *Méthodes électriques* : Procédés Minet, Cowles, Heroult-Hall, Berg, Daniel, Dixon, Felt, Hampe, Kleiner, Kiliani, Roger, Brin, Bessemer, Farmer, Gérard-Léayer, Pearson, Stefamte. — *Propriétés et usage de l'aluminium et de ses alliages*, état naturel analyse. *Aluminium chimiquement pur.* — *Alliages.* Fonte et moulage, alliages légers cuivre et aluminium, alliages lourds, bronze et laitons, ferro aluminium, ferro-silicium-aluminium, affinage, fer Mitis, etc.

DEUXIÈME VOLUME
Alliages nouveaux et récentes applications de l'aluminium.

L'ACIER

FABRICATION — EMPLOI

PAR

L. CAMPREDON

Chimiste-Métallurgiste

50 figures et 3 planches

PRIX : 6 FR.

« Vous avez traité d'une façon
« remarquable les principales
« questions qui se rapportent à
« cette belle industrie ; je suis
« persuadé que ce livre sera con-
« sulté par tous les savants, par
« les industriels, ainsi que par
« les praticiens les plus mo-
« destes. »
(Lettre de M. E. FRÉMY, Membre de l'Institut, à l'auteur).

L'OR

PAR

H. DE LA COUX.

26 figures dans le texte.

PRIX : 5 FRANCS.

Où trouve-t-on l'or ?
Quels sont les derniers procédés employés pour l'extraire de ses minerais ?
Comment est-il travaillé, affiné, analysé ?
Voilà ce que les ingénieurs, les chimistes, les métallurgistes et, aujourd'hui, les gens du monde voulaient savoir et ne pouvaient étudier, faute d'un livre pratique sur le « *roi des métaux.* »
M. de la Coux vient de publier une étude d'ensemble sur l'or ; tout en étant précis, il est resté clair et à la portée de tous.

Architecture. Technologie. Dessin.

Carnet de l'Ingénieur. Recueil de tables, de formules et de renseignements usuels et pratiques sur l'industrie, chimie, physique, mécanique, machines à vapeur, hydraulique, résistance, frottements, etc., à l'usage des ingénieurs, des constructeurs, des architectes, des chefs d'usines, des mécaniciens, des directeurs et conducteurs de travaux, des agents-voyers, des manufacturiers et des industriels ; par une réunion d'ingénieurs et de savants français et étrangers (Carnet Lacroix). 1 vol. in-16, relié toile, format de poche, 425 pages petit texte compact, avec nombreuses figures, etc., 1896.   5 fr.

DENFER, ingénieur civil, architecte, chef des travaux graphiques à l'École centrale. — **Cours de dessin géométrique**, selon les principes professés et appliqués à l'École-centrale, à l'usage des candidats à cette école et autres écoles du gouvernement. Deuxième édition revue et augmentée, 1 vol. texte, broché, 1 atlas de 16 planches demi-raisin. en carton.   20 fr.

ROBINET, ainé, professeur de dessin. — **Cours de lavis**, appliqué à l'enseignement du dessin d'architecture et de machines, avec un texte descriptif. 3ᵉ édition, gr. in-folio, 12 pages et 50 planches gravées sur acier.   10 fr.

DALLET. — **Manuel pratique de l'arpentage et du levé des plans.** 1 vol. in-16 avec 73 fig. dans le texte, 1893.   4 fr.

DALLET. — **Manuel pratique de géodésie.** In-16, avec figures dans le texte, 1895.   4 fr.

NORMAND (Ch.), architecte. — **Cours pratique de perspective.** Parallèle de diverses méthodes du dessin de la perspective, d'après les auteurs anciens et modernes. 1 vol. in-4°, de 140 pages et un atlas in-4°, de 100 pl. 12 fr.

NORMAND (Ch.). — **Guide de l'Ornemaniste**, pour la décoration des bâtiments, tels que : frises, arabesque, panneaux, rosaces, candélabres, vases etc... 1 vol in-folio. Prix réduit 10 fr.

NORMAND (Ch.), architecte. — **Nouveau parallèle des ordres d'ar**chitecture des Grecs, des Romains et des auteurs modernes. 1 atlas in-folio de 65 planches précédées d'un texte explicatif. Publié à 40 fr. 12 fr.

REBOLLEDO. — **Traité général de construction** : Les travaux de terrassement. — La construction des œuvres d'art. — L'entretien et la réparation des constructions. — Les procédés mécaniques pour les cubatures des terres. Un vol. gr. in-8 do VIII-338 pages et un atlas in-4 do 34 pl. doubles.   15 fr.

LEFÈVRE. — **Les Cheminées d'Usines.** Construction, réparation, In-16. 13 figures dans le texte, 1895. 1 fr. 50

GOUILLY. — **Théorie sur la stabilité des hautes cheminées en maçonnerie.** In 8 avec pl. (1876). 3 fr.

Bois.

GODARD (L) et PÉRINET (O) marchands de bois — **Tarifs métriques pour la réduction des bois en grume et de la charpente de 3 en 3 cent.** suivie d'un tarif pour la réduction des sapins. in-18, 1895.   4 fr. 50

BOILEAU. — **Instruction pratique sur les scieries**, contenant : l'étude et les valeurs de la résistance des matériaux à l'action de l'outil : 2ᵉ édit. 1 vol. in-8, 108 p. et 4 pl. in-folio. 5 fr.

FROCHOT (Alexis), inspecteur des forêts. — **Traité complet de sylviculture générale**, culture, aménagement et gestion des forêts, 1 vol. gr. in-8 xx 264 p., 44 fig., tableaux et 1 pl.   10 fr.

Variétés.

OPPELT (G) **Traité général, théorique et pratique de comptabilité commerciale, industrielle et administrative**, à l'usage des commerçants et des institutions d'instruction publique, vol. gr. in-8 de 367 pages.   4 fr.

FONVIELLE (Wilfrid de). — **Manuel pratique de l'aéronaute.** 1 vol. in-16 av. 70 fig dans le texte. 1895. Prix 5 f.

VANNETELLE. — **Fabrication et emploi des filets de pêche** In-16, 12 p. 64 fig. et une photograph. 1894. 3 fr.

BRUNEL (Georges) **Manuel élémentaire de Radiographie par l'emploi des Rayons X.** in-16, 64 pages, 42 figures, 1897.   1 fr.

Eléments proportionnels

DE

CONSTRUCTION
MÉCANIQUE

disposés en séries propres
à faciliter l'étude et l'exécution
des diverses pièces détachées
des constructions mécaniques

Ouvrage pratique

à l'usage
des Dessinateurs-Mécaniciens,
des Chefs de travaux
et de bureaux de dessin,
des Ingénieurs, des Constructeurs

PAR

D.-A. CASALONGA
Ingénieur civil,
ancien élève des Arts et-Métiers

1 vol. cartonné, gr. in-4,
comprenant un texte et 64 pl.

PRIX : **25 FR.**

Les bonnes proportions dans les parties d'une construction de quelque nature qu'elle soit, en assurent la solidité, la beauté et conduisent à l'emploi utile et à l'économie de la matière.

Le but de l'ouvrage de M. Casalonga est de permettre de déterminer rapidement par une simple lecture et d'une façon précise, les dimensions des divers détails d'une construction mécanique donnée.

Il se compose d'un texte explicatif et de planches comprenant les figures des pièces étudiées et divers tableaux donnant toutes les dimensions des séries les plus employées dans les constructions mécaniques.

Cet ouvrage, contenant 2.405 séries et 37,734 dimensions diverses, résume les efforts combinés d'un grand nombre de dessinateurs compétents s'étant corrigés mutuellement sur des dessins en grandeur d'exécution ; et ce n'est qu'après examen de praticiens exercés que la série a été établie.

Les grands ateliers affectent des sommes considérables à l'établissement de leurs séries, pour réunir une partie des renseignements que notre ouvrage offre à tous pour une somme minime.

Les dessinateurs-mécaniciens, les chefs de travaux ou de bureaux de dessin, les ingénieurs pour la construction, trouveront une aide efficace et un contrôle sûr dans la possession de ces documents, où ils puiseront les détails des projets dont ils auront déterminé les conditions principales.

Table de quelques planches.

1. Série des pas de vis les plus généralement connus. Tableaux numériques et graphiques de comparaison. Filets ronds, carrés, trapézoïdaux. Tarauds mères et à la main. — Rivures diverses pour chaudières à vapeur. Tracé des feuilles pour viroles. Table des poids de rivets et de leurs têtes — 5. Têtes de boulons, têtes carrées encastrées ou non, coniques, fraisées, reposant sur le bois ou sur fer. Têtes cylindriques, en goutte de suif, sphériques, pour wagons. — 10. Moyeux et clavetages pour roues d'engrenages, poulies diverses, etc. — 19. Robinets à deux brides, clefs pleines ou creuses. Robinets à presse-étoupes. — 21. Tuyaux en fonte à emboîtement. Presse-étoupes à écrou en bronze. — 29. Paliers graisseurs avec coussinet à réservoir d'huile, élevation, coupe, plan. — 33. Chaises à paliers graisseurs. — 36. Cônes pour changement de vitesse avec et sans croisillon. — 37. Volants à tourteaux en deux ou quatre parties. — 38. Têtes de bielle. — 42. Chaînes ordinaires et leurs poulies à gorges. Poids, chargé d'épreuve, de rupture, de sécurité. — 47. Robinets à soupape pour alimentation et prise de vapeur. — 48. Régulateurs à boule. — 49. Portes de fourneaux. — 51. Sommiers et barreaux de grille, simples et doubles. — 55, 56, 57. Locomobiles. Chaudières tubulaires, bâtis. — 62, 63. Tableaux. Cheminée pour chaudière à bouilleur, etc., etc.

AIDE-MÉMOIRE DE POCHE

DE

L'ARCHITECTE ET DE L'INGÉNIEUR - CONSTRUCTEUR

PAR

Charles SÉE, Architecte-Ingénieur des Arts et Manufactures

1 beau volume in-16 cartonné. — Prix : **4** *francs* **50** *c.*

PRÉFACE

Aujourd'hui que l'architecte est obligé de construire *industriellement*, pour ainsi dire — et par là j'entends l'édification des usines aussi bien que des maisons à loyer et de tous les immeubles en général, conçue en vue d'un placement rémunérateur — l'usage des méthodes de calcul est devenue indispensable pour la confection des projets.

Seul, en effet, le calcul permettra d'atteindre les formes vraiment rationnelles. Seul il permet, par une répartition judicieuse des matériaux, de réaliser à la fois l'économie et la solidité.

C'est un ensemble de méthodes pratiques et simples, en vue d'effectuer dans le minimum de temps les calculs usuels, que j'ai voulu présenter aux Architectes et aux Constructeurs.

A cet effet, j'ai choisi pour chacun des cas les formules qui m'ont semblé les plus convenables, en simplifiant celles dont l'application pouvait paraître difficile, tout en observant un degré de précision suffisant dans la pratique.

Les procédés graphiques sont, dans bien des circonstances, d'un emploi plus rapide que les formules. Je les ai indiqués avec tous les détails nécessaires et le lecteur sera à même, dans chaque cas, d'employer l'une ou l'autre des deux méthodes selon ses préférences. En les adoptant simultanément, il lui sera possible de contrôler les résultats obtenus, ce qui est d'un grand avantage. Enfin de nombreux exemples numériques serviront à lui faciliter les applications.

Ce petit ouvrage renferme en outre une grande quantité de renseignements de toutes natures se rapportant à l'établissement des projets de constructions civiles. Il se termine par des tables numériques dont l'usage permet d'éviter les opérations du calcul : à chacune de ses tables est jointe la manière de s'en servir.

Ce livre est fait pour les praticiens, toute donnée théorique en a été soigneusement écartée ; son usage ne comporte que des notions très élémentaires, en sorte qu'il est à la portée de tout le monde. Il sera un Aide-mémoire pour ceux qui savent déjà et il instruira ceux qui entreprennent ce genre d'études pour la première fois.

J'espère qu'il rendra service à mes confrères comme il m'a déjà servi à moi-même, je le souhaite vivement et je remercie d'avance ceux d'entre eux qui voudront bien, par la suite, me signaler leurs observations.

Laval. — Imp. et Stér. E. JAMIN, 8, rue Ricordaine.

9 782329 395517